品读大连·第三季

人烟 大连市井

RENYAN DALIAN SHIJING

姜国升 著

大连出版社
DALIAN PUBLISHING HOUSE

图书在版编目(CIP)数据

人烟 · 大连市井 / 姜国升著 . — 大连 : 大连出版社 , 2013.4(2014.1 重印)
(品读大连 · 第三季)
ISBN 978-7-5505-0448-6

Ⅰ . ①人… Ⅱ . ①姜… Ⅲ . ①地方文化 – 介绍 – 大连市 Ⅳ . ① G127.313

中国版本图书馆 CIP 数据核字(2013)第 062817 号

出 版 人 : 刘明辉
策划编辑 : 刘明辉　李　岩　卢　锋　张　波　郭朝晖
责任编辑 : 李　萤
封面设计 : 林　洋
版式设计 : 阎　骋　王　岩
责任校对 : 金　琦
责任印制 : 徐丽红
彩图绘制 : 王天用

出版发行者 : 大连出版社
地址 : 大连市西岗区长白街 10 号
邮编 : 116011
电话 : 0411-83620401/83620941
传真 : 0411-83610391
网址 : http://www.dlmpm.com
邮箱 : cbs@dl.gov.cn
印 刷 者 : 大连华伟印刷有限公司
经 销 者 : 各地新华书店

幅面尺寸 : 170mm × 230mm
印　　张 : 12.25
字　　数 : 210 千字
出版时间 : 2013 年 4 月第 1 版
印刷时间 : 2014 年 1 月第 2 次印刷
书　　号 : ISBN 978-7-5505-0448-6
定　　价 : 38.00 元

我爱大连

大连出版社将要编辑出版“品读大连”系列丛书，我非常赞成。作为一个土生土长的大连人和曾经参与过这个城市建设与发展的领导人之一，我对大连总是有一种偏爱，总是觉得这个城市所蕴涵的文化值得我们去认真挖掘。这套丛书动员十几位作者，分十几个专题对大连的文化现象进行挖掘和梳理，我认为这项工作十分有价值。

大连是一座充满活力、现代感非常强、文化不断创新的城市，也是一座有着特殊历史和个性的城市。因此，如何在新的时期找出大连的文化定位，挖掘大连的文化内涵，突出大连的城市性格，使城市的根和魂能不断通过文化来体现，并最终提炼出大连的城市精神，既是城市的管理者、建设者所要关注的，也是所有文化工作者义不容辞的责任。另一方面，随着经济的飞速发展，中国的城市化进程不断加快，在这个过程中，我们也面临着“千城一面”的特色危机，很多城市面貌趋同，城市个性模糊。实际上，城市发展不仅仅是 GDP 的单纯增长，文化内涵的建设与发展也是一个重要方面，文化竞争力将决定城市未来的竞争力。

因此，我觉得此次大连市委宣传部和大连出版社共同策划出版“品读大连”系列丛书，可谓正当其时。从多层面多角度挖掘、整理、总结、诠释大连的风物人情、文化脉络、人文价值，并以图书的形式把这些宝贵的非物质财富积累、沉淀下来，无论是对于大连这座年轻却饱经沧桑的城市来说，还是对于 600 万大连市民乃至我们的子孙后代来说，都是一件功在当代、利在千秋的好事情。当然，在宣传城市、促进交流、满足各界人士阅读需求、提升市民文化素养、锻造城市品牌力等方面，也都具有重要意义。作为一个大连人，我对这套丛书充满期待。

与中国其他城市相比，大连建市时间较短，很多人以此认为她没有文化，甚至使用了“文化沙漠”这样的词汇来定义她，很多大连人往往也是一提到“文化底蕴”就没了自信。实际上，大连有自己独特的历史文化积淀，她缺的不是文化，而是发现的眼睛、挖掘的意识、提炼的行动。这正是我们应该做并且正在做的。

最后，我想借用一句大连的流行语来表达我的心情：

我爱大连，从未离开。

这句话揭示了每一个热爱故乡的大连人内心深藏的情感。作为其中的一员，我愿怀着赤诚之心为她作出自己绵薄的贡献。

中共辽宁省委副书记 

目录
CONTENTS

寻找市井

市井就是普通市民的生存环境，不管是雅还是俗。它在我们周围的日常生活圈子里，在我们上班或放学的路上，在那光怪陆离的大商场里或喧闹纷杂的早市、夜市里，在我们有趣或无聊的休闲时光里，在我们呼吸的空气中……

市井在哪里？模糊中好像是说市民百姓的事儿，身边的事儿，可对一般市民来说，似乎有点云遮雾罩的，够不着，摸不见。

要是刨根问底到词典那儿的解释，市井是街市或市场的意思。这“市”字不费解，是指商肆聚集或那种聚堆儿谈生意做买卖的地方。若带上“井”字，便由平面感陡然生出些立体感，有些幽幽的深度，也有些说道了。

古有“处商必就市井”之说，“立市必四方，若造井之制，故曰市井”。望文生义，这“井”字形比田埂城池，是古代那种街道纵横交错的城邑或集镇的概念。古代的市民在那里居住讨生活，生意人在那里做买卖讨银子，官人在那里管人讨权力。文人的嘴巧，把那个称作市的地方加上个“井”字，就使街市多了些复杂的色彩，其实也是别有他意。因为，中国传统社会的等级顺序为士、农、工、商，经商的地位最低，所以在城镇布局中是“面朝后市”，市场只能被定位于宫殿或官衙的背后那些不文雅的却很喧闹的地方，有身份的达官贵人出入这里要出示“肃静”招牌。市井本是老百姓聚堆凑热闹做买卖之地，乱哄哄的上不了雅堂台面，后来又被文人们整出一些市井之徒、市井泼妇、市井无赖等不太好听的词，要紧的是这些词同市井混搭在一起，这市井就有些贬义了。城镇中流俗鄙陋之人，行为无赖、狡猾之举，都要扯上市井，让人听了心里纠结。比如，街市或者市场上那些凶悍、不讲道理的女人，要被叫为泼妇，泼妇就泼妇呗，非得冠上市井泼妇才觉得更给力，好像别的地方的泼妇不算是泼妇，市井泼妇那才小辣椒般厉害够味儿；还有，那些做买卖的或街道上没有受过教育的人，也没招惹谁，就落了市井之徒的名声。想来也是，即使没受过教育的农民，甚至低俗到家了，也没有人说他们是市井之徒。好像只有城镇才有市井，只有市井里才会有如《水浒传》中汴京城里那个泼皮牛二、渭州城里的市井恶霸镇关西之流。身居市井里的市民，有些知识或文化教养的，也不屑市井之徒，与市井搭边儿就是与他们为伍，久而久之，人们就对这个不友好的不雅之词避而远之了。

然而，城镇的主流社会（不是上层社会）还是生长在市井这块土壤里，城镇居民的主体，无论是哪个层面，都与市井有着千丝万缕的联系。市井就是普通市民的生存环境，不管是雅还是俗。市民对市井那种够不着摸不见的感觉，是“不识庐山真面目，只缘身在云雾中”。其实，市井的概念不抽象，不费解，更不神秘，它在哪里？在我们周围的日常生活圈子里，在我们上班或放学的路上，在那光怪陆离的大商场里或喧闹纷杂的早市、夜市里，在我们有趣或无聊的休闲时光里，在我们呼吸的空气中。如果你非得弄个端倪，那你就不妨当一把“神人”，腾云驾雾到九霄云外去俯视这大千世界，端详这芸芸众生，真好像蚂蚁一样在纵横交错的市井里忙活着。如果你要当一把艺人或玩一把艺术人生，那么你就把这市井想象成宋人张择端笔下的《清明上河图》，那里面有城郭桥邑，市井百相，三教九流，医卜星相，农工商僧道，青楼女子，各色人等，甚至还有城乡结合部的发情撒野的黄牛……虽然时空隧道已越千年，可是你或许还能在那图中的市井里找到你的先人或你自己的影子。这市井说着别扭，听着虚无，看着却倍感新鲜有趣，毕竟那里有太多太多的生动鲜活之故事。现代科技发达，不用张择端画得那么费劲，弄个相机只要摁一下快门，就有了现代版的都市《清明上河图》，只是少有生动的市井民情，多了添堵的楼房和汽车。

大连的现代都市化进程在加快，没有了传统的四合院，没有了“中国房”和“日本房”的街市特色，没有了鸡犬之声相闻之喧闹摩擦，远去了老街坊邻居之间的嬉笑怒骂，没有了老街的市井生活气息。“张家长，李家短，王家打了个大花碗”有如天方夜谭，串门唠嗑已经成为历史的回忆，摩天大楼与封闭小区使传统的市井百态成为城市的历史文化碎片，成为影视剧中的道具场景。城市越来越开放，居住环境越来越好，交通通信越来越畅通，可是人们心灵间的

面对面交流却好像越来越少。其实也不见得有多少隐私需要保密，可能是人们已经厌倦了市井里的喧闹嘈杂与尔虞我诈，需要有距离感、神秘感和安静感，需要有自己相对的独立空间。尤其是年轻人，他们生活在多个相互交织的圈子里，不像老人们那样爱聚堆怕孤独，那些挂在电脑前的宅男宅女们的多彩世界热闹着呢！

然而，人们的交往却顽强地延续着传统文脉，居住与生活环境的非市井化，一方面压缩着市井的空间，一方面又拉长了或改变着市井，随着市井的变幻形成了新的形态与秩序。现代都市的市井更加宏大而生动，也更加扑朔迷离，变化多端，形成了特殊而普遍的城市文化。市井文化虽然自由闲散缺乏庄严，缺少深刻性和心灵冲击力，没有现实与历史的深层忧患，但是作为一种生活化、自然化、无序化的自然文化，有着特别顽强的生命力，是产生于街区小巷、带有商业倾向、通俗浅近、充满变幻而杂乱无章的一种草根文化，它反映着市民真实的日常生活和心态，表现出浅近而表面化的喜怒哀乐，是城镇生态与老百姓生活的真实写照。

平民百姓离不开市井就像市民们离不开早市夜市一样，可是，现代都市的市井都哪去了呢？随着城市不断地建设和改造，居住地不断地迁移，老市街老市场没有了，老街坊没有了，可能是市民们学会了“隐身”和“潜水”，移到网络里，搬到QQ群里了，也许那里会成为新的市井。

吃相

吃的学问太大了，把吃饭同享受、感情、交往、旅游、学问等整到一起，那就吃出文化了，讲究也多了。这里讲的吃相不是通常意义上那种吃饭的样子，只是把市井中有关『吃的现象』，有些牵强地说为吃相。

民以食为天，吃饭第一，这是圣人留下的至理名言。这话放在大连市井里就不那么文绉绉的，干脆就说成是：“人是铁，饭是钢，一时不吃软丢当。”可见吃之重要。在一次饭局上，老同学转发给我个段子：“中国文化其实就是吃的文化，岗位叫饭碗，谋生叫糊口，受雇叫混饭，混得好叫吃得开，受人欢迎叫吃香，受到照顾叫吃小灶，花积蓄叫吃老本，占女人便宜叫吃豆腐，男人花女人的钱叫吃软饭，白吃白喝叫吃大户，吃了白吃叫吃土鳖，活多了干不了叫吃不消，受到伤害叫吃亏，男女嫉妒叫吃醋，犹豫不决叫吃不准，办事不力叫吃干饭，负不起责任叫吃不了兜着走。”由此我还狗尾续貂般地联想到，人生在世，吃穿二字，吃人嘴短，吃亏是福……可见这一“吃”字，在中国足以包打天下，干什么都得先吃。但也不能事必讲吃，弄得不好那叫一脸歹相（大连话，馋样）。吃的学问太大了，把吃饭同享受、感情、交往、旅游、学问等整到一起，那就吃出文化了，讲究也多了，市井之人也喜欢附庸文雅。洋人更好吃，可笑的是改革开放这么多年，他们竟然把四喜丸子说成 Four glad meat balls（四个高兴的肉团），木须肉为 Wood mustache meat（木头胡子肉），醉蟹成了 Drunk crab（喝高了的螃蟹），麻婆豆腐为 Tofu made by woman with freckles（一脸雀斑的女人做的豆腐），你说有意思不？

过去说吃相，是说吃饭时的状态。有教养的人吃相文明，斯斯文文地不露牙齿不出声，看着憋屈。市井百姓吃饭就没那些讲究，吃到境界时免不了露出本相或出些声响来，喝汤时对着大碗不喝出吮吸流体的“哧溜”之声来不过瘾。市井之人在自然状态下尤其是饥渴时能有什么好吃相？本人在“困难时期”正是长身体时的饥饿之年，也是那种吃相不雅的人，从小就经常因吃相不好被大人奚落，对不讲究吃相的人很同情，更不能说三道四了。这里讲的吃相不是通常意义上那种吃饭的样子，只是把市井中有关“吃的现象”，有些牵强地说为吃相。

▼饭局子

饭局子曾经是一个多么美好的享受口福之美事。十多年前曾经听过两位酒友争论，一位在政府机关工作的说：“这大盘子一个月吃一次两次挺好，天天吃就腻了，不是什么好事，吃来吃去还是家常菜好。”另一位在学校里做学问的教授说：“你这就是矫情，这大盘子里的东西多好，我就没吃够，就愿意天天吃大盘子。你要是有饭局子不愿意去我替你，真是饱汉子不知饿汉子饥！”是啊，那时要是有人请你吃饭，面子老大了，请客的展扬，到场的荣耀。现在好像倒过来了，往往是请客的卑微，被请的是大爷，敬酒时念念不忘谢“给面子”之恩。细想也是，你整个饭局子把人家弄来，虽然是八小时之外，可那是地道的黄金时间，就等于消磨人家最宝贵的时光，剥夺人家与家人欢聚的时间，剥夺人家与客户谈生意或者与情人约会的时间，剥夺人家与上级交往增加感情的时间，剥夺人家休闲锻炼打保龄球的时间，按鲁迅的说法，“浪费别人的时间，无异于谋财害命”，这事就严重了。

饭局是有讲究的，不是你花大钱就能弄成好局。与股神巴菲特一起吃一顿午饭，也就是牛排什么的，竟要花费262万多美金，那是身份，也是有钱烧的。咱这是感情饭局，不一定是带星级的饭店，那一请就来的叫爽快，够哥们儿；三请四请不来的叫装蒜，不过人家还是来了，夹生；怎么请都不来的叫原则，什么原则，有的也就是心里那些端不上台面的小九九。要是老板饭局，那纯是应酬，档次一定要高，环境一定要好，一般要去富丽华、香格里拉等五星

神秘的会所

级的大酒店。要是以吃为主旨，那就去万宝海鲜舫、紫航或者是星海广场的渔港明珠、渔港制造及其周围的饭店。要是领导饭局，那有事没事都一定得到场，档次得更高，但必须得低调，不能去老板们去的那些很张扬的饭店，那还去哪？各种会所或会馆便应运而生。这种不显山不露水的地方，甚至连块牌子都没有，里面却应有尽有。大连南山到七七街一带的日本房（别墅）很多被改造成此类会馆。你就看门口停放的那些豪车，便知道都是些什么人在里面消费。要是文友蜜友之类的，那最好不去饭店，也别去会馆吃私房菜，那些地方感觉倒是挺有氛围的，遗憾的是太贵。如果你是挣工资的话，那就去一些有情调的地方，比如高尔基路、青泥洼桥一带的咖啡馆，在厚厚的沙发里埋上大半天，喝着咖啡听高雅音乐就半饱了，如果你的胃太实用主义，那就再点上牛排西餐什么的，有“几篇”就搞定了。要是酒友牌友狐朋狗友，那就到马栏子、黑石礁、八一路道两边那些平民饭店集中地，那些饭店都挺有特色且价钱便宜，什么筋头巴脑、鱼锅饼子、肥牛肥羊、农家饭菜等，非常实惠。每人来一杯土锅烧酒，点上花生米拍黄瓜、东北大拉皮，再弄点家焖黄花鱼和酸菜五花肉炖粉条什么的，胡吃海喝一通，那叫一个爽，一顿饭下来的花费还不抵高档饭局里的一个“硬菜”。哥们儿喝酒宽松，酒逢知己千杯少，能喝多少喝多少，喝不了就赶紧跑，哼着小曲“一气灌他八大碗……一口气跑上威虎山”，这局也就行了。

时下的饭局又多了些新讲究。比如应酬类的饭局，吃喝完后不能拍屁股就走人，还要去茶馆里喝茶，或者去摁头捏脚加开背，再来个大韩松骨什么的，或者到歌厅去号几嗓子解一解酒。说是解酒，那陪喝的小姐可不惯你毛病，她们还指望从你的消费里提成呢。于是瓜子果盘再搬上几箱几十块钱一小瓶的精装啤酒，笑嘻嘻地陪着你逼着你熊着你，一瓶一瓶地灌下去……要是铁哥们儿喝大酒后，就直接去高档洗浴中心，直奔能解酒的主题，剩下来的就看你的自控能力了。要是玩不起这些，那就坐地打上两锅扑克也解酒。现在是请人吃饭不如请人流汗，尤其是有钱的年轻女人怕吃胖，在饭局上一般都吃青菜叶，被戏称为“兔子菜”。饭局上的女人不多，她们为了身材可以集体“绝食”，都一股脑儿地涌到健身房或游泳馆去了。

大连的饭局在座次上有讲究，这个讲究可能跟主席台的座次差不多。首长或主人一般要坐北朝南居中，要是找不着北了，那就面对餐厅的门；再找不着位置，你就挑餐巾叠成鸟状的那个位置坐好。右边第一个是最重要的客人，左边的其次，然后就按着这个顺序，一右一左地排列下去，与主人正对面的一般都是办公室主任一类负责点菜和买单的。接待外地人的饭局在饭菜上要有讲究，以本地特色菜为主，当然也不能全整些

这饭局子真够大的

咸鱼饼子或三生蘸酱之类的农家特色菜，得有一两个“干活儿”菜。在主食上要体现出“上马饺子下马面”之匠心，也就是迎客餐的主食要有面条，寓意能缠住腿留住客；送行餐要有饺子，寓意幸运、团圆祝福。

农村的饭局大多是些红白喜事，特别讲究排场，尤其是“两店”地区，即瓦房店和普兰店更甚。你去那种饭局吃饭千万不能着急，最好先在胃里垫补点食物。这是因为那地儿人办席都特别讲究丰盛，标志是饭菜剩得越多越好，客人可以自己打包带走。上菜要让你先观赏，要赞赏那丰盛的菜肴，即使饕餮之徒馋得直流口水，那也得偷偷地往肚子里咽，不能动手，也没法动手，因为眼前什么筷子勺子都没有，毕竟不能用手抓。眼见那菜还在一个一个地上，要等一大桌子菜都上齐了，碗、盘子层层叠叠，甚至要摞成二三层，最后一道“菜”是发筷子。这一招儿挺绝的，要是先给筷子，那早就动手了，上一个吃一个，都上完了你也吃好了，等你觉得吃饱了，桌子上也是杯盘狼藉碗底朝天，那主人多没面子！这事也不能净往歪处想，其实这种吃法很有创意，要是像日本人那样上菜，上一个吃一个，等你觉得饱了就超量了，也不科学。多吃点很容易，要是想往下减一点体重那就麻大烦了。

▼大连菜

说大连人是“料子裤子，苞米面肚子”，那是说大连人特别好美，但不是不好吃，只是以前没有条件而已。大连人不但好吃，而且还能吃出花来，吃得悠久，并留下了回味无穷的大连老菜。改革开放以来，大连人对吃的似乎更为看重，什么粤菜、鲁菜、川菜、闽菜、苏菜、浙菜、湘菜、徽菜、杭帮菜，真是乱哄哄你方唱罢我登场，吃来吃去觉得还是大连老菜好吃。于是，街上流行大连菜，大连老菜馆“忽如一夜春风来”，遍布大街小巷。

大连老菜源于大连老字号和大连民间传统吃法。大连群英楼是大连市店龄最长的餐饮老字号，有120年历史。据载，创始人王春宝于1892年在旅顺口开设王春记饭店，以后迁至市内欧罗巴区商业街，即今日中山区天津街、修竹街一带，1911年“王春记”改名为群英楼大饭店，成为大连名店。上个世纪30年代后，日本财阀开发建设“浪速町”，原在小岗子的餐饮业老字号和风味小吃店，如山水楼、四云楼、糯米香、王麻子锅贴、吊炉饼、狗不理包子铺以及各种名号的饺子馆，也先后进驻“浪速町”，即现在的天津街。新中国成立后，社会风气崇尚勤朴艰苦创业，很少有人再去酒楼饭店吃什么名菜和风味，饭店也以家常菜来应市。1950年实行社会主义改造和公私合营，大连名厨牟传仁在这时调入群英楼工作，当时才20多岁，就以在原辽东饭庄学到的鲁菜为基础，再把群英楼看家名菜全部继承下来，并有创新，成为大连老菜的代表。大连菜盛行于上个世纪的七八十年代，特点就是以鲁菜为基础，以海鲜为特色。鲁菜为基础的原因在于大连人大部分是从山东过来的，大连菜受胶东菜的影响很大。以海鲜为特色，则是由于大连三面环海，各类海鲜资源丰富。大连海鲜与南方海鲜的区别，主要是大连海鲜味道浓重且鲜味独特，比如那蟹子、对虾、虾爬子，用手剥皮吃完后，手上留下的海鲜味都洗不掉。因此大连老菜在做海鲜时力求保持其原汁原味。比如同是海螺，广州的炒海螺，品相就比较硬实，味道也比较重，而大连菜以保持海鲜的原味为主，所以炒出来的海螺则是外脆里嫩，口味尽量保持海螺的原味。比如，大连刺参以及大连鲍鱼等海产品，要比南方同类产品好吃得多，大连的黄鱼、黑鱼、梭鱼、牙片鱼、小嘴鱼、黄花鱼、大头宝等鱼类，夏夷贝、大对虾、花蚬子、沙蚬子、毛蚬子、白蚬子等贝类以及花盖蟹、赤甲红等大连蟹都是大连老菜的基本原料。像海鲜这类东西，越新鲜越不用加工，怎么加工都不如其有原味也，所以就原样下锅煮或烤着吃，味道最地道。

2005年前后，大连市政府开始扶植大连菜，为一些规模和档次较高的大连菜馆挂匾：大连菜名店。2008年年末，

还是大连老菜实惠

大连市美食文化协会开始启动《大连(连菜)烹调操作规范》标准研制工作，先后组织国内百余位知名厨艺大师和专家学者，经过两年多的研究论证，最终形成大连菜标准并发布。这部标准共涉及100道大连人日常喜爱的菜品的做法，以各种海鲜为主要原料，其中有60%属于大连传统老菜。如家焖各类鲜鱼、老醋蜇头、熘鱼段，还有肉类的宫爆肉丁、软炸里脊、樱桃肉、熘肝尖、大梁骨头，拔丝系列等。其实，最有代表性的大连菜是辣炒蚬子、咸鱼饼子、三鲜焖子、炸海蛎子、鲅鱼饺子、腌虾爬子这些带"子"的海鲜，在全国都曾经名声大噪，现在到饭店里能张口点出这些大连老菜的也只有中老年食客了。大连老菜馆吃香，在鼎盛时期有200多家。

大连菜馆以海鲜为特色的很多，例如天天渔港，其连锁店遍布大连街市。大连的高档酒店没有不打海鲜牌的，没有海鲜提不上价来。在沈阳等内地城市使劲吃一大桌子没有海鲜的肉菜，都不过千元，要是上海鲜那可就价格不菲了。所以大连的饭店要是说不会做海鲜，那你就别玩了。

一般而言，食客们对饭店的选择有喜新厌旧的心态，同一饭店他们去几次就没有新鲜感了，再好的饭店也不过独领风骚二三年。尽管天天渔港曾经辉煌数年，但现在却是"明日黄花"了。大连老菜的另一家代表是双盛园，这个靠咸鱼饼子韭菜盒子起家的老店曾红极一时，在众多大连老菜馆的竞争下苦撑了几年后，如今也是风光不再。这些名店的衰落，预示着大连老菜的衰败。也就这三五年，胜利桥、山东路、黑石礁、太原街等地段那些挺火的大连老菜馆，纷纷关门歇业，现在大连老菜馆缩减为不足100家。

大连老菜衰败当然有很多原因。首先是老菜馆一哄而上，有关管理部门把关不严，连一些家常炒菜小店都敢打出大连老菜招牌，使原本很有特色的大连老菜没有了特色。那块烫金牌匾不是挂着撑门面的，就像旧时的饭馆酒店门口挂的幌子(也叫望子)，那些罗圈和布条穗是代表档次的，敢挂三个以上幌子的，客人点啥你得能做啥，点啥没啥那人家就有权摘你的幌子。其次是大连老菜与生俱来的先天缺陷——缺少文化内涵。既然老，就应有一些老故事来支撑品牌，像"过桥米线""东坡肉"，本身真是没啥吃头，可那其中承载的文化却很有魅力。还有一个重要原因是大连的海鲜资源枯竭，价格成本越来越高，市场鱼目混珠，打货真价实牌的大连老菜馆无法承受或无力支撑。诚实的大连老菜，还是歇菜吧。咱不是没那手艺，而是没那货真价实的原料，良心未泯，悲哉，壮哉。

相比之下大连的金州老菜却极有讲究，经久不衰，在全国"两会"期间，金州老菜还被请到人民大会堂去亮相，这和金州老菜的历史、美食文化传承有关。在清末，金州老城内的"三道饭席"和"全拼八碟八碗席"就闻名遐迩。"三道饭席”是当时大连地区的顶级宴席，每上一道大菜须带四个中件（即点心四样），全席共三道大菜十二个中件，有四个干果碟、四个蜜饯碟、四个鲜果碟压桌，整套席面有干鲜果、蜜饯、冷荤、大菜、中件、点心饭等共五十四个，菜品阵容庞大，豪华气派。这么讲究的饭菜必定要成为大连菜的代表，走向全国和全世界。

▼私房菜

私房菜虽说上不了中国的八大菜系，但挺上讲究，也有些神秘。据说有两种起源：一说源于清末，指的是在很私密的自家厨房里炮制出来、无宗无派的菜肴。现在许多名菜其实都是从私房菜演变过来的，比如谭家菜、孔府菜、段家菜等。另一种说法，称其为官府菜的一种延伸。官府的厨子，制作菜式均有一套，环节相当之繁缛，离开府邸后，流落于民间。民间的大户人家，吃饭同样讲究，拥有家厨，尤其是拥有官府里出来的家厨，是他们财富与身份的象征。这些家厨在官府菜的制作基础上，为迎合主人的口味，进一步将烹饪技术融汇发挥，久而久之便自成一系。

所谓的私房菜，肯定不是大众化的，在特点上据说一是讲究，二是高档，三是私密。讲究是工艺复杂，做工讲究，档次自然就高，价钱也不菲，而且是不公开的，要多少得给多少，能去得起那种地方，肯定不差钱。大家把私房菜讲得如此讲究，如此高档，其实未必。就说那血燕，是私房菜必须有的，当然别的高档酒店也有。当你在某个会馆里诚惶诚恐地抿着那几百元一盅的过去只有皇族和贵族才能吃到的燕窝汤，却怎么也吃不出燕窝的味道，也可能是没吃过的原因，肯定没有像吃酸菜疙瘩汤那么熟悉。原来这是一场骗局！哪里有什么血燕，那些“高档滋补品”都是给冤大头吃的，直到窗户纸被媒体捅破后，人们才知道那不过是一种鸟粪加工成的怪物。燕窝不行，鱼翅总该行吧。大连三面临海，市场上有的是鱼翅，便宜的一斤才100～170元。如“金钩翅”，个头大，色好，可批发给饭店才100元一个。请教了专家后才知道，大连餐桌上的这些鱼翅，七八成有问题。再到市场上问一下知根知底的“业内人士”，他说，哪有那么多的鲨鱼？把全世界的鲨鱼都杀了也不够。市场上500元以下的鱼翅基本上不是鲨鱼翅，是假的。假鱼翅也分档次，好多是用老板鱼（孔鳐鱼）、加吉鱼、鮟鱇鱼等鱼的软骨做的，能泡得开，熬得住，保证能以假乱真 差点的是用淀粉、琼脂、明胶合成的，其实是“化了妆”的粉丝。我说，怎么能这样干？他说，老百姓肯定不吃这些东西，那些贪官奸商吃了也药不死，死了也不可惜。

随着小资情调和奢侈之风益盛，私人的事越来越神圣受保护，这私房菜被蒙上了神秘的面纱，登上了那些高级会所的大雅之堂。我没看出那些做私房菜的厨子有什么皇族或贵族背景，也看不出有什么绝技高招儿，不过是从《红楼梦》或者《大长今》里弄到的一些民间吃法，什么枸杞银耳桂圆大枣乌鸡甲鱼等煲汤，都是些叫不出名也没有行业规则的胡乱要价的“珍珠翡翠汤”。就如土豆芸豆西红柿大头菜在一起乱炖，曾一度流行于各餐馆，大连的乱炖其实就是私房菜。还有一些自己瞎胡乱吃的牛肉盖饭、上不了台面的家常小炒，这些连我都会做。那天我在某会馆被高规格请吃了一顿私房菜，其中有一道菜叫了一个怪怪的名字，我虽记不住名却觉得似曾相识，就仔细观察研究了一番，里面除了鸡蛋大酱辣椒葱花外，加了点海胆或鱼子酱什么的，其实就是农村经常在大锅里蒸的鸡蛋酱，里面也是有什么放什么，比如虾皮、青椒。这菜方便实惠又好吃，还能与土豆茄子什么的配着吃，或者叫就饭吃。

这道菜使我想起了一位老同志讲的一段故事，也是我在农村曾经亲身经历过的事。那是在“文革”时期，公社干部到农村去蹲点，得派饭，就是轮流到各家各户去吃饭。那天中午我们到一农户家吃饭，那家女主人费了好大事，做了饼子、熬白菜，外加一碗鸡蛋酱。我们在炕上吃大饼子就鸡蛋酱，喝着白菜汤，津津有味，馋得那些孩子不时过来往桌子上看。后来发现她那群孩子们躲在外屋地门口主要是密切注视着桌子上那碗鸡蛋酱，还不时嘟囔着：都快到一半了。女主人心里明白，便哄他们说，他们不能都吃了，剩了都是你们的，那不碗里还有一面“大墙”！我们也不知道孩子们在搞什么名堂，继续吃着饼子白菜，隔三岔五再吃上一口鸡蛋酱，挺受用的。碗里的鸡蛋酱在减少，孩子们的失望情绪却在增加……突然那个站在门槛上负责观测鸡蛋酱的孩子大声哭喊：大墙倒了！我们不知所措，女主人不好意思地过来解释道：不是真墙倒了，是他们看碗里的鸡蛋酱“墙”堆了，这些孩子真没教养。我们这才恍然大悟，真后悔多吃了一口鸡蛋酱，把孩子们的“大墙”吃倒了。现在想来，那碗鸡蛋酱就是孩子他家可以传世的私房菜。

其实私房菜还不可怕，最可怕的是私房酒，别听那些高档会所老板神秘兮兮地自我吹嘘，这个是北京人民大会堂宴会专用的特供酒，那个是什么部队首长专用的“军中茅台”，还有从法国酒庄直接进口的“拉菲世族”或“拉菲帝国”……其实他自己都不知这些酒到底是不是山寨或水货。据说那些伪造商标的假“拉菲”红酒大多集中在会所等高档场所，有时喝几瓶都不醉，岂不知那酒大都经过勾兑，还说不醉是酒好，不上脑子。真正的冤大头。

▼农家菜

农家菜就是农村庄稼人家的饭菜，是农家人自产自用自给自足的家常饭菜，是农家人用大铁锅做出来的大饭大菜，如芸豆炖土豆、炖杂鱼贴饼子、小鸡蘑菇炖粉条、大白菜炖豆腐、杀猪菜等，虽不精致，但是原汁原味原生态，对城里人很有吸引力。这农家菜都是让那些有钱有闲有文化的城里人给叫出来的，并在大连街上风行一时。什么农家院风味、瓦房店羊汤、庄河大骨鸡、金州驴肉包子等,听这名觉得没文化,挺肤浅的,甚至有些土气，但却很实惠，成为大连最有特色的地方大菜。

农家菜走红的原因，一是那些有农村背景的城里人，对农村的土地仍一往情深，要经常到农村接点地气。二是城里生城里长的城里人，待在城里吃腻了城里的添加剂食品，吃伤了假冒伪劣食品，吃恶心了地沟油、瘦肉精和反式脂肪酸，因而对农家饭菜情有独钟。随着休闲农业和乡村游的迅速发展，自驾车到农村去观光，游览山野风情，呼吸新鲜空气，到大樱桃园、葡萄园、苹果园或到田野里去自行采摘，到农业生产的各个环节去现场体验，再撮上一顿富有特色的农家饭菜，快哉乐哉！农家乐也因此得名，成为一种流行吃。

以前愁能不能吃饱，现在愁会不会吃倒。餐桌上什么东西最好？真的就是最好，哪怕是地瓜土豆白菜萝卜，只要是绿色、有机、自然生长的东西，那就是最好的食品。过去那年头儿，烹调技术越高越好，特讲究口感和色、味。现在时兴吃原汁原味原生态，加工技术越高越令人不放心，什么塑化剂是糊弄口感的，苏丹红是对付眼球的，味精是欺骗舌头的，再整些添加剂，就色味俱全，反正是过了嘴瘾，让胃肠肝肾去同它们战斗吧。当人们经历了三聚氰胺、苏丹红、瘦肉精、地沟油、毒豆芽、染色馒头、塑化剂、牛肉膏、硫黄姜，以及最近的破皮鞋老酸奶，人们已经不敢吃那些来路不明的东西了。而农家菜，相对就少有这些后顾之忧，最多是多放些味素，或者有些农药残留。要是还不放心，那就得自己到田地里去种菜，不施化肥，不打农药，可能是一些卷缩着长满虫眼的菜；自己亲手养猪、养羊，再肥也坚决不放瘦肉精；再养几只跑山鸡，要是能吃到它们下的蛋那是最安全不过了。到了这步田地，农家饭菜可能是目前比较放心的食品了。

农家菜也不都是乱炖加三生蘸酱，比较讲究的大概有两类：一类是过年待客菜；一类是办事菜，也就是红白喜事侍候客的菜。过年待客菜以杀猪菜为基础，再加上走油系列。现在把酸菜炖五花肉血肠什么的，通通叫成杀猪菜，其实农村普通的杀猪菜就是用新杀的猪煮肉汤烩上酸菜或萝卜干（即萝卜片），这种菜也许城里人喜欢，但在农村却拿不出手，是借杀猪沾点油腥度饥荒。过年期间侍候客人主要是猪身上的各个部位，如猪耳朵、猪舌头、猪心、猪肝、猪蹄子、猪排骨等，都是上好的待客菜，把这些统称为杀猪菜也行。只是做法上有独特之处，比如排骨，那必须得和豆腐泡一起炖，再勾上芡汁，那叫豆泡炖排骨，香而不腻，是农家菜中的一道名菜。

办事菜讲究的是丰盛，最高水平是“八盘八碗”。在大连农村，娶媳妇要摆宴席，女儿出嫁的前一天要摆宴席（叫侍候客），孩子过百日或生日得摆宴席，老人去世送殡后要摆宴席，以后的三个周年祭日都要摆宴席，现在又多了孩子考上大学得摆宴席。还可以找名目，比如盖房子上梁要摆宴席，只要你想摆就摆，但得有人去赴宴，去了的人都不能空手，那叫赶礼。你别看这宴席多，也别听有多少桌（当然得够四人为一桌），只要能放下一张小饭桌，或者用木头石头在院子里支一平台，那就是一桌。那“八盘八碗”也不复杂，一个碗里装几个炸面丸子就算一个碗，炸地瓜条、角也可算一碗，再加上汤菜什么的，很容易就能成席。那些碗盘都是一个规格，因为都是从铺子里租来的。办事菜的宴席没有什么特别的，最难忘的最有代表性的菜就是办事菜中的大杂烩，就是把宴席剩下的各种菜肴，凉菜热菜素菜荤菜都倒在一起，再加热，就叫烩杂拌，这是真正的大杂烩。在那个吃什么都香的年代，这道菜可真是别有风味，或者说是五味俱全，反正专业厨师是做不出的，那味道带有很大的偶然性。有一次我与一同事到一农家院食府里点菜，那店老

农家婚宴乐

板挺狂的，说只要你能点出来我就能做出来，结果我们就点这么一个烩杂拌，把他难住了。

大连的农家菜在地域上有所不同。比如，瓦房店农村过年菜很讲究，办事菜就一般。据说有一道菜是瓦房店人发明的，就是那个“炒鲜边”，其实就是酸菜炒肉丝粉条。典故是，某吃客吃此菜时说，这菜太好吃了，叫什么名？老板当时没说出来菜名，只好说是“现编”的，于是便有了“炒鲜边”这个菜名。瓦房店的杀猪菜和羊汤也很有特点。沈大高速公路在瓦房店境内有个叫那屯的出口，也就是太阳乡那地儿，那里的羊汤特别好，能让你忍着饥饿驱车百里光顾。喝羊汤讲究氛围，要是在豪华的星级酒店里，用精致的餐具，再好的羊汤也喝不出境界来。只有在那小羊汤馆里，一大长条桌子，冬天穿个羊皮袄，或者是夏天光着膀子，用大号的粗瓷碗盛满有羊杂碎的羊汤，再抓上一把葱花香菜，放上醋盐白胡椒粉什么的，那才有味道，要是蹲在地上或凳子上喝，那可能会更有味道了。旅顺的海鲜很地道，其中有一道功夫菜就是从小波螺里抠出豆粒大的波螺肉，弄成一盘菜，北京来的客人特别喜欢这功夫菜。若干年过后，再谈对大连的印象，他们还对那道功夫菜赞赏不已。普兰店和庄河的农家菜，也是以小海鲜为特色，其中贝类如文蛤、花蛤是海鲜一绝，在其他地方吃不到的。至于长海那里，更是海鲜包打天下，可以说，那里的所有海鲜都是世界级的极品，不说那大飞蟹、大对虾、大鲍鱼、大海参，就那一两寸长的小银鱼，你吃一口就忘不掉，别的地方没有这味道。

农家菜还有一个秘密武器，就是土豆炖系列。农村的土豆多，也喜欢用土豆做菜，不但口感好，而且随主菜的味道，顶菜又顶饭。可以说土豆炖什么东西都好吃，比如土豆炖海肠，那根本不用什么技术，只要炖烂糊了，就特别鲜美可口。土豆炖肉系列是传统的，如土豆炖排骨、土豆炖小鸡，比放蘑菇的味道要好。近年来流行的土豆炖海鲜，就是特别受欢迎的农家菜。

地道的农家菜看家菜是用野菜或酸菜包的菜饼子。这在过去是农妇们的一道绝活儿，用苞米面把那么多的菜馅给包住，粘在大铁锅上不滑下去，还得烙出饹来，那是城里人做不出来的。

农家菜走红，城里现在也到处都挂上了农家菜的招牌。

▼品味道

低层次的吃，是生理本能，维持生命；较高层次的吃，多是冲着味道去品，是享受。就像喝茶，市井粗人喜欢大碗茶，咕嘟咕嘟喝下去，那叫解渴；而雅人喝茶则讲究茶道，用精致小茶碗细抿，那叫品茶。佳肴就更讲究味道了。俗语讲美味不可多用，多了便食之无味，味道是要细品的。在生理上，由脑下视丘中的“进食中枢”而分辨出“酸、甜、苦、辣、咸，辛、膻、腥、麻、鲜”等，外加臭味。人生不同阶段的况味如饮食中诸般滋味，细细品来，也如一道“精神大餐”。

自先秦始，先人就有春酸、夏苦、秋辛、冬咸之训。在人生的不同阶段，由于不同的人生经历感受，对味道的感觉与好恶亦各异。人之初，喜甜味，拒绝其他各味，尤惧苦、辣等刺激味。可能儿时的生活底蕴是甜蜜的，所以对甜的感觉特别好。在民间，母亲想让大孩子忌奶，就忍痛把乳头上抹些苦、辣之味，气得孩子从此与母乳作别。那时候看大人们好食苦、辣之味，简直是无法理解。儿时虽然仍保留对甜味的好感，而对咸味却是不可或缺，其他各味需在日后用心体会，慢慢受用。此阶段读人生当为隙中窥月，生活纯真像蜜一样甜。

记得小时候，父亲津津有味地品咂着老白干，兴致高时就用筷子蘸点酒放到我嘴里，看我辣得龇牙咧嘴而开心。后来听说喝啤酒不辣，但是小孩不能喝。看着大人喝啤酒时那舒服的样子，我也想喝，于是，就找机会偷着大喝一口，啊！那马尿味一样的啤酒，就像泔水发酵一样难以下咽，当时就发誓一辈子也不会喝这玩意儿，不曾想现在喝啤酒一瓶一口就“吹”了。现在已记不清了，是从何时起，我也有了父辈们喝烧酒时的那般惬意，而且能吃辣味的东西，比如喝烧酒时喜欢吃辣椒或大葱，辣上加辣更刺激，母亲说那便是成人了。到了这个阶段，人生五味全尝过，饮食中各味也全不拒，只是苦、臭之味未能征服。此人生境界如中堂看月，生活如五味杂陈。

有好长时间对苦味无法苟同。前些年流行粤菜，每每见人点苦味菜，心里就恨恨地想这是附庸南味，如此苦味也能成佳肴，说人生苦味岂不荒诞？待经历了太多的坎坷，尤其是病灾后，就会大碗喝苦中药汤子不皱眉，吃点苦瓜算是享受了。蔬菜中的苦苣，野菜中的苣荬菜、婆婆丁都是苦味很浓的，但是吃了清火明目。相比之下，随着血糖血脂的增高，对甜腻之物烦了，有如儿时的苦辣之感，开始厌弃。也就能理解在年轻时难以接受的贵族们喝奶、咖啡时总把“不放糖”挂在嘴上，并不是故作高贵状。《双城生活》中的那个“清咖”，我就特别欣赏。我乃市井中一介平民，即使不考虑心血管病什么的，现在喝咖啡也宁愿苦味浓些。此人生境界大抵如亭台望月，生活百般滋味尽尝其中。

至于臭味，其实是在说“资产阶级法权如臭豆腐，闻着臭，吃起来香”时就已被俘虏了，吃臭豆腐越吃越香。后来去了几次南方后，居然也学南方人能吃点臭干、臭冬瓜了。近几年南果榴莲特受大连人的欢迎，而且卖价也很高，我也喜欢上了那特殊的臭味。此人生阶段是百味通吃，来者不拒，该是注意“人学坏，五十开外”了。

要是到了对什么味都不敏感，或者是吃什么东西都一个味，那便是老了，该躺在床上望月了。

这房

有房没房，大房小房，看房买房装修房，这房事真是比天大，比地沉，比神马都闹心。

也是的，看林子里的那些大鸟小鸟，要想结合生孩子，都得自己去衔草做个窝，不管有没有能耐，有多大能耐，这窝是必不可少的。喜鹊可以用枝草把窝絮在高高的树杈上，燕子可以衔泥在屋檐下筑巢，麻雀可以随便找个小洞就能安身。在农村，农民要是没个房子，没有哪个女人能跟你，因为你连个鸟都不如。住房，过去是困扰农村人的大事。盖房子娶媳妇，多数农民这一辈子的劳作都搭在这上面了。所以，当听说一楼盘打出的广告语是"没有房子，就没媳妇"，虽感觉有些"雷人"，但可以理解，毕竟很现实。在城市里，过去最优越的就是不用自己建房。想当年，大连刚解放时，日本人留下了很多日本房，政府号召老百姓搬进去住，就有一些胆大的市民搬进去，这一住就成为这些日本房的主人了，除了以后交些房租外，没花一分钱。这种好事只能发生在战乱时期，现在可没有这种天上掉馅饼的好事了。大连的城市居民在福利房时期是花小钱住公房，面积不大，却不用花钱买房。即使有钱也买不到，因为房子是公家的，私人买房那是地主资本家才能干的事，是不可思议的。现在倒过来了，公家盖房私人买。也不知怎么回事，这房子越盖越不够用，越买房价越高，当然房子也是越造越好，有小房子的想买大房子，砖混结构的想买框架结构的，闹市区想买海景房，低层想买高层的，爬楼梯的想买电梯房，有一套的想两套。不管什么破房，不管多高价钱，房子总有人买，也不知他们都从哪里弄来的钱，现在的有钱人真多，房奴也多。最后的结局是有钱人住好房，中等收入住一般的房子，低收入者或农民工住经济适用房或简易房，穷人还是没有房。有房没房，大房小房，看房买房装修房，这房事真是比天大，比地沉，比神马都闹心。

▼老房主

大连以前的住房绝大多数姓"公"，基本上有两大类：一类是房产局的，在房管部门有门牌号登记造册的；一类是单位自己建的，那也姓"公"。不管是哪一类房，分配权都在单位领导，当然有不同名义，什么工会呀，福利科呀，分房小组呀。

大连的老房子，比较讲究的是日本房，比较差的是中国房，什么讲究没有的是新建的商品房。

日本房是大连人的叫法，是日本殖民时期留下的日本人住房，大多属于三层以下的别墅洋楼，独门独户，有规整的院落，虽然集中连片，但每栋建筑都不重样，积木式的奇特造型，构成了大连这个城市“洋气”的特色。上世纪40年代末到50年代初，随着日本侨民的撤退，大量的日本房空置，政府敲锣打鼓地欢迎市民居住，但仍有好长一段时间没人敢去住。一是对时局还要保持观望，二是当时的日本居住区里还有许多遗留物，比如军刀，甚至还有尸体。踏进日本人居住区感觉像是踏进雷区。人们对这一区域的恐惧也是有理由的，因为，在这些地区，各街头要道，日本人都设置碉堡，炮眼成扇形状，走在这些地区就像踏进了敌占区一样，不知会从哪里打出冷枪。

在政府的鼓励下，总是有敢吃螃蟹的人。当时的五二三厂、造船厂、大钢、大化等大量招工，吸引了大量的山东人入连。大量的山东农民纷纷放下锄头，像他们的前辈一样，成了闯关东的新移民，空置的日本房成了新移民的首选。当时的日本房子，谁占了就是谁的，有多大胆你可以占多大。但新政府的房租政策，又让许多人把多占的房子匀给了自己后来的亲戚兄弟，原因是，房子是要按面积交纳房租的。赤手空拳的新移民，只带着行李来到大连，房租是他们的一大花销。而且大多新移民都是年轻人，夫妻两人或者是带着一两个小孩

最后的日本房

子，如何吃饭是他们当下要解决的问题，房子当然是能小则小，钱能省则省了。人们自觉地将房子调剂成一居室或是两居室的，很少有占三居室的。到了1953年以后，大连的日本房子也基本住满了，两居室以上的住户保留了独立的厨房，一室的住户都是两家或是三家共用厨房。

日本房建筑标准普遍高，无论是环境还是质量都很讲究。首先是位置好，大连人叫地脚好。日本人统治大连四十年，建房子当然要挑选大连的最好地段，比如中山区的南山和解放路及岭前一带，西岗区的体育场凤鸣街一带和高尔基路，沙河口区的星海街和黑石礁等，都是些风景优美的宜居地段。其次，日本房的别墅特征，在过去的年代没当回事，现在却显得弥足珍贵。可惜这房子后来给住糟了，好端端的一个洋楼别墅，硬是给住成了乱七八糟四不像。其实也不能怪谁没品位，那么一栋小楼，要挤住好几家人，共用一个水表、电表、煤气表，这用多用少缴费多少就成为每家每户的心病，长期下去能不起矛盾吗？那些年靠单位分房子，也不知要等到猴年马月。儿女要结婚，实在不能等了，就只好在房头上接个偏厦子，盖个简易房，总比没房子强。日本房没有暖气，冬天取暖得靠生炉子，生炉子得烧劈柴、煤，而且是大量的，那破木头、油毡纸、煤坯、黄泥、炉子、炉灰……还有钉在窗户上的塑料布，这些东西就成了宝贝，直到搬到新楼的暖气房，还恋恋不舍地搬到走廊里。日本房虽然都漂亮，但也有较大差异。最好的当属南山别墅区，那里在日本人殖民统治时期就是“上等人”的居住区。基本上以明泽湖为界，以南的高级别墅是一些日本官员、外国领事馆和中国富豪的宅邸，如孙传芳、张作霖的官邸。明泽湖以北的日本房和岭前、体育场、高尔基路等地的日本房，大多是日本职员的居所。星海街和黑石礁的日本房大多是军界高官居所。过去的大连，只要问你住在哪儿，基本上就能知道你的十之七八。

中国房是大连人的叫法，其实也是日本殖民统治时期建的，只是中国人住。中国房最多的地方在西岗区，在东关街一带最集中，目前仅存的一些中国房成了外来人员集中居住地，也是老大连的最后见证地。这种集合式院落的中国房，建筑标准不高，设施也很简单，每座都是一个围起来的大四合院，多数为二层或三层楼房，院内有中厅外廊，实际上就是南方民居中常见的那种天井，外廊则是在二、三层设计出一圈室外走廊，走廊通向各住户，在廊角设有楼梯。居室内大多是三开间的单元居住方式，中间是灶屋，两侧是睡屋。一个四合院里至少住十几户人家，全院只有一个公用自来水龙头，用水得用水桶拎进拎出，排队接水是常态。最难忍受的是全院男女共用一个旱厕所，集中如厕时得排队，淘粪时满院满街臭气熏天，平日里粪便味与炒菜味、煤烟味混在一起，嬉笑怒

东关街的中国房，这里有太多的老大连故事

骂孩子哭老婆叫不绝于耳，市井生活气息浓得不能再浓。四合院内的空间早就被那些烧炉子用的破烂挤占得满满当当，走廊上也是如此，因此，每年过年最怕的就是火灾。现在说这中国房条件很差，但在以前能住上中国房，那也比无房户强。

解放后陆续建造的房屋，大部分是那些大型国有企业自建的家属宿舍楼，就是那种千楼一面的火柴盒式板楼，一般都是五六层的砖混结构。比起日本房和中国房，这种楼最大的优点是有暖气，不用烧炉子了。在上个世纪80年代以后，大连市政府与企业联手，新建了一大批住宅小区，极大地改善了大连市民的居住条件。这些小区有春柳小区、石道街小区、白云新村等。像七八十年代参加工作的大连人，一般都要经历几次搬家，我就搬了六次家。像上面说的日本房和中国房，年轻人是没资格住的。最初都要在集体宿舍蜗居一个时期，等把集体宿舍住成拖儿带女那份上，单位里才能轮到给你分房子。我第一次分到的房子是一教室间成两间屋，一家一间，两家共用一个厨房。两年后才分到楼房，算是像样的住宅了。后来因调动工作，又得搬家。有道是“穷搬家，富挪茔”，越搬东西越少，搬到最后，原来的老家底老家具什么的都没了影，只剩下老婆孩子了。我最大的损失是收藏多年的两箱名酒没了，不是打了、丢了，而是喝了。那时没有搬家公司，搬家全靠同学朋友出苦力。那些七八十年代的名酒，虽然钱不贵，但都是真货，封闭不严，一倒腾就出酒香味，那味太诱人了，舍不得也得忍痛拿出来，家搬完了酒也喝了了。

▼新房奴

别管小区里的业主住大房有多牛，别看大街上的白领们有多潇洒，只要他买房贷了银行的钱，每月还按揭，那他就该当房奴了。房奴的日子不好过，据说全国有61.3%的房奴备受焦虑、恐惧、易怒、抑郁等负面情绪折磨。这满大街上趾高气扬的悠闲者或跟头把式的忙碌者，有几个不是为银行打工的？一套房子消灭一个中产阶级已不是戏言，新房奴说不准在哪一天就沦为新穷人。其实谁都不愿当房奴，大连市民的观念，还是觉得那个“挣一辈子钱到老才能买得起房子的中国老太太”靠谱，而在不知不觉中却走进了那个“借钱买房子到老了才还清贷款的美国老太太”的陷阱里。

在市场上买东西，凡是能试的商家肯定让你先试后买，凡是能尝的也是先尝后买。可惜这房子特殊，既不能先试住，更不能品尝，那咋整？大连的房地产开发商有的是办法，卖房子也能让你“先尝后买”。首先让你看，保准你能看好，看好了想不买都不行。一看广告，那宣传单上，恨不能把人间好话说尽，不由得你不到售楼处去。二看沙盘，这沙盘上可都是人间仙境，集中了宜居的诸般美好要素，反正没有大成本，只要把河流、湖泊、绿地什么的都像孩子们摆积木一样往沙盘里一摆，想怎么美就怎么美，让你一看就挪不动脚了。至于以后能否兑现，也没法较真，毕竟不能拿沙盘去跟人家打官司。三看现房，坐上专门的看房车，专门有一帮托儿在起劲地忽悠，有如上贼船容易下船难。现房是商家精心装修的样板间，哪有不好之理？房子固然好，可那钱更好，真是抢钱一样，现钱、存款，养老钱、上学钱、做生意钱、自己的钱、别人的钱，这辈子钱、下辈子钱，不管什么钱，统统都拿来。平时一分钱掰两半花，这时的钱却是一万元当一元用，根本不当钱花；平时在市场上斤斤计较，锱铢必争，有时买菜为了块儿八角的争执不休，而这时的讨价还价是以万元为单位，那感觉不是大款也是大爷了。

买房那节骨眼，平民百姓最难心的就是钱少，最亲最恨的也是钱，都说它是王八蛋，浑身充满了铜臭味，可在房子面前谁能不顶礼膜拜？那些有能力的买房者，看模样，好像长得还真不咋的；看年龄，好像比我年轻得多；看学历，好像不是什么读过大书的人；看知识文化，好像很粗鲁。还看什么呢？看什么都不像是个能买得起房子的人，可是人家却偏偏连哏儿都不打，连现钱都不拿，把卡往那一放，售楼小姐早就屁颠屁颠地办好了前期手续，那套看了好几天的大房子就在如此短的时间里归到人家的名下了。

看人家买楼像买水果一样，不用问价不用尝，你这边水果没买却尝了一大顿，不管是被逼的还是被劝的，反正是尝了，尝了又说不出不好的理由。虽然售楼小姐也同情你说的买楼不能像买菜买水果那样轻率，可那同情的眼神中还流露出期待、鄙视，或者什么都没有，就是你自卑的心理作祟。谁也没逼你，那就是自己逼自己，这楼价还在噌噌地涨，兜里的那点钱离买得起楼越来越远，再不出手就只能永远当观众了，乖乖地买吧。

拿什么买呢？面对百万元以上的房子，辛苦了大半辈子攒的那几万块钱，还不够买个厕所，再说这房子也不能像切西瓜一样一块一块地零卖。没关系，售楼小姐早就揣摸透了你的心理，巧舌如簧地游说你不得不心动，不用现钱，不用像市场上的一手交钱一手交货那样，只要办理贷款，交点首付钱，那心仪已久的大房子就归你了。从那一刻起，你就是那个大房子的新主人了，同时，你也成为地道的新房奴了。借钱还钱，还要外加利息，从此后你这一辈子将为还贷而拼命打工挣钱。

没买房子时这房价飞涨，不是一天一个价也是一个月一个价。自从自己买了房以后，就盼着房子快涨价，假如你

房价又涨了

买了100平方米的房子每平方米涨100元，就好像你赚了1万元。可这房价好像就是跟你过不去，停那儿就不动了！今天这个限贷政策，明天那个限购政策，虽然挤上了这班车，好像又是最后一个，那些等车的人都不上车了，这多没劲！在买房前的几个年头里，房价每年都涨1000多元，现在买一栋100平方米的房子，得花120万元，比6年前多花60万元。这120万元购房的代价是：农民种三亩地每亩纯收入400元的话要从宋朝开始至今才能凑齐（还不能有灾年）；工人每月工资1500元需从1945年上班至今；白领年薪6万，需从1992年上班就拿这么多钱至今不吃不喝。

这就足以让天下所有的诚实劳动失去价值和意义，假如五六年前你随意购得一套房子，这期间你什么也不干，那么今天你的资产将翻一到两番，这是什么概念？等于你白白赚了五六十万到100万，而只要炒上几套房子，你就是百万富翁、千万富翁。面对这样的"成功"逻辑和投机诱惑，你还有什么心思去诚实劳动、去搞实体经济、去一点一滴地积累财富呢？你过去辛辛苦苦的拼搏和未来的创业理想都将黯然失色，你的心态、心性和价值观会发生极大变化，你会变得面目全非，认不出自己。自己就是全世界几乎最穷的那一帮人，花了几乎最高的价，买了一套最不靠谱的房子，还不是真正的房产，只能叫居住权，期限70年，土地权不是你的，就像你买的不是一辆车，而是一个专用座位，像公共汽车的一个座位，车皮、底盘、轮胎、发动机都不是你的，房地产真的跟我等小市民们开了个恶毒的玩笑。

▼新苦恼

没买房子时，为住房条件差而苦恼，为错过了买房的最佳时机而苦恼，为房子涨价或不涨价而苦恼……谁知这房子买到手以后，又来了新苦恼。

一是装修苦恼。大连人好面子，对装修格外重视。装修就如一场战争，至少要经历三大战役。第一战役是阵地战，改结构挖沟砸墙，斧锤锯凿轮番轰击。接着就是各种重武器显神威，砂轮无齿锯比防空警报还令人毛骨悚然，冲击钻如重机枪爆响使你心惊胆寒。第二战役是夜袭战，为转移建筑垃圾，雇民工偷运到垃圾桶旁，物业肯定来找你算账；再找清洁工运走，他们拒绝运送建筑垃圾；实在没办法就在夜间偷偷摸摸地让"雇佣军"堆到一处不引人注目的地方，或者用大车运到城郊马路边卸掉。第三战役是游击战，各路杂牌军打一枪换一地，今天是铺设暖气管道的，明天是改装户外水表的，后天安装煤气管道的，大后天是安装电视网络线路的……还有铺地板、封阳台、安装晒衣架的，装修没完没了，你家完了下一家又继续，楼内的"硝烟"几年都消停不了。

二是位置苦恼。以前的住房虽然面积小，但位置相对要好一些，至少是在中心区，交通和购物都方便。这新开发的楼盘，价钱相对偏低的大部分是郊区，属于“大大连”，如果没有私家车，去商业区购一次物，跟过去的农民进城费的周折差不多。孩子上学，大人上班，这几乎每天都必须做的事，只好靠挤公交车来解决，每天在路上的时间差不多要消耗小半天。以前虽然在中心区蜗居，但是干什么都方便，锅里爆锅子缺酱油，到楼下现打都赶趟儿。

三是楼层苦恼。住在一层，价钱要便宜许多，但要受楼上各家各户的窝囊气。说是“五讲四美三热爱”，可是一楼前的地上就没干净过，什么果核纸屑避孕套什么都会从天而降，就是不降人民币，不给你飞下一袋垃圾就烧高香了。一楼大家进出的防盗门也不省心，自动关门的撞击声，像是包公的惊堂木，你算是近水楼台，爱听不爱听都得听。有时还得给忘记带大门钥匙者或者外来者开门，简直成了看门打更老头了。最怕的是半夜三更哪一家的醉汉回来了，把那门铃挨排摁一遍，还扯嗓子唱着京剧:“雄心壮志冲云天……”那就住顶层吧，谁的气也不受。可这顶层是不受人气，却得受天“气”，冬冷夏热不保温，有时还“屋漏偏逢连夜雨”。怪不得这底层和顶层的楼价便宜，真是便宜没好货。还是住中间吧，那你就得忍着点：现在的框架结构都不隔音，楼上的孩子跑动，你就觉得踩在你头上；隔好几层的练琴声，你能免费听个够；要是某家举办个卡拉 OK 家庭派对，你可以听到现场直播。最尴尬的是夜深人静时，楼上如厕时，你能听出是男是女是老是少，但是你千万别认真听，省得在你特投入时，哗……一声冲下来，当心连你的神儿一起冲到下水道里捡不回来。

四是面积苦恼。多大算大？自己买了两居室觉得比原来宽敞多了。可是到楼上看人家是三居室的，心想人家这面积正好，夫妻俩住一间，孩子住一间，父母住一间，于是就后悔了，何不再一使劲买个三居室？再往上看到的房子比三居室还好，是四室两厅两卫，这两个卫生间太诱人了，早晨上厕所不用排队，这是妻子最理想的居室。再往上是 200 平方米的复式房，有超大入室花园赠送，有独特的全景飘窗，有五个卧室，三个客厅，露天大阳台，还有我最爱的大书房，真是做梦也想不到竟有如此好的住房。看完楼上的大房子，再看看自己的两居室，心情顿时陡落千丈。于是，就自我安慰：住房面积大了，是挺敞亮的，但打扫卫生就得花大气力，擦一次地能累你满头大汗。找清洁工，人家也是按面积收钱。买房花那么多钱，这些家务活能自己做就能省一点，可这物业费却省不了，且按面积收费。这好不容易不用交房租了，可这物业费比过去的房租还贵，还得按月交，忘交了麻烦更大，还得补缴滞纳金。物业养活那么多人，就指望你们业主供养，你不养谁养？说到物业就必然要想到车位费，物业在路边用白灰画一些线，就是停车位，就得交一笔数目不少的钱。

五是空巢苦恼。以前住得挤挤巴巴的，来人多了家里都转不开身，虽然简陋，却是经常高朋满座，那时最盼望的是能有一个大客厅。如今这客厅越来越大，客人却越来越少，最后儿女一走，就剩下老两口你瞅我，我瞅你，老脸一张。房间越大越显空旷，冷冷清清的。

六是办证苦恼。不说为办个房证要跑多少腿，找多少人，就说这房证上写谁的名，都上婚姻法了。丈母娘希望在房证上写上自己女儿的名，免得搭上数额不小的装修费，把女儿嫁出去了，将来要是闹分手，家庭最大的财产——房子没有自己的份儿；婆婆希望自己家出钱买的房，房证上就是不能乱写别人的名，写了就要分走一半；税务机关听说也要趁火打劫，设了个“加名税”。这样一来，原先笼罩在家人之间的那层温情脉脉的面纱被撕开了，真是闹心。

那为什么还要花钱买苦恼呢？其实还是一个心态问题，不完全是需求问题。心态主要是攀比心理。过去在那日本房、中国房什么的住得也挺好，大家都是那个状态，也就没啥不平衡的。问题是过去都一样的现在不一样了，那就失衡了。市井之人从众心理特别强，你穿裘皮我也不能穿羽绒服，你有汽车我也不能是摩托车，你住 80 平方米我不可能住 40 平方米，反正都是贷款。还有就是养得起儿子就得买得起房子，不买房娶媳妇，这一辈子就算白混了。至于房子不但能保值增值，老了还能吃房租养老，那也是大连人买第二套房的理由。还有一点是不可抗拒的，那就是规划动迁了，你不买还能住露天地？那就买吧，反正别人都买，吃亏得便宜也不那么重要了。

出行

大连位于辽东半岛南端，在交通不发达的古代出行不方便，在现代，这特殊的地理位置反而变得特别通达，什么公路、铁路、水路、航空、管道等交通方式都有，只是管道那玩意儿人不能坐。而轨道交通又有地铁、快轨、轻轨、城际铁路、有轨电车五种类型，一般的城市很难有这么齐全的交通方式，而且历史这么悠久。

下一
金

大连位于辽东半岛南端，在交通不发达的古代，出行不方便，与海那边的山东天各一方，成了天涯海角。那时中央政府派人到辽东来，还得绕道从山东下海再到辽东。在现代，这特殊的地理位置反而变得特别通达，什么公路、铁路、水路、航空、管道等交通方式都有，只是管道那玩意儿人不能坐。而轨道交通又有地铁、快轨、轻轨、城际铁路、有轨电车五种类型，一般的城市很难有这么齐全的交通方式，而且历史这么悠久。

大连的交通历史，港口和铁路的资历可与城市齐名，甚至比城市还有资格。粗线条的概念是先修港，再修铁路和公路，城市也随之发展起来了。最早的港口是 1879 年清政府辟建旅顺口北洋水师基地时，在大连湾建设商业性码头。1898 年沙俄强行占领大连后，便开始进行大规模的铁路和港口建设。1902 年大连港建成第一座码头，可停泊 25 条千吨级海轮，年进出港船只达 717 艘次，年吞吐能力约 30 万吨，绝对是东北亚大港。1903 年大连港开辟了到上海、山东及朝鲜、日本、西欧等地航线。1905 年日俄战争后，日本统治了大连，对大连港进行大规模扩建，到 1940 年总共完成四个突堤码头，能同时停靠万吨级以下海轮 90 条，年吞吐能力增加到 1200 万吨，成为当时亚洲最大的港口之一。大连铁路有 120 多年历史，1898 年沙俄开始修筑哈尔滨至旅顺的铁路，全长 940 公里，并于 1903 年 7 月正式建成通车，当时为宽轨单线铁路。日俄战争后，日本接管大连至长春的中长铁路，进行了一系列的改建和扩建。1908 年日本把中长铁路改成标准轨距，1929 年建成大连站，1933 年中长铁路全线完成复线。公路运输从 1910 年南满洲铁道株式会社进口第一台汽车算起，也有百年历史。1920 年基本上在大连地区南部建成了公路网。1923 年大连有汽车 46 辆。现在大连港已经由大连湾搬迁到大窑湾，大连在环渤海的交通枢纽地位越来越重要。据说还要在渤海海峡上修建一座世界上最长的跨海大通道，那要是再回山东家就不用坐一宿船了，开汽车一两个小时就到。

上述这些都是大交通的概念，市民百姓的出行则是另一种概念，出远门就坐飞机、火车，跨海就坐轮船，在家门口乘公交车就行了，还有出租车、自行车、摩托车，现在还有私家车。由于受大连的丘陵坡地限制，自行车的领地越来越小，原来是上下班的重要交通工具，现在成了市民强身健体的大玩具了。摩托车也属限制类的，市内交通主要是公交车、出租车、私家车和公车。

▼摩电车

电车是大连这座城市最富有想象力的具有历史钩沉性的记忆。大连的电车有两种，一是有轨电车，即201、202、203路，属于城市历史文物级的，早些年老辈人或外地人都管它叫摩电车，因为车上面拖着一个大铁弓子沿电线（天线）滑动，经常有电弧火花闪烁，便以为是摩电产生动力。旧时电车行驶在路上总会发出“咣当咣当”声，有轨电车因此还有“当当车”之称。二是无轨电车，是胶轮的，因车上面有两根大“辫子”，如清朝的遗老遗少，不过它的辫子是朝天上翘的，老辈人管它叫“大辫子车”。比起摩电车，“大辫子车”是地道的晚辈，原先有两路，一条是从站前到马栏子的101路，一条是从站前到桃源街的102路，现在只剩下101路了。

大连的有轨电车如没落的贵族，出身还挺高贵的。城市档案记载是1909年8月9日，大栈桥（今大连港码头）到电气游园（原动物园，现中心裕景）的2.45公里有轨电车线路竣工，同时建成的还有位于现在民主广场的有轨电车停放和修理工厂，这座电车修理工厂便是大连有轨电车的诞生地。1909年9月25日，第一辆有轨电车缓缓驶过大连青泥洼街头，这是继天津(1906年)、上海（1908年）之后，中国第三条，也是东北第一条有轨电车系统。大连的城市公共交通体系从此拉开历史序幕。以后的北京于1921年，沈阳于1924年，哈尔滨于1927年，长春于1935年，相继建成有轨电车系统。当时大连有30辆木结构车身的四轴电车，车体是美国制造，底盘由英国制造，电器部分是由德国生产。这些电车在大连，要比英国早期的马车神气，说是公共交通，在当时可不是普通市民百姓随便能坐的，也不是花钱买票就成。有资格坐电车的都是大连街上一些有身份的商人和在

青泥洼桥，远去的记忆

洋行、满铁工作的职员。中国劳工要是稀里糊涂坐上了电车，要挨打受罚的。殖民主义者将现代化交通的文明成果带到这座城市的同时，也将殖民地的耻辱深深地烙在大连人民的心里。以后电车有了等级区别，1928 年生产的“满铁”有轨电车，车身以颜色分级，白色电车专供外国人乘坐，中国人乘坐的是红色“劳工车”。 那个时期大连市民购买电车票一般用的是小面值的日本金票，有 1 钱、5 钱、10 钱、50 钱，还有银毫子，有 5 钱、10 钱、20 钱，还有铝币和其他材质的钱币。当时的电车通过的沿线都是“富人区”，如长江路东关街到北京街一带，虽然现在看起来破烂不堪，在当时都是二层日本小楼，能看到电车的房子可能比现在的海景房还好，那是一道现代文明的光景。

解放后，有轨电车也成为城市市民最好的交通工具。青泥洼桥电车站那个高高的小调度亭，是当时青泥洼最独特的风景，很多大连老照片上都有那个标志性建筑，个头不高，却如白发渔樵江渚上，惯看大连的春月秋风。大连人对电车始终怀有复杂的情绪，一看那独眼龙似的电车闪着火花，咣当咣当地驶过来，一种曾经受奴役的压抑感也油然而生。也许我们的父辈就在这个电车上受过凌辱，也许这个电车上坐过日本战犯……反正它是从旧社会没经过改造直接走过来的。然而，它毕竟陪我们走过了日本殖民统治时期，走过了苏联红军管制时期，走过了社会主义革命和建设时期，又走过改革开放三十年，直到现在还以百岁之躯承载着大连市民，继续为我们这个城市服役，能说没有感情吗？它经历了人连百年的兴衰荣辱，已经成为我们这座城市的一种符号，一种象征，一种文化，更是一种情怀。1951 年国庆期间，大连电车工厂生产制造出我国第一台 1000 型有轨电车，这是我们大连自己的电车，后来又相继研制出 2000 型、3000 型、621 型交叉式及 7000 型、8000 型有轨电车。这些有轨电车不仅在大连街上运营，在共和国有电车的城市里几乎都留下了它们的足迹，甚至出口到外国。

有轨电车是大连最早的公共交通工具，给市民带来的回忆也是最多的。大连最多时有九条电车线路，如从青泥洼桥到老虎滩，从解放广场到中山广场等。这么多年来，电车线路改动较大，车的模样基本上没有大的改动，有三个门，在有乘务员时，三个门都能上下，一个司机和两个乘务员各管一个门。那时的车门开和关都是手动的，车门上有两个大挂钩，由乘务员用手摘或挂。小时候坐车最爱看的就是开电车的女司机，站在她的后面，仔细地观察她的每一个动作，感觉她是那么潇洒，她就用手扳动一个把手，也不用扶方向盘，就像开火车一样把电车开走了。更难忘的是女乘务员那多年不变的经典腔调：往里走，往里走……好，走司机！“走司机”成为我们小时候最爱学的一句话，直到现

电车是大连的城市记忆

在还经常用这句话开玩笑。有时有的乘客站在门口不配合，乘务员就半开玩笑半认真地说："搁那站着不怕夹乙巴（尾巴）？"乘客还真就摸一下屁股，往前上一步，大家一笑了之，车门关上，走了。

大连的市民百姓更多的是以宽容的心态，来记忆电车的诸多好处。一是便宜。改革开放以前的几十年都是4分钱一张票，就能从始发站坐到终点站，没有比电车更便宜的车票了。市民上哪去，首先盘算着能否够着电车站。二是宽容。对乘客随身携带的那些大件物品，包括从山东来刚下船带着的大包小裹，或者从农村来城里带的行李卷，或者赶海回来拖着的海带什么的，只要你能放进车里，它就都能给你拉到站，最多额外补一张票。我成家买的第一件家具——两边可折叠的餐桌，就是跟我同学俩从大公街抬到电车站，一直拉到黑石礁，才花8分钱。三是守时。不管你是上早班还是下夜班，最早的（早4点半）和最晚的（晚11点半）城市公交车，那就数电车了。"文革"时那么乱，我记忆中唯有电车没有停过。那时城市里没有出租车，夜间家里有个大事小情的，就全靠电车了。我妻子分娩前的那个凌晨，就是从黑石礁坐第一趟电车到星海医院（现大医附属二院）的。都30多年过去了，我对电车还心生感激。四是稳当，好开。它没头没尾的不用掉头，没有方向盘，在轨道专线上好驾驶，好像都是女同志开。很多上班上学的大连人都有这习惯，一上车就打瞌睡，那有节奏的"咣当咣当"声像摇篮曲般地催眠着，一不小心就睡过站了，那也不要紧，再坐回来就是了。五是容量大。看着就那么两排座，真要是上班高峰时，那才能装呢，看着车里已经满满当当的了，再挤进来一二十个人也没问题。这要归功于电车的门多，一面三个门，两侧都有门，上下特别方便，真是老百姓的车。大连有轨电车发展鼎盛时期，其日客流量是无轨电车的40余倍,是公交车的3倍还多。六是低碳环保，一点尾气污染都没有。这一点在当时还没意识到，现在越来越觉得没有尾气的公交车是那么可爱!

电车也不是什么都好，比如占道问题、效率不高问题，正因为如此才几次进行改造。1974年，政府就对中山路等沿线电车道的电车轨道进行了拆除，以无轨电车取而代之，只保留了三条电车道，一条是从兴工街到火车站的201路，一条是从兴工街到黑石礁（现在延伸到河口）的202路，一条是从火车站到寺儿沟的203路。对电车轨道也进行了改造，由原来的独道专行改为多道并行，就是在有轨道上还照样能跑别的汽车。在这之前有轨电车采用20多米长的铁轨，车厢是火车车厢改装的，有十几米长，经过道路改造和车辆换型后，使用无缝钢轨，车体长、速度快，载重量加大了，载人更多，它在行驶时就发出隆隆之声，显得更加稳重威武。2000年5月17日在大连电车工厂下线的“大连人”牌DL6W型低地板双铰接城市有轨电车，已完全拥有自主知识产权，车身也更加美观大方。为了保留城市的历史文脉，在兴工街到火车站、火车站到寺儿沟的有轨电车线路上，还有意保留几辆百年前样式的老电车，成为大连一道永不褪色的流动风景。

▼打的士

对大连人而言，“打的”是地道的外来语。“的士”就是出租车，即Taxi-car,全世界通用为Taxi,台湾称作计程车，港澳称为的士，新加坡及马来西亚一带则称为德士。出租车在经济比较发达的香港和广东地区较早出现，于是粤语方言中也就相应地有了“搭的士”的说法。后来“搭的士”一说传到内地就成为“打的”了，大连人也跟着这么说，刚开始觉得不习惯但挺时尚的，现在都无所谓了，就是一出租车，谁都能坐得起。

其实，大连在20世纪三四十年代也有出租车，相对于马车和人力车，出租车也不是太贵，从西岗到青泥洼，每人几毛钱，市民有个急事什么的也叫出租车。听一个金州退休老工人说，他家当时在金州开铁匠铺子，家里办丧事就从大连叫了两辆黑盖子出租车，是福特牌的。

说起打的，市民都有一种很复杂的情绪。一是潇洒与小气相交织。出门打的潇洒，手一伸，那的士就开到你眼前，那是有钱的象征。而大连市的工资可比不上京沪广深，刚有的士那阵子，大连普通工人的月工资，也就够打两三次的士，能打得起的士的人不是外商就是大款，再就是那些钱来得很容易的“倒爷”什么的。直到现在，市民家里要是没个急事，或者不是外出赶上雨雪天，也不会轻易打的。但是现在的居民收入增加了，就像过年要吃上一顿饺子，一狠心打个车能咋的？坐上去很潇洒，感觉如官员的专车，当了一回老大，指到哪里开到哪里。可是，潇洒背后的小气驱使，却也被折磨得够受。那计程表上的数字不停地跳字，就如荷包里的钱通上了一只管子，眼看着银子源源不断地注入了司机的腰包，那个心疼啊，只恨这路怎么这么远，这车怎么还不停？

二是爱与恨相交织。说爱，毕竟这出租车曾经是大连的脸面。刚时兴出租车那阵子，大连的出租车水平不低，虽然有几年“拉达”“波罗乃兹”等杂牌军混搭时期，但是很快就成为“桑塔纳”和“捷达”的一统天下，这在当时还是比较先进，北京城那时还是“面的”的天下。在2000年前后的服装节期间，大连的出租车司机统一着装，白衬衫领带加白手套，干净洁白的座套，不坐看着也舒服，司机还会些日常外语会话，真给大连长脸。大连的出租车司机还真争气，不像北京出租车司机那样耍嘴皮子，却干了很多实事，比如高考送爱心活动，义务出车送考生；拾金不昧、见义勇为的事迹经常见诸报端。对于市民家里有个急事什么的，这出租车还真给力。尤其是“大汽”的蓝灯的士，在全国都是响当当的品牌车。但是，这些爱的理由却在不经意间就会被一些不良的出租车给磨灭了。最可恨的是那些挑肥拣瘦的拒载车，有几次都是上车了硬是被强行给撵下来，客气点说是交班，不客气就说有约或有事。我永远不能忘记的是十五年前妻子有病急着回家，好不容易打上一辆出租车，司机却借故拒载。我实在无法忍受，就亲自到当时在北京街的出租车管理处举报了。接待我的工

大连街百年前的“出租车”

作人员根本不听我说，非要我写出文字材料。我按要求写完后，他让我回去等处理意见，一个星期后也没个音信，再去管理处，又叫我写材料，又如此这般，直到现在也没个答复。从那以后，我明白了那个出租车司机为什么敢拒载，在恨那个不良司机的同时，更恨糊弄我的那个管理人员。类似的故事同事们也给我讲了许多，直到现在动真格了，一下子查出那么多的黑车，解恨之余更加震惊，原来老百姓讲的那些事情都是真的。

三是理解与失望相交织。以前总觉得出租车行业是挣大钱的，在 20 世纪 90 年代以前，他们的钱确实没少赚。近些年来，各项成本在不断提高，而打车价格并没涨多少，相对来讲，出租车司机的收入也就是中等偏高，挣的都是辛苦钱。在辛苦的同时，这还是一个高风险的行业，如现在的晚班司机，就要提防着那些穷凶极恶、对出租车司机下黑手的家伙。还有，只要车轮一转，就有车祸风险，不走车安全，可那一两百元的份子钱咋整？据说成年累月地开出租车，还会落下职业病，什么颈椎病、前列腺病、关节炎等，挣点钱真是不容易！应该多理解多体谅他们。可是，当你受了他们的欺负或欺骗后，哪怕一两次，这种失望的情绪要影响很长时间。有了这种情绪，就对他们很讨厌，在你不需要他们时，他们像苍蝇一样聚堆碰腿，在你需要他们时却无影无踪，或者不理你呼啸而过。要么就是拼车，都已经满员了，还想像挤公交车那样再挤进一个。你赌气自驾车，那更得忍受出租车抢行并道的霸道，在路上他们只怕交警和公交车，对于私家车是能欺负就欺负，好像是这些私家车抢了他们的饭碗，挡了他们发财之道。最不能理解的是在大连火车站和大连机场总有那么一伙人堵着问你到哪去，当你觉得运气不错时，想不到的厄运在等着你。每一次事后都发誓，再也不坐“黑车”了，可是人家什么证件都有，没办法还得上车挨“宰”。这么多年了，怎么就没有那神秘的“有关部门”去管一管呢！还有出租车司机的低素质行为，抽烟、说脏话，让外地客人的意见大着呢。总期望着这城市文明的光环能罩到出租车上，可是失望的情绪却是与日俱增。

其实这出租车司机也真不容易。每天只要一坐到车上，就欠了东家的钱，那份子钱就如一口大锅，沉重地压在身上。怎么能减轻呢？就得把油门不停地踩下去。拉一次客，离目标就近一点，心里就减轻一点负担，直到把份子钱挣足了，那才像解放了当家做了主人，自己给自己打工，挣一分钱也是自己的。遗憾的是这时候也快要交班了。也怪，往往越是到要交班时，这活儿越多，就像钓鱼，等了大半天也不上钩，快要收摊往家走时，那钩咬得正欢。要想多挣钱，就得车轮不停地转，一旦拉着客，就得拼命跑。他们的理念肯定是，越快跑的路就越多，挣钱的机会也就多。这也不失为一种积极的人生态度。

▼挤公交

说公交

公车与公交车虽然只有一字之差，又都是公家的车，但却大相径庭，虽是一股道上跑的车，那感觉是不一样的。公车原本是指政府部门或事业单位办公用车，可是大连的小年轻们硬是把坐公交车幽默地说成是坐“公车”。而真正坐公车的是少数公务人员，市民百姓的出行还是依赖于公交车。公交车是真正的城市窗口，公交运行状况特别能反映城市的文明程度。

大连城市公交历史较早，却是一路坎坷。虽然在建市之初就有电车，但那时的城市交通主要还是靠马车和人力车。到1924年开始有公共汽车营业。解放后，旅大交通公司把城市遗存下来的“福特”“曼思”“雪佛兰”等万国客运旧车进行修理和技术改造，形成了“嘎斯51”和解放型等车型。到1953年，营运车辆由1949年的45辆增加到72辆。其实那时也没有多少人坐公交车，上班的可以骑自行车。从70年代始，工厂里上班的人多起来了，公交车成为大连市城市客运的主要交通工具。到1985年年末，全市有客运汽车580辆，日均承担客运量为138.6万人次。这车数说起来挺多的，但在坐车时就觉得车很少，老半天才来一辆车。为了解决人多车少的问题，大连市打破了公车垄断，让个体车进入公交运营，成立了公共汽车联营公司，当年就有97辆客车参加营运，大大缓解了乘车拥挤的状况，解决了老百姓乘车难的问题。现在全市共有公交线路105条，其中快轨交通线路1条、有轨电车线路3条、无轨电车线路1条、大公交线路72条、小公汽线路28条；主要公交运营机构有公交集团公司、联营公司、通恒公司、通利公司（以上两家为合资企业）、冠忠公司、港濠公司（以上两家为合作企业）；共有各类公交车辆3710台，公交车站1700个，公交车场32处；城市人口与公交车辆的比例为24标台/万人，公交出行率达到43%，均居国内领先水平。

20世纪90年代以前的公交车，大部分都是铰接车，像大货车带拖斗，能多拉人，但占道，不安全，运行效率低，现在都被淘汰了。建“北方香港”那时候，也就是90年代后期到2000年前后，大连街上流行双层巴士，跟香港的公交车有一拼。外地人到大连都觉得很新奇。这种车外表挺好看，还节约道路，里面的设施却不怎么样，显得特别小气窝囊，不舒服。大连人不喜欢这车，一是空间太小，高高大大的大连人不像粤港那边人矮小，不能受车的气，像走路不受鞋子的气一样。二是这车老是与路边的绿化树过不去，树枝与车经常刮碰，不安全。

大连市连续多年在全国道路交通管理评比中名列榜首，市政府每年都投入巨资进行交通基础设施建设，建设交通枢纽站、延长公交线路、更新公交车辆等，形成了安全有序、畅通便捷的城市公交运营体系，体现出较高的城市宜居度。尽管如此，人均道路面积也只有7.86平方米，而按“人类生态系统健康评价指标”中该指标的健康状态为人均16平方米以上。大连市已明确地定位为“文化、旅游、生态宜居名城”，应是人与自然和谐共处、经济与环境协调融合、物质空间适度有序、适宜所有人居住的城市。市民日常衣食住行的便宜程度都是生态宜居建设所关注的重要指标，其中，道路交通的通畅程度更是决定城市宜居水平的硬件条件。每月上下班的拥堵成本已影响城市生活水平，据统计，北京人达到375元，占其收入的12.5％；其次是广州人273.8元，上海人228.2元，成都人92.6元，西安人69.4元。这种计算不完整，还没把因堵车引发的通勤总成本和“路怒症”考虑进去。生命被堵在路上的感觉糟极了，可它是大城市的常态。

现在大连优先发展公共交通的理念，使公交车越来越畅通，不仅有快速的轨道交通，还辟有城市公交快速专线，很多小区里也有公交线路，出行坐公交车当为市民的首选。公交线路影响着市民的活动方向。一说到哪去，首先想到的是坐哪一路公交车。到街里（一般指青泥洼桥），这是“条条大路通罗马”。要是以街里为中心，那就有说法了。比如到黑石礁，过去是2路汽车和电车，现在则有23、406、801等近十条线路；比如到码头，过去就是13路汽车，现在有708、电车等；到傅家庄洗海澡，过去只有5路，现在还有702等，小公汽还没计算在内。大超市还有专门接送市民的临时客车。

坐公交

公交车是市井的缩影，坐公交车可以看人生百态。平常人坐车基本上是随遇而安，有座更好，没座也可。越是无所谓，越是有机会，随便在一地方站着，不一会儿人家到站了，便有了坐的机会。有的人越想坐，越不走运，看着一个人在摆弄包，有下车的动向，就赶紧到旁边等着，可是人家没有下车，从包里掏出报纸看上了，倒是刚才他离开的那个座位上的人下车了，旁边那位平常心态的人当然就坐上了。看上报纸了，说明不着急下车，至少还得等一段时间，说不准还得等到终点，那谁等得起？再找新目标吧，于是又挪到一个好像能随时下车的附近。车站到了，那个看报纸的突然收起报纸拿起包，匆匆下车了，眼看着站在旁边那位对座位无所谓的人，不急不忙地坐上了。

可有的人总想不吃亏，买票抢上车，就想有座位，这也无可厚非，谁都想有个座位。但他运气不好，还不服气，就得与命运抗争，抢抓机遇，看着有人下车了，瞅准机会，低着头占上了本该是挨在座位最近的那个人的座位。因为是抢的座位，所以自己也觉得不光彩，当然不展扬。这时，又有一人抱着孩子挤到了座位跟前。那个孩子其实很大，完全不用抱，可是人家偏要抱着，那意思再明白不过。要是平常人就不好意思再坐了，可偏偏是遇上了个抢座位的那类人，人家把脸往窗外一扭，尽览外面景色，车内一切都与我无关，看你怎么着。抱孩子的也较上了劲，你不让座位，我就在你旁边站着，看你能坐得住？没关系，你的觉悟也不比我高，那你就站着吧。人家把头一歪，“睡着”了，你还能怎么着？

公交车上不大的封闭空间，因为互相陌生而变得放松，一些不讲究的人也更加不拘小节了，要是在其他人少的地方尚可，可在公交车上就让别人难以忍受。比如这穿戴，有人穿得太脏，有人穿得太露，尤其夏天，个别男士穿着背心上车，身上汗漉漉的，个别女士穿超短裙还露肚脐眼，人少时看着了难为情，不敢睁眼，人多时零距离接触，那更难受。有人喜欢在家吃刺激性味大的大蒜、香菜什么的食物，自己倒是有滋有味的，也不好好刷牙漱口，让公交车上的人都来面对那冲鼻子的气息。有的在公交车上吃葱油饼韭菜盒子，还有榴莲……那浓烈气味，吃者很是惬意，闻者真倒胃口，即使到单位了，一想起那味道就难过，甚至因此而忌吃有这些味道的东西。公交车上情侣亲热，接吻乱摸旁若无人，不但儿童不宜，也令成人作呕。很多人喜欢在公交车用MP3来隔绝外界的不适，这本来碍不着别人什么事，可个别人不插耳机放音乐，实在让人闹心，尤其那些用山寨手机喜欢听重口味的，似乎有一副与人共享的热心肠，从龚琳娜的《忐忑》到慕容晓晓的《爱情买卖》，再到凤凰传奇那撕破嗓子的《草原情歌》，听得大家皱眉、愠怒、侧目，却无人发作，可能在那体会什么叫忍气吞声。好像坐公交车的都是底气不足的无能之辈，怕人家说你“有本事做‘大奔’去”，那就更没面子了。最闹心的是在车上旁若无人地开“电话会议”，打电话聊天，安排工作，谈生意，这些人总怕对方听不见，扯嗓子吼，那噪音污染比汽车马达声还厉害。

老年人看不惯年轻人的做派，没礼貌乱挤不让座。年轻人也烦老年人添乱，不在家待着睡觉，偏赶高峰来凑热闹，一大早上买菜比上班还积极。现在公交车上的老年人确实多，多到70岁的给80岁的让座，一个重要的原因是大连70岁以上老人坐公交车不花钱，反正也睡不着觉，挤公交也能练身板。

挤公交

现在大连老市区的公交线路多，车也多，平时坐公交挺宽松，犯不上挤，有地方待着没人愿去挤，除非是小偷怀着不可告人的目的才盼着越挤越好。要是人多车少，那么一大堆人都聚在那里，恐怕排队都没地儿，如何文明得了？比如大连的城郊结合部，人多车少，那上班的早上要是不挤，赔 等着迟到挨罚挨批，所以就只好拼命挤着上车。挤车虽然不文明，但实属无奈。

城市人多，免不了人挤人。现在人

多车更多，那就是路上车挤车了。过去的年代是车少人多，那挤公交就成为市井百相中最动人的景象。普通百姓，上班就得挤公交，大连的一般上班族，都有二三十年的挤公交经历。班不难上，就这公交难挤。挤并痛苦着，挤车的滋味当是普通百姓每天上下班必须要尝的。记得在80年代前后，上班挤车被戏称为“周游列国”。即，在“越南”（越难）等车，越等越难；在“埃及”（挨挤）中旅行，越走越挤；到了下车地就是“柬埔寨”（钱不在）了，被小偷得手了。公车从来都令人羡慕嫉妒恨，那时节人们并不羡慕坐轿车的，因为人家是当官的，资格到了那份儿。羡慕的是彼此差不多的人坐班车，能坐班车的人多牛啊！好单位的职工都有班车坐，那也是等级的象征。

挤公交车好比塞棉花，车里的人就像是可以无限压缩的棉花，看似很满了，只要努力还是能塞进去。说来也是，有时车并不是挤得很厉害，但是先上去的为了下车方便，就挡在那不管别人能否上去车。公交车上的市井心态经常是，只要我上去车了，最好马上就关门，人上得越少越好，车站上扔下的人越多我越高兴。有道是：“踏上车箱板，马上变心眼。”在上班的高峰期，1路车、2路车等特别拥挤的车站上总有几位专门负责往车上塞人的工作人员。他们的嘴里不断地嚷嚷：“再往里走一走，就剩下一个了。”这个塞进去了，后面的又挤上来，抓住车门，登上车厢板。他们又开始那一套嗑，最后那一个是：“再上一步，再上一步就成！”直到一起喊号子，下面的顶着前面人的屁股或后腰往上推，上面的抓住个把手往里挤，最后关头使足全身力气往里面拼死一挤，才使车门在一次又一次的“噗”气声中关上了。现在一说“给力”这词，我就想到这个情景，这个词肯定是挤公交车“挤”出来的，这才是真正的给力，单靠自己怎么挤也没辙儿。有时候门是勉强关上了，门缝处却经常夹着一截衣服后襟儿、一个学生书包、一个网兜里的饭盒、一根女人的辫子等等。

挤上车并不等于成功，还有两愁。一是车上的煎熬，什么样的人都有，什么气味都有，愿意不愿意都得接受彼此的零距离接触。谁也别嫌乎谁，嫌乎也没用，人到了那份儿上还哪有什么尊严！为了平衡心态，最好像阿Q那样想：“孙子坐车才不挨挤呢！”话是这么说的，心态好与坏都得挤。上车是为了下车，这便是第二愁，从上车时就不停地为如何下车发愁。一拨又一拨的人浪，根本不容你想如何，只得“随波逐流”，要是都到终点站还好，要是半路下车，那还得挤下车，这比上车还难。那时的公交车上下都一个门，上下的矛盾都集中在门上，上不去，下不来，僵持着。要是上车的人流太猛，你就别想下来，车坐过了站，那也得受着。

要是下雨（雪）天，那就更糟了。

车站上黑乎乎的一大片人，公交车像蜗牛似的老半天才爬过来一辆。大家呼的一下就冲过去了，没用，那车看这架势哪里还敢停！于是骂街声一片，还是没用，说是开车的根本听不着，可他们的心里却在承受着。又来了一辆，人们怕它再跑了，就迎头包围过去，看你还敢从我身上开过去？车还没停稳，就有身手不凡的年轻人像《铁道游击队》里的飞虎队，一下子就飞身抓住了车门，或者悬在车门上，车门一开就捷足先登了。有经验的上班族，要学会判断，根据车的速度判断好车门停的最佳位置，可以抢先上车。如果这些机会都丧失了，你还想志在必得，就得凭气力从正面硬挤，如果你没这个本事，那就得靠智取，迂回突破。一般是紧贴着车身边往前溜，逐渐向车门挺进，很容易得逞。

挤公交车也不都是痛苦，有时也是挤并快乐着。至少有五个“乐点”：一是享受信息。那时的信息渠道不多，正规的信息靠广播，大连市井综合新闻资讯靠公交车。一天上下班坐上两趟公交车，大连街上的那些事，你便了如指掌，晚上吃饭或与街坊、同事聊天，你就有嗑唠了。如果几天不坐公交车，还真有些闭塞了。二是调整心态。坐公交车的，有比你强的，当为学习榜样；有比你差的，心里得到安慰。尤其是那些农村人和外地人，拖家带口，连公交车都上不去，甚至连饭都吃不上，而你却是这个城市的市民，可以坐公交车上下班，那是老大幸福了。有多少农民这一辈子的追求就是能坐公交车上班。三是有乐。公交车坐多了，见得人多了，可乐的事也多了。最有趣的是听大连女人在车上骂架，那才花花呢！别看她们打扮得光鲜靓丽，骂起架来一路上都不重样，要是动起手来，那就是精彩绝伦的现代都市武打片。你一定不要为她们难为情，能打能骂那是“章程”。四是评球。大连人最喜欢在公交车上评论足球，有时在车上为争执一个观点也能弄个面红耳赤的。五是“八卦”。单位里的谁跟谁好上了，同学或工友家有新鲜事了……要说趣事也不少，比如一次我急着下车，胸前的上衣兜里别着一支钢笔不见了，下车后才发现在一女同志的大辫子上别着，如变戏法一样。再上车已经不可能了，只好眼睁睁地看着车开走了，而那位女同志竟浑然不觉。这个场景说来挺有戏剧性，要是演电视剧，还真是不好拍。

▼自驾车

自驾车，就是自己买车自己开，不是那种拉脚的小货车或微型面包，而是较体面的小轿车或大吉普，是市民出行的一种新形式，细算来在大连流行不过十年左右。其实，就大连市民的收入水平，还远未达到上下班以小汽车代步的程度，就挣那点有数的工资，还真不够汽油钱和停车费，每天上下班要开车三四十公里，那点工资都被加油站吃掉了。那怎么一下子会冒出这么多的私家车来？说到底，还是慕虚荣追时尚的心理作怪。就像爱不需要理由一样，买车也不需要什么理由，可以说是为了接送孩子，还可以说是为自己出行方便，其实最强的潜意识是为了体面。我的一位同事的爱人，只因参加一次婚礼，看到别人都有自驾车，就坐不住了，回来就逼着老公贷款买了一辆别克凯越。现在买车也方便，只要你填个单子拿点首付，这车就可以开回家。问题是买车容易养车难，就这汽油费和停车费就挺难招架，再加上隔三岔五闯个红灯、违停什么的，再磕碰刮擦的也要花费不少钱，这车买了一年不到就开始张罗卖了。

自驾在路上如同社会人生。开私家车的大多是小女人，在马路上也真像个小媳妇似的窝窝囊囊活受气，一方面想浪，另一方面又怕太张扬。你的车太靓了，怕别人嫉妒你，更怕别人碰着你，车太烂了怕别人瞧不起你，要是不好不赖不上不下的自己也觉得太俗气。过去开奔驰的是有钱大老板，发财了怎么也得弄个奔驰，哪怕是二手、三手车，现在有钱人是不开奔驰的，都开Q7、保时捷、英菲尼迪什么的，至于那些开劳斯莱斯、宾利、法拉利的不知道是什么滋味，就那车那人那气派，就够你眼气一辈子。车子更是权力的象征，过去当官的坐奥迪，现在坐奥迪的是乡镇长或个体小老板，大老板要坐奥迪也是A8的。真正的大官至少是两套车，平时应景低调，全是不超标的符合上级要求的公务轿车，实际中最常用的是超豪华的越野大吉普，既安全又气派。车越好，胆越小，速度越慢，受尽出租车、公交车的气，小心翼翼，忍气吞声。与你同行的那公交车是身大力不亏，想变道就变道，经常把你逼得走投无路也没处发泄，人家有公家撑腰。那神出鬼没的出租车是艺高人胆大，有空就钻，有客就抢，人家挣钱红眼你不能挡道。那也不能等你们都完事了才上路，只好硬着头皮往前闯，出事了找保险公司。

这马路上的事也是欺软怕硬，光脚不怕穿鞋的，有时你硬对方就软，你打着喇叭把车头伸出来，他们就得避让。那些开名车的更得受气，一路上生怕被那些烂车剐碰，一路上躲躲闪闪，高度警惕，比做贼还紧张。如果开手动挡的车，又是新手，那是一刹车就熄火，一启动就溜坡，大连的路坡又特别多，这一路上就像个挡车工，离合器、刹车、油门赶忙乎着，一头汗，一到坡起时就紧张，越紧张越出错。我的朋友讲，一次他在中南路的大坡上先是溜车，后来熄火了，等在后面的车顿时急得鬼哭狼嚎打喇叭，气得他干脆把车钥匙一拔，对后面车的司机说，我就这水平了，你们谁有水平谁就飞过去。堵在后面的那些车也没牙啃了，只好出来说软话，把他给哄走了。他的经验之谈就是胆大心细，并道时如果后面的车不减速地冲过来了，你就当没看见，它到你跟前也会戛然而止。但这也不是万全之计，谁知道对方有多大把握，要是真遇上个二愣子，那就得自认倒霉，好在现在都是保险公司掏钱修车，只要人不出事就吉星高照了。

说自驾车诸般不好，是有些矫情，有车的感觉还是比没车的好，就像说葡萄酸，毕竟还是有滋有味的，没葡萄只能说酸，酸有酸的味道。有私家车的最大满足是心气高了，身份提高了，自我感觉好。过去只有在市政府门口看到官员们坐轿车出出进进的，如今在这方面可与领导平级，使一使劲，兴许车比领导的还好，他们有标准限制，我们则想多高档就多高档，只怕钱不够。有车，活动半径迅速扩大，过去是以青泥洼桥为圆心，以公交线路为半径，现在的活动半径可扩展到北三市和辽东半岛，还可以跨省自驾游，越远越能显示出自驾的优越性。美中不足的是这油价和过路费太高，从大连到沈阳一个来回，过路费和燃油费加一起就得800元左右，常跑还要掂量掂量。

不管怎么说，这社会还是在快速地进步。过去一说自驾车，好像只是少数人的暴富行为。现在大连的白领阶层，几乎是每个人都有一辆车。过去爱慕虚荣把车当成一种炫耀，现在很理性地当成一种代步的工具。只要心态放平了，问题都是可以解决的。道路拥堵了，就抓紧修路；车位紧张了，就大力扩建停车场。只要政府要下决心做的事，没有做不成的。但是塞车这事好像解决不了，因为现在对解决塞车的主要思路是修路。岂不知这路修多宽就有多少车在上面，就目前的状况，我看修多少路都解决不了塞车问题。说塞车是城市病，现在农村的塞车现象也很严重。今年清明节回瓦房店老家扫墓，去时在瓦轴到殡仪馆这段路堵了一个多小时，回来时在李店附近一个铁路交叉口附近又堵了40分钟。其实，并不是车太多，而是人心太浮躁，只要前面一堵车，后面来的车就越过双黄线走反道，开始占一排，堵满了后又占第二排、第三排，有多宽就占多宽，整个一个双向六排道变成了往一个方向去的单行道。对面的车也是如此占道，也形成了单行道，两面都是单行道对峙，如果没有人疏导，一堵就是几个小时。在松树镇、得利寺镇那样的小镇，塞车成了家常便饭。看来解决车拥堵问题，绝不是个简单的修路问题。对于觉悟不高的自驾者，采用哥本哈根那种以堵治堵的方法，或许更有效果。

自驾车的年轻人，并不都是以车作交通工具。现在城市里愿意走路的多是老年人，越是年轻人越不愿意走路，而自驾车往往是一种情趣或情绪的宣泄。公交车上花花绿绿的是广告，私家车上的各种装饰多是为了展示个性。尤其那些小资情调车，五花八门个性化的“车文化”还挺有意思的。如车尾部提醒别追尾的妙句：“距离产生美”“本人已婚，不要追我”“请别吻我，当心毁容”“请别碰妹，欲哭无泪”；还有的幽默加炫耀“哥一直被模仿，但从未被超过”“姐是

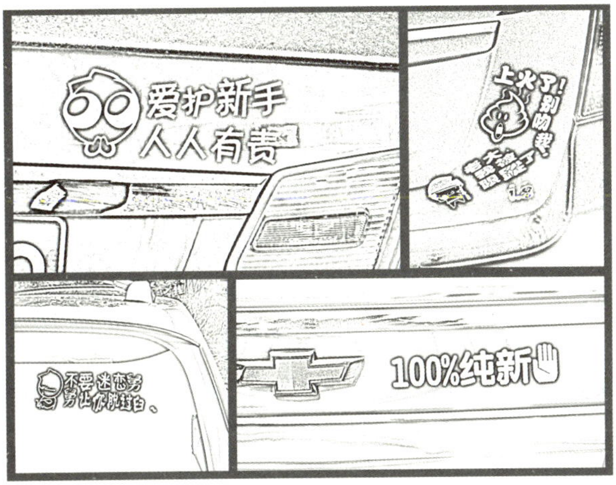

五花八门的车尾装饰

女魔头，谁见谁发愁”；新手上路已不再是“关照新手”之类的请求，那谦虚劲更让你忍俊不禁，如：“向老司机致敬”“请爱护新司机”“爱护新手，人人有责”“请爱护妹，妹只有两行泪”“驾照三十年，开车才三天”等等。

▼停车难

停车难，竟然成为现代大连人的一个幸福的难题。有一首改编自雪村的歌谣：老张开车去购物，傻了。商场外面没车位，满了。绕着商场开几圈，走了……这正是城市停车难的真实写照。有车一族，开车的多是女人，不差钱就差技术。平时在道上直行看不出技术高低，尤其是自动挡的，脚踩油门就走，脚踩刹车就停。要是停车泊车，就像遭遇考票一样的难堪，要是没个明白人指挥，那就出洋相了。要是没地方停，那就只好走人。不少女人开车去一个地方，首先要问明白那地儿好不好停车，不好停车就不去了。现在讲究的饭店或商店，都要有一定规模的停车场，门口都有专职指挥车的。没有停车位置的店，肯定是没有档次的店，效益也不会好。

大连市有近百万辆机动车，现在每年的平均增长速度是18%，每天新增500多辆车，而城市的道路年平均增幅仅为5%，如果按此增长速度算，每年大连的道路要有10%的面积被汽车挤占，成为移动的停车场。不说这么多车在高峰时都涌到路面，整个城市的道路会接近饱和，要说的是现在开车难，停车更难。到青泥洼桥办事，路上再塞车也用不了太长时间，可是停车就不好说了。没有车位，你得绕着可以停车的地方转圈，像个巡警似的，转上几转后才能找到一个合适的位子，要是技术不高，那你在那练吧，经常是越停离要办事的地方越远，都快迷糊了，还是泊不进去。要么就到那个空中停车场，像陡峭的盘山路一样，一圈一圈地向上盘旋，这时你会觉得这停车难，难于上青天；要么就到地下停车场，里面什么气味都得闻；要么就哪也不去，哪里好停就停哪，别心存半点侥幸，那一张罚单准会像白癜风一样粘在你的车上，这一百元就为大连财政做贡献了。对于停车者，快乐是发现汽车雨刷夹的是一张广告，而不是罚单。回到小区里停车照样难，没有固定的停车点，让你还不等下班就为晚上回家能否停上车愁着了。停车难已经成为大城市不宜居的重要因素，停车成本比物业管理成本更高，后者能用钱解决，而前者有价码无车位，私人汽车像是超生人口，正在变成一种吞噬空间的灾难，私家车真像过街老鼠，到处挨打受罚。

如何解决停车难的问题，还真是个多难的选择。根本原因是车多，眼下又不能限制买车，房市不行，还就得靠车市拉动消费。那就大力修路，这城市的路不好修，不是别的原因，而是建得如此满，哪还有修路的地儿？那就动迁，现在这城里的动迁费可不是个小数目，要数倍于修路费。那就多修停车场，道理是那样，不说这钱和地儿从哪出，问题是你修的停车场不是人家要停的地方，人家要停的地方你没地，毕竟不能到青泥洼办事，而到体育场那儿去停车。再说了，你那停车场能白停？要是交钱那就拜拜了吧。但也不是没有办法，老百姓也提出了很多办法，比如接送学生的学校附近停车难，就在学校操场下面修地下停车场；在寸土寸金的地段建立立体式多层停车场；在地铁车站和城乡结合部的交通枢纽站等城市交通换乘集中区建立大型摆渡式停车场，鼓励市民将私家车停放在停车场里，换乘公交出入市区；利用现有道路合理规划停车场，增加公共泊位，实行全天候式的动态管理。一些单位的闲置空地也应对外开放，不要画地为牢，为特权者弄出太多的停车专用泊位。再要不行就别开车了。

▼鳖盖子

改革开放三十年，身边最突出的变化是出行方式，那何止是鸟枪换炮，是换导弹了。

“文革”后恢复高考第一年，我是自己背着行李包，唱着革命样板戏“穿林海，跨雪原……”从瓦房店农村的山沟里走到得利寺火车站，坐火车来到大连上大学。从大连回农村老家，开始都是在得利寺那地儿找个自行车，兴冲冲地自己骑着回家，虽然穷酸，没有衣锦还乡的感觉，倒也是踌躇满志，不知将来能干出什么大事来。

1984年农村经济体制改革，生产队解体，家里分到了一头牛半辆牛车（两家合伙用）。那年春节回家，有了老婆孩子，还带着大包小裹的，显然不能用自行车了。那已是“北风那个吹，雪花那个飘”的年底了，我在火车站台上东张西望的盼望中，看到老爹赶着自家的牛车来接我们了。车上铺着厚厚的苞米秸子，上面还铺着厚厚的大棉被。一路的雪地颠簸，车轮压着积雪发出吱吱嘎嘎的声音，听着倒挺舒服，久违了。两个多小时后，雪地上那两条辙才从车站伸展到我家。老妈赶紧爬到车上，从层层的大被包裹中找到了被捂得满头大汗的孙女，心疼得不得了。可是孩子还没坐够，兴奋得活蹦乱跳，还要往苞米秸子里面钻，她还不知道这坐的是什么高级专列。

80 年代后期回老家时，到火车站接我们的是我的侄子。头两年他开着个 125 型幸福牌摩托，拉着我们全家人风驰电掣般地走在乡间的马路上，耳边的山风呼呼地响了十分钟左右，我还惊魂未定就到老家了。我说这摩托太快，也太危险了，以后不能坐。侄子笑嘻嘻的不答话。下一次便开了拖拉机到火车站接我们，我觉得挺好，山风拂面，把头发都吹得站起来了，就是后面的拖斗声音太大，在乡间马路上叮叮当当的，响彻山沟沟里，强烈的颠簸就自不待说了。再下一次又换车了，是那种农用小四轮子车，不好看，但好歹是首尾一体的汽车，烧柴油的，挺稳当。可是老爹却说这种车太浪费又不舒服，还是牛车好。

90 年代中期，有一次“蹭”（大连话借光的意思）单位下乡的轿车回家。老妈用手摸着铮亮的车门说，这里面比过去那十八人抬的大轿子还华生！老爹说那叫“鳖盖子”车，当年刘德才（旅大警备区司令员兼革委会主任）来我们沟视察战备工事时就坐这个车来的。言外之意现在他儿子的车与当年刘德才没差多少。我也没驳他老人家的面子，他高兴就让他瞎想去吧，也不是什么原则问题。再说了，那是什么年代，那年头山沟里来了一辆破汽车都是稀罕物，包括我在内的孩子们都要追在车后面闻汽车留下来的汽油味，可能是山沟里的空气太清新了，甚至有些“野”，就觉得燃烧后的汽

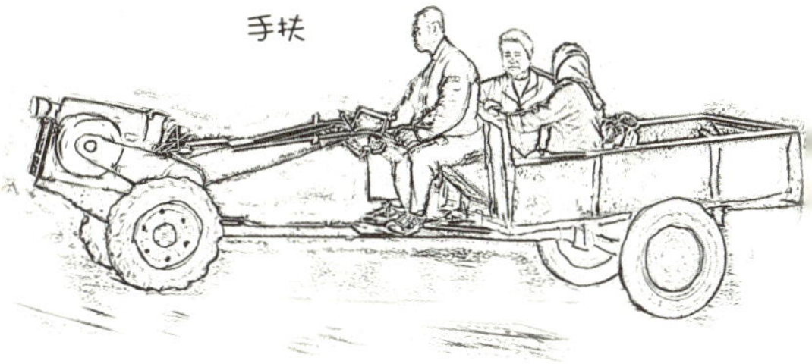

油味特别好闻。“非典”那一年，城里好像待不下去了，单位都放假了，大家都往户外跑，我就想跑得更远些，到农村老家去躲瘟疫。在连襟的帮助下，弄了一辆白色小“夏利”车，开着特别惬意，昵称叫“小白”。头几次是妻子开车送我回老家的。村里人有识货的，说这车不如以前的好，我却非常自豪地说，好坏这是我自己的。后来把“小白”卖了，在岳父的赞助下，又买了辆黑色的丰田车，昵称“大黑”，铮明瓦亮的，是地道的黑“鳖盖子”了。

从牛车到黑“鳖盖子”车，从两个轮子到四个轮子，从大连到得利寺老家这出行方式的变化，真是做梦都不敢想。而现在，大连的城乡公路上，“鳖盖子”车比比皆是。尤其那种甲壳虫造型的“鳖盖子”车，还真像成精的老鳖，那速度绝对令兔子汗颜。

失传了的补胎手艺

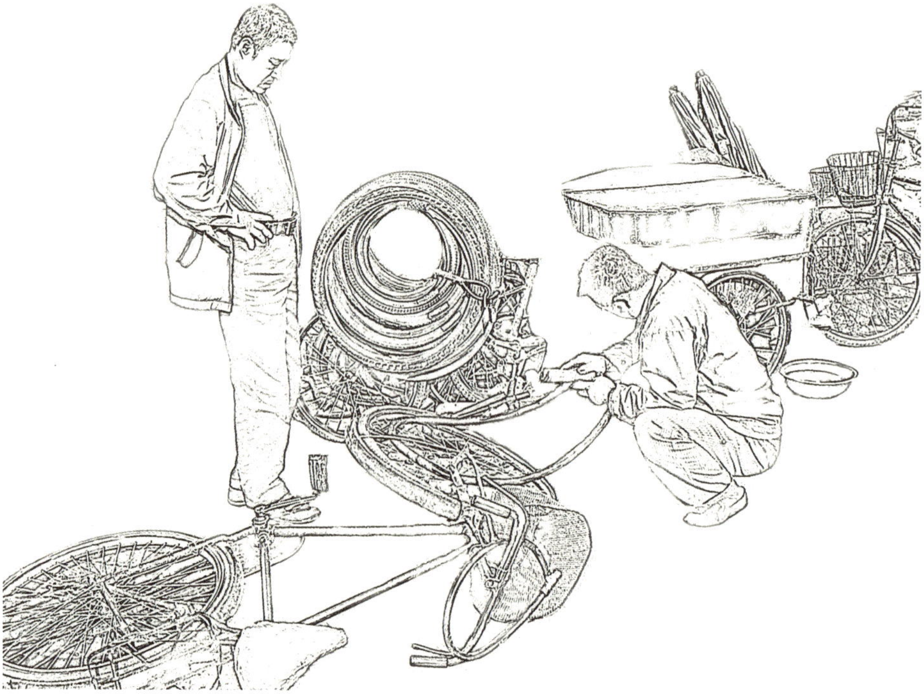

上班

别的城市也都有上班的，而大连这个城市的『上班』情结为何如此浓重？

上班，是大连主流社会最基本的生存状态，也是大连市井生活的常态。不像苏杭或成都等城市休闲成风，有一大批闲人，穿拖鞋喝茶水听评弹摆龙门阵那般悠闲。以老工业基地产业工人为主体的市民，就注定了天天年年要上班的生存状态。从1945年的“8·15”光复后，大连人民接管了大连这个城市，接手了大连的现代大工业和临港产业，就开始了忙碌的生产建设，为支援全国的解放战争生产大炮弹等军火。有劳动能力的大连人从那时开始就以厂以港为家，为公家上班，成为共和国第一代的产业工人。论老工业基地，在东北在全国，大连都是最有资格的，若从1945年算起，大连人的工龄比共和国的年龄还大4岁。就凭这一点，这些老一辈的上班族，他们即使没有参军闹革命的经历，退休后也都享受离休待遇。他们上了一辈子的班，上班是神圣的，不可动摇，是每天睁开眼的头等大事，这一辈子就在上班与下班中谋生活，成家立业，生儿育女，一路坎坷走过来，只要没病就得上班，直到离职退休。别的城市也都有上班的，而大连这个城市的“上班”情结为何如此浓重？这是因为大连不似商贸发达的南方城市，传统的个体小商小贩多，自己给自己打工也无所谓上班不上班的；这是因为大连的老工业基地，以港口工业为主的产业结构决定了城市的主体是现代产业工人，机械化生产线要求严格的上下班制度是“雷打不动，风吹不摇”的。老一辈就打下了上班这个“底儿”，以后辈辈都得上班，直到1996年，大连作为全国最后一批走出计划经济的城市，工厂和单位不少都黄了，上班这事也渐渐地淡了。不过班还是要上的，只不过时过境迁了，单位变了，工作变了，“单位人”变成“社会人”，上班的称谓变成打工的了，书记厂长们都变成老总或老板了。

▼单位人

单位，一直是大连人心中神圣的福祉。单位，造就了一大批单位人。单位人在大连是有其特定含义的，是计划经济的产物。大连这地儿，单位人特多，没有单位的人，在老概念中好像多是些五马六混的人，你说一个好好的人怎么能没有单位呢？没有单位的人能是些什么人？从大连解放那时起，大连人和外来人像流浪儿一样被单位收留了。从此后，有单位的人便意味着有工作了，有工作就有工资了，就有体面的工作服了，就有吃有穿可以养家糊口了，一直到老只要有一口气就有地方领退休金。有单

上班

位就意味着你是单位人了，你有病了，单位得管你，派人派车报销医疗费；你有事了，单位得帮助你，房子漏了，水管坏了，单位派人帮你修；你出差了，单位得给你开介绍信，不然住不上店，没人接待你；你犯事了，被派出所给弄进去了，单位得来人领你，尤其是嫖娼那类事没有单位出面还真不行；你要结婚了，单位得给你开介绍信，去登记办证；你没房子住了，单位得分房给你，不分房你老婆有理由到单位找领导去闹，哪怕给个一间半间或偏厦子，那也是白给的；你实在没什么大事，可以泡个病号玩玩，可以带家属来单位食堂买两个馒头，或者到澡堂里洗个澡，到俱乐部去看个节目、电影什么的；去邮局取个小邮包，那还得单位在你的包裹单上盖个印才好使，那时的身份证没有单位的印章好用。只要你上了单位的花名册，你便是单位人了，单位有什么，你家里就有什么。你退休了，儿女可以接班，继续成为你单位的人；没有岗位，就专门成立个厂办大集体，安排你的子孙后代上班。直到去世那天，第一个要通知的还是单位，单位来人开追悼会，安排火化，给家属抚恤金，以后你家里有事还得靠单位。谁叫我们的社会制度优越，国家职工有吃不完的大锅饭。

单位人在父母的眼中是有出息的人。读书也好，当兵也好，招工也好，就是为了找个稳定的固定的工作单位。只要有了单位，就能成家立业，就可以不用老人操心了。如果有人问及，老人可以很自豪地说，是吃官饭的。在大连人眼中，官家管饭的那可不是自己从土里刨食吃的农人，不是一般的人。

单位人在老婆面前格外展扬（大连话“有面子”的意思）。那时候找对象，第一句话问的是对方在哪个单位工作。好单位是找对象最重要的砝码，是一辈子生活的靠山。像有的国营大企业，那是商店里有什么，人家厂子里就分什么，连彩电冰箱都能分。在那个年代对于女人来讲，有个好单位，比有个好男人强。

单位人在邻里邻居眼中是有“章程”的人。上班了，把擦得锃亮的自行车一跨，一阵铃声中消失在那些没单位人的羡慕嫉妒恨中，就好像现在坐轿车一股烟没了似的。下班了回家，没进门先听铃响，就差礼炮三声了。这还不算牛，有单位班车接送的，那才叫牛。甭管那车咋样，坐在那里面的感觉如刚开放那阵子老外旅行团坐空调大巴一样风光。再看那工作服，好像是不同级别运动队的队服，基本上代表你的社会地位。那时的机关干部是灰溜溜的，知识分子穷馊馊的，只有厂矿大单位财大气粗，比如大钢、大化、大起、大重、造船、石油七、五二三、橡塑机……一说起这些万八千人的国营大厂，那绝对令人肃然起敬，能在那样的大单位里工作真是三生有幸，穿那身工作服要比现在穿“耐克”“阿迪”神气得多。

单位人在亲属或同学中是有资格的人。有单位还得是大单位经济效益好才有面子，那是“全国粮票”，在街道小厂或厂办大集体那样的单位，属于“地方粮票”，找对象都得降一个档次。

单位人在派出所那里看来是可以信得过的良民。没有单位的人可能是盲流，是派出所的重点管制对象。好端端的一个大人，如果不上班，还能干啥正经事？社区里一有治安问题，民警首先想到的就是那些没有单位的人。单位人自我感觉好像有点特权，有事到单位找我，街道里那些捐款捐物计划生育等都如小儿科。

单位人在单位领导眼中是包袱。人家虽然在你手下干活儿，却没挣你家的钱，怎么能成包袱呢？问题就在这里，人家挣的是国家工资，享受的是国家职工待遇，干不干活儿，该享受的什么福利都不能少，调皮捣蛋你也干瞪眼，只要不犯法你就没权利开除我，因为我是单位人。就为这个背上了包袱。

不知从哪一天起，情况变了。大概是从 20 世纪 90 年代中后期以后，出现了“东北现象”，老工业基地的日子越来越不好过了，号称共和国“长子”的“辽老大”不待人见了，国企中的单位人也像被宠坏了的孩子没人理了。过去是由国家统购统销，从生产到销售国家全包，挣钱赔钱都是国家的，你只要上班就行了。现在不行了，国家不管你了，自己到市场上觅食吃，没有那个弯弯肚子哪里吃得下镰刀头子？无奈中的大连国有企业开始改组、改造、改制，走出了最后的计划经济堡垒。原来的单位靠不住了，国有企业的大锅饭不好吃了，国家职工这“铁饭碗”生锈了。原以为国有企业不可能黄，那么大的树，只消一片小树叶就足够我遮阴凉的。哪知这枝繁叶茂的大树，竟也能说黄就黄了。铁打的衙门似的赖以生存了两三辈儿的大单位就眼睁睁地关门了。

从此后，单位人有的便成了社会人。没班上了，没有人管了，他们唱着“不要问我从哪里来，我的故乡在远方，为什么流浪，流浪远方”，开始了社会人的新生活。以前只听说旧社会或者资本主义社会有失业的，现在单位人就是下岗失业人员，再找工作就是再就业，由从前“统包统配”转为自主择业。随着计划经济向社会主义市场经济转轨，“衙门”的名字也变了，劳动力管理科更名为“就业科”，劳动局变成了人力资源与社会保障局。单位人变成社会人也有了新的保障，原先由单位承担的城镇职工基本养老保险制度，改由社会承担了，“退休工资”也变为“养老金”，看病住院有医疗保险、生育保险和工伤保险等“五险一金”的社会保障制度是用人单位必须承担的社会责任，社会人享受着比单位人更加优越的社会主义制度。单位人向社会人的角色转换是经济体制转轨的必然要求，是社会发展的进步。社区活动普遍开展，使没有单位的人也找到了一种社会大家庭的感觉。过去的街道居委会工作带有较强的政府管理色彩，除了发票证、传递某些自上而下的信息之外，很少组织群众活动、为居民提供所需要的服务。如今，随着政府职能转换，街道工作开始由“政府性管理”向“社会性服务”转轨，社区同居民之间的联系越来越广泛、越来越紧密，单位人真正成为社会人了。

▼坐科室

大连人所说的科室多指工厂里的办公室，那里有科长和科员，是工厂里干部和工人打交道的地方。科室，过去对于市井百姓的感觉挺神秘的，一听说是坐科室的，立即与当官的权势或耍笔杆的体面生活联想到一起，与自己的生活环境比，似乎一个是厅堂，一个是厨房，一个是主人待的地方，一个是下人干活儿的地方。坐着，意味着不干体力活，是劳心者，“劳心者治人，劳力者治于人”。可以不夸张地讲，一辈子能混个坐科室的活儿，就是平民百姓的人生目标了。以前的市井里，好像真正称得起办公的地方就是衙门。现在倒好，到处都是办公室，什么人都有办公室，很多事都是在办公室里办的，办公室集聚多了的地方为办公大楼，现在时兴叫写字楼，现在的人好像都不怎么写字了，哪有那么多的字要写？那也无妨，写字楼照样聚堆，那地儿就是商务区，商务区聚堆的地方就该称 CBD 了。坐办公室的人当然也越来越多，一个基本规律是有多少庙就有多少和尚，和尚多事也当然多。在某种程度上讲，上班就是去办公室，办公室里有领导、同事、下属，有厕所、饭厅、小卖部，还有健身房和俱乐部等，办公室里有公务上传下达，有信息集散，有升职提薪的机会，有男女恋情，有流长飞短，有市情民意……其实，办公室的氛围就是城市里的现代市井。

办公室是“卡夫卡的《城堡》”。那个小说里的主人公应聘前往那个不知名的城堡工作。他怀着一种使命感而来，却只能待在村子里无法靠近城堡一步，连村子也似乎隐在云里雾中，是一个虚无缥缈的所在。原来，城堡是一个可望而不可即的处所，外边人根本别想进去。住在那里的老爷们有时也会到村子里办理一些天知道是什么样的事务。城堡内层层机构，直到最后他始终没有进入城堡，也无法见到城堡最高当局。在办公室这个似乎有些虚拟的城堡里，各种形式各种利益的争斗却是刀光剑影，有政治上如《潜伏》那样你死我活的较量，有如《编辑部的故事》一代一代地演绎着，有如现代职场上的《杜拉拉升职记》那样勾心斗角，现在市井的主流好像转移到办公室里了。

办公室代表了权威。以前的办公室是一间屋子，里面有几张办公桌凳，是纯粹办公事的地方。生产队没有资格设办公室，无论房屋怎样破旧，只要摆上一张账桌，就能决定农民一年的口粮和工分，那里就成为当地最权威的地方。即使最基层的小学校办公室也代表着一种无可言状的权威。小时候对学校办公室的敬畏，要比进衙门强烈得多，不过是想象的，其实根本就没进过衙门。那时候老师对学生最严厉的惩罚或者是学生最怕老师说的字眼就是“到办公室去！”别说到办公室去挨批评，就是走到门口腿肚子早就转到腿前面去了。最高的特权是到办公室诚惶诚恐地帮老师搬一摞作业本回教室，那身价陡增，像从月球上回来似的。“文革”动乱期间，不管哪行哪业，受到冲击最厉害的地方当然也是各单位的办公室，占领了办公室就意味着夺权，砸了办公室就是端了“封资修”的老窝。

“文革”后期，开始“抓革命，促生产”，建立新机构最先也是从办公室开始。那时的“旅大市革委会”下面也就工交组、财贸组、农业组几个办公室，干的活儿也是现在这些活儿，当然了规模远不如现在。改革开放后，机构膨胀。首先表现在党政分工上，大机关分两个办公楼，小机关至少得分出两个办公室。就说中小学校吧，过去最多就两个办公室，一个是校长室，里面除了校长外，还能摆上几张副职的办公桌；一个是教师办公室，教研组长和若干教师。现在呢？校长室里分出一个校长室，一个书记室，还有N个副校长室、N个副书记室，至于党办、校办、工会、团委什么的更是一个不能少，你说得新增多少个办公室才够用？真要是集中时，比如开个碰头会什么的，还得有小会议室。教师可能工作上不需要，人越多办公室里越热闹，挤就挤点吧。

办公室多了，说明有特殊需要。领导工作忙，一两间办公室根本不够用，还得有休息室、会客室、小会议室、秘书室等。这种办公室新格局，自上而下，从党政机关到企事业单位，有着惊人的一致性，越是公有制基础好的地方，办公室就越多，就连公园清扫卫生的也能在某个角落里弄个放工具换衣服的“办公室”。现在不是由原来的有多少庙就有多少和尚，而是有多少和尚就造多少庙，这也是解决就业的途径之一。学校里还开设了适合干办公室的“文秘专业”，庙还没盖好，小和尚就在门口等着就业。其实，公事还是那些事，只是越干越复杂了。

大连市井里有这样一句俗语：人多乱，龙多旱，母鸡多了公鸡下蛋，媳妇多了婆婆做饭。如此多的人挤办公室，据说又出现了新的“心理污染”。比如气味污染。好不容易跻身为白领，形象扮靓尤为重要，头发打绺，衣裤发亮，化妆品飘香，可是人多了这种气味就不是香味。比如零食污染。因工作压力增大，很多人用零食来“调剂减压”，一有活儿压得喘不过气，就会抓起甜食拼命吃，体内酸碱平衡失调，人体细胞会加速老化，这还不算得糖尿病。比如环境污染。密集的写字楼，空气品质的问题以及湿度的平衡、光照、通风状况和清洁程度都直接关系人们的健康和员工的情绪，某种意义上比大气、水质、噪声等污染更为严重。比如人际污染。公司业绩不好，老板摆着哭丧脸，同事之间相对无言挂着一副苦瓜脸，让人感觉心情郁闷，人际关系难处。如果过于单调乏味，讲点荤段子来助兴解闷，会造成语言污染，还有“电话粥”污染，QQ 聊天污染等等。

现在年轻人找工作、找对象的首选是坐办公室的。为什么呢？道理很简单，在路上听两个女人唠嗑，就把这个问题说明白了：“我妈说，找对象必须是坐办公室的，白天在办公室看报纸喝茶水，回家了不干活儿干什么？要不然，穿得脏乎乎的，像驴一样干一天活儿，累成个奶奶样儿，晚上回家还指望他再干活儿？不打你才怪了。”没进办公室时总想千方百计挤进那神秘的办公大楼里，等你混进办公室里就会觉得这世道变了，办公室就是一工作车间，办公室的日子也不是那么好混的。

▼上班族

上班族或者上班簇，都是一个族群，这词是媒体整出来的，在大连市井上叫上班的。过去上班的地儿叫单位，现在叫职场，这是改革开放后的新名词，好像是从港台那边过来的，是伴随着经理、经纪人或老板这一类词汇登陆到大连。职场当为工作场所，可能是工场、商场、生意场，也可能是官场，但也不能带“场”字就算，如赌场、情场什么的，构不成职业的不能算是职场。讲职场，好像都是些外资企业白领阶层的事，不属于市井。但是，大连外资企业多，上班的多，市井百相在职场也可见一斑。以前在职场上混饭吃的都是所谓的单位人，吃公家饭的，现在把公家分开，一类是企业，吃自备粮的，一类是政府和事业单位，吃皇粮的。不管是吃哪碗饭的，只要端人家的饭碗都得上班，统称为上班族。上班和下班，构成了这个城市的基本潮汐定律，也是职场上每个职工都必须重复的基本活动。

上班真苦。要挣工资就必须上班，不管是酷夏严冬还是刮风下雨，不管你是高兴还是生气，不管是堵车还是心里犯堵，不管你是倦怠还是例假，只要没有大病和结婚生孩子一类大事，那你就得规规矩矩地上班。按照国家规定的法定工作日，一年要工作 261 天，一辈子工作 35 年，需要上班和下班各 9135 次。如果再加个班什么的，上班要达到万次。平民百姓这一辈子只要是单位人，就得上一辈子班，除非你当农民在家种地，或者自己给自己打工。其实也不必抱怨，凡是端人家的饭碗，那就得按时上班，古今中外都是这样。好像现在弄个职场上班，就苦不堪言。在古代没有职场，只有官场，有官身不由己之说，点卯也是那个时期上班的产物，即到了卯时（早 5 点到 7 点），京都大官就得上朝开朝会，地方官吏就得到衙门上班，去了报个到就叫点卯了。现在职场得签到，或打卡刷卡，五花八门什么都有。过去大连的工厂多，一到上班时间，那是千军万马浩浩荡荡汇集到工厂的大门，街道小巷大马路小便道凡是能走人的地方都有人，能用上的交通工具都用上了，当然了自行车是绝对主力。城市中的上班族就如辛勤劳作的蜜蜂和蚂蚁，具体地讲，是蜜蜂社会中的那些工蜂或者是蚂蚁社会中的雌性工蚁。

上班幸福。上班，意味着在职，年轻，有工作，生活有着落。上班很神圣，不管家里有什么事都不能耽误上班，两口子可以成宿地吵架，到了上班时必须休战。打麻将、玩扑克、下棋等再上瘾再较劲的娱乐活动，也得服从上班。这是市井百姓刻印在骨子里的共识，家庭妇女老大妈都认的理儿。为了上班，家里可以无怨无悔地忍受或克服一切困难，甚至是生老病死。为了上班，可以风雨无阻，忍辱负重，可以节假日不回家，可以几十年如一日。上班是正常人的正经生活，即使不是什么体面的工作，也都很充实。不上班意味着失业，挣不着钱，有什么比挣钱更幸福？那就是上班。上班族就怕被炒鱿鱼，那鱿鱼被炒后，见热就会卷起来，活像卷铺盖——走人，那是很惨的。但是退休了没办法，谁都有那么一天。

对于有些人来说，上班干什么并不重要。一路上挤公交车，到了单位可以好好休息一下。节假日整出了综合征，就靠上班来调整。公休日在家里活儿干累了，或者出去游玩累了，靠上班来恢复。上班了，可以尽情打公家电话办自己的事，可以吃公家饭不用自己忙活，还可以打个招呼就以办事名义出去潇洒了。越是底层一线的上班族上班越忙，越有实事干，那活儿摆在那，过去计时计件，现在任务更加明细；越是高层的上班族上班越悠闲，尤其是那种在单位里一人之下、众人之上的官僚。要是真正自己说了算的官还真有活儿，就像生产队长、组长一样，你到南山锄地，他到北山拔草，把活儿都派出去了，再回家睡觉也没人管。领导不上班难受，至少是不上班就体现不出领导的价值。尤其是一到了公休日就愁大了：一愁手下人都休息，没人捧臭脚了；二愁回家面对老婆，得老老实实当家庭成员，说跪洗衣板那是夸张，但家务活是要干一些的；三愁没有酒肉饭局麻将扑克；四愁没人请示汇报，才华没人欣赏，抱负未能实现。那咋整？加班呗！只要加班就能一举解诸愁，只要加班什么都有了，其中奥秘只有当事者知道。你说现在都是狼多肉少，人多岗位少，尤其是一些机关，哪有那么多的活儿要加班，加班纯是整景儿。在过去的时日里，机关大楼里的加班，多数时间是打扑克，现在不准打扑克了，但也没闲着，别看都在那目不转睛地盯着电脑屏幕，打扑克还算是一种健康的游戏活动，至于到底干了些什么不好的事，只有电脑知道。

上班的本质是挣钱养家糊口。前些日子《半岛晨报》转载了一则消息，说大连2011年的月平均工资是5000元，2012年将涨到5260元，这个数字显然与实际收入相差很大。有好事者根据官方数字算出大连人2012年的人均可支配收入是2023元。对这人均数很无奈：我是临时工，他是领导，我月薪是2000元，他是20万元，我们人均月收入是10.1万；我的宿舍是10平方米，他的别墅是290平方米，我们的人均住房面积是150平方米。还能平均出许多方面，老板的餐费、座驾等，如果都与我平均统计，那我的幸福指数立马就上去了，比美国人还幸福。据调查，有67%的网友认为在大连月薪5000元就能比较舒适地生活，但这必须是到手的钱。实际上大连人每月到手的钱，回答在2000元以下的占21%，2000元到3500元的占32%，3500元到5000元的占19%，5000元以上的占28%。其实这样算也有问题，那些被扣掉的钱也是收入，如果加上这部分钱，个人收入与官方统计也差不了多少。

千万别指望上班能挣出富翁，上班能当富翁那是个别国企大领导。“每天早上起床都要看一遍‘福布斯’富翁排行榜，如果上面没有我的名字，我就去上班……”这是玩幽默，千万别当真。现在的富翁资产须千万元以上，据《2011胡润财富报告》，达到这个标准的全国有96万人，辽宁省有29000人，大连有11900人。这就是说，每490个大连人中就有一个千万富翁。他们是怎样富

都有退休这一天

起来的？企业家占55%，这些人是给自己上班的；炒房者占20%，职业股民占15%，这些人不用上班，号称闲杂人员；金领占10%，这部分人得上班，但不知他们是干什么的，可能是有本事的大学教授、律师、医生或IT专家什么的。他们也不见得都满足，比他们还有钱的是亿万富豪，大连有960人，每6081人中有一个。要是比美国《福布斯》上的全球富豪榜，全球才1260人，大连才3个人，辽宁首富、大连万达集团王健林有40多亿美元，排名276位。当初他们也上班，没比咱强多少。可是这眼一闭一睁，人家成了大富翁，咱这还得上班。但要是比一比那些没班上的，还是知足吧。应了母亲那句老话：夜里千条路，白天还得卖豆腐。这就上班去。

▼退休了

一辈子为上班起早贪黑跟头把式的，突然有一天通知你不用上班了，这便意味着在外奔波的生活结束了，换句话说就是你退休了。在人生的自然属性中本来没有这么一个界限，到了退休这一天身体就不能干活儿了，就得闲下来。可是人为规定了这么一天，就把人生划为两重天似的。现在中国规定男60岁、女55岁为法定退休年龄，过了这一道杠就进入了老年阶段，不管你身体如何，像牛一样健壮也没用，老老实实回家吧。虽然有些资历的叫离职休养，没啥资格的叫退职休养、提前退休，或者干脆就叫下岗，但在本质上都是一样，就是不上班了，老了，没工作了，说啥好听的都没用了。上班是一辈子形成的巨大惯性，无论是功成名就的，还是一辈子碌碌无为的，一下子停下来，陡然都有些难适应，没办法，谁都得经历这一阶段。大连的产业工人多，退休职工也比其他城市多，多到你能明显感觉出来，过去的公园、广场或街道闲地上是戏耍的孩子多，现在是老人多，到处都可见到退休老人的身影。大连 60 岁以上的老年人口 105.7 万人，占全市总人口的 15.8%，65 岁及以上的比重达到 10.71%，大大超过国际通行的老龄化社会标准，在全国 15 个副省级城市中位居首位，说明大连是个养老的好城市，也是个未富先老的城市。

小时候被人管得难受，在家里父母管，在学校里老师管，长大了工作，在单位里又有领导管，所以那时我最羡慕的就是退休之人，幻想着退休该有多好，不干活儿还开饷，有钱花，更重要的是没人管了，爱上哪玩就上哪玩，包括旅游，想怎么玩就怎么玩，玩饿了想吃什么零食就买什么，玩累了晚了回家也没人管你做功课，真是神仙一样的日子。真到了退休时，一切全退不到青少年时期了，好像都不是想象的那般如意。

一不如意是闲得难受。可能是人都犯贱，上班那阵子忙得脚打后脑勺子，整天东一头、西一头的，还乐颠颠的不知愁。真到退下来时，还真不知干啥好了。这一辈子养成的上班习惯，在刚退休那些日子还按着以往的惯性，早早起来，刷牙洗脸，吃完早饭后，拿着包就奔出家门了，直到走到公交车站了，才想起已经没有班可上了，这是往哪去呢？人要活着就得有事干，没事干就是混吃等死。

二不如意是失落。退休后的生活节奏变了，生活环境也变了，连过去最熟悉不过的那些脸儿也似乎变了。其实不一定是人家不把你当回事，而是自己跟自己过不去。国家不需要我了，单位不需要我了，家里人不指望我了，难道真的到了混吃等死的时候了？

三不如意是心有余力不足。条件比过去好多了，但是感觉总也找不回来。比如虽然想吃什么就能吃到，可就是吃不出过去那滋味来，也不都是因为东西不好。本来自己也是个有志之人，年轻时立下了那么多的志向，结果官没当多大，钱没挣多少，儿女倒不少。本以为还有长长的未来，谁知这过了 50 岁后的时间像催命鬼似的，这十年八年就像数数似的，最后再来个倒计时，一不小心就数到点了。

四不如意是儿女或老伴……唉，人这一辈子都是不如意十有八九，到底怎样才算如意？有个流行的段子说得挺有意思：2 岁时，成功的标志是不尿裤子；9 岁时，成功的标志是每学期都拿“三好”；19 岁时，成功的标志是就读名牌大学的热门专业；29 岁时，成功的标志是拥有一个真心相爱的伴侣；35 岁时，成功的标志是有一辆自己的车和 200 平方米的住房；45 岁时，成功的标志是至少有 50

个人在你手下供你吆喝、使唤；55岁时，成功的标志是有一个出类拔萃的儿女；65岁时，全国的男人没有一个感觉成功的；75岁时，成功的标志是“还能过性生活”；85岁时，成功的标志是不尿裤子；95岁时，成功的标志是每年某个时候，有人会在刻着他名字的石碑下放一束鲜花。

过去讲老资格，老了有什么资格？反而是越年轻越有资本，即使是你的下人，那粗重的呼吸也是咄咄逼人的生机活力。然而，谁都有老的时候，按现在的平均寿命，退休后还有20年左右的好光景，所以退休了也要活得体面。怎样算体面？就是不被当成包袱甩在角落里，百无聊赖，苟延残喘；不为衣食忧虑，不靠来自儿女的孝敬而是来自社会的保障，不是领点“低保”就像领赏一样还要看人脸色，唯唯诺诺地感谢这个感谢那个；不是在交通的高峰时段老年证被限制使用，在乘公交车时因为下车慢了点而遭到呵斥；不是参加个旅行团，因没买东西而饱尝导游的一路白眼。要活得像个人样，虽然老了，但眼神还能像孩子一样纯净，让白色的头发和胡须在阳光下成为一道亮丽的风景。

职务越高越怕退休，退休就意味着那灿烂的权力变成明日黄花。退休有退休的光景，就像媒体说得那样，“人生第二个春天”，还有充满诗意的“夕阳无限好，只是近黄昏”。其实也不必空唱高调，再好看也是夕阳了，日薄西山还能怎么好？好不好它也是打朝阳时过来的，就像我们当年也曾经当过朝阳，这是绝对公平的，只是那时还悟不透这之中的况味。退休了，就应心平气和说熊话，逞能硬撑只有苦果吃。到什么时候说什么话，什么运来了都能泰然处之。如果说退休比在职好，那岂不是人人都争着退休？就像说天堂比人间好，那是到了穷途末路，实在没有什么可留恋的，走就走吧。

逛街

大连这个城市在历史上曾三次成为世界自由贸易区，是个东洋和西洋味道兼有的花红柳绿的港口城市，好看好玩的地方多，市民逛街的习惯也由来已久。

大连人逛街，含义较多。所谓逛，即闲溜达，可能是无目的，信马由缰，走到哪算哪；也可能是有目的，想去某商店买点什么东西。逛，无可无不可，不一定非要达到目的。关键是这“街”字，不确定性很多：可能是大马路，可能是闹市区，可能是百货商店，可能是旧物市场，可能是菜市场，这些地方都在街市上，出了家门就是上街，东溜达西逛逛就是逛街。如果再具体一点讲，大连市民通常所说的“街里”，就是指青泥洼桥和天津街一带的商业区。市井百姓逛街那些事说来挺有趣。

▼压马路

“压马路”是闲溜达的意思，京津地区叫“遛弯儿”，上海那地儿叫“逛马路”，意思都差不多，可随着时代变迁含义却不同了。从字面上讲，说“遛”或“逛”可以理解其边走边看的本意，但用“压”字，就有些过分了，也只有大连话才能那么狠丢丢地说出来。马路本来是轧道机轧出来的，人那点重量那得来来回回走多少个回合才能踩出马路来？这就说明了“压马路”意不在逛，得有目的和工夫，不是闲溜达所能达到的。

“压马路”一词，是改革开放前大连人常用的一句话，明显带有时代烙印。大连在70年代及以前，热恋中的青年男女企盼着“人约黄昏后”，就像《纤夫的爱》中唱的那样：只盼太阳落山头，让你亲个够。可是由于住房紧张，公共绿地少，还没有纤夫那样亲热的好条件，想亲热没地儿去，往往只好到屋外马路上去一边溜达一边互倾衷肠，要是到火候了瞅准了没人看见就亲一口。从那个时代走过的恋人今已成伉俪，有了经历与资历，便戏称后来这些青年男女那种行径为“压马路”。意思是说他们在马路上谈心，互相倾诉，将他们的爱“写”在马路上，“铺”在马路上，那样不知疲倦地来回走来走去，把马路都能压实了。这样，“压马路”就区别于一般的漫无目的的逛街，成为那个时代青年男女谈情说爱的专用名词了。

那时候的马路虽没有现在宽，却比现在幽静得多，汽车较少，主要是自行车，也人性得多，都能在“马路边捡到一分钱，交到警察叔叔手里边”。现在马路上的滚滚车流，滚滚气浪，即使谁掉了一块钱或更多，也没人敢舍命去捡。现在可供青年男女谈情说爱的地方也多起来了，什么咖啡屋、酒吧、网吧、练歌厅等场所为他们提供了方便，要是哪一对情侣还去玩“压马路”一类的罗曼蒂克，不被人说成是脑子灌水了就怪了。

现在大连的市井百姓也喜欢在马路上走，只是不似以前的“压马路”，而更多的是逛马路，“遛弯儿”。其社会功能也不仅仅是晨昏的悠闲散步，而是在人与人、人与商品、人与街道广场和整个城市的广泛而密切的接触中，来认识自己，调整和修正自己，从而形成共同的市井文化，完成个人的“社会化”过程。比如大连女孩的时尚追求，是在青泥洼街道或人民路上获得灵感，她们对时髦的打扮在私下里关注，表面上故作不以为然；男人的目光则肆无忌惮地瞄准漂亮的女人，即使老婆在旁边也不能怎么样，不动心思看一下还不行？因而就有了回头率之说，女人在满足地接收男性的目光之时，也据此评价自己的魅力或“杀伤力”，男人对女人的审美，也是在这种“人看人”的过程中完成的。乡下人到城里开眼界，农民变市民，这应该是一门功课。倒不是说让你天天去逛马路，或者蹲在马路边上看光景，但有一点是肯定的，经常逛街的人审美观念和生活情趣与宅男宅女是不一样的。

过去讲北京人好“遛弯儿”，好像曾是富贵闲人的行径，现在什么人都可“遛弯儿”，即使那些看似忙忙碌碌的城市达人，也并非不“遛弯儿”，只是遛得不那么滋润罢了。退休老头儿“遛弯儿”，讲究的是舒活腿脚，没有条件走山，逛马路也挺热闹的。老大妈“遛弯儿”主要是遛到菜市场上，兴许能买点什么好吃的或便宜货。外地出差的“遛弯儿”，是饱览市容市貌和民俗风情。农民工“遛弯儿”是看光景，迷恋城市的灯红酒绿。巡警和收废品的“遛弯儿”那是职业，所不同的是前者像猫一样悄无声息，后者的嘴得不停地喊“收破烂”。下岗工人“遛弯儿”也许是寻找机会，那些野广告对他们还是有市场的。小学生放学得创造机会“遛弯儿”，即使找不到什么好玩的，也不愿家长接送。只有从饭店里出来的那些酒足饭饱客，才百无聊赖地“遛弯儿”为消食。

压马路

▼闲逛街

闲逛街主要是看街市的光景，不一定花钱消费，算是一种休闲，通俗地讲就是过过眼瘾，但也谈不上什么眼球经济。大连这个城市在历史上曾三次成为世界自由贸易区，是个东洋和西洋味道兼有的花红柳绿的港口城市，工商业发达，舶来货多，好看好玩的地方多，游手好闲的人也多，市民逛街的习惯也由来已久，闲来无事好逛街。

老大连

老大连，其实也老不到哪去，解放前的市街就算老了。老大连市街可逛的地方挺多，有两个去处必须得说。一个是天津街，那地儿在日本占领时期称浪速町，是以一艘叫“浪速”的日本战舰的名字命名的。洋行洋货洋妞洋景琳琅满目，吃喝档次也高，是流金淌银的不夜城，是有钱人的天堂。另一个是东关街和市场街一带，解放前，那里三教九流、杂耍卖艺、吃喝嫖赌抽大烟，凡是市井需求的无所不有，属穷汉子乐园那类，洋人一般很少去。那个时期的浪速町如当时上海滩南京路那般热闹，比大上海的十里洋场那种灯红酒绿、纸醉金迷的奢华毫不逊色。那里随处可见印度人卖的丝绸，捷克人卖的皮鞋，法国人卖的化妆品服饰，俄国人开的饭店，街上飘荡着香水和咖啡交织在一起的味道，置身其中往往不知是在纽约还是巴黎。据一些当年在天津街经营洋行的日本人回忆：“东京有东京漫步的说法，大连的浪速漫步的时代也难以忘怀。大约从昭和的初期到昭和十二三年时期。穿着薄布长衫在夕阳西下时刻，以浪速町为中心，漫不经心地溜达着。逛逛夜店，或是在哪个店里吃点甜点，享受过那段好时光。”浪速町上那些各具特色的对大连和日本商业有重要影响的洋行，是一段抹不掉的记忆。那时的逛街情形跟现在差不多，只不过是一些穿着和服或制服的红男绿女，牵手徜徉在那光怪陆离的洋行中和酒吧里。

走过浪华洋行，那是一个很时尚的高级洋品店，洋品杂货齐全，有一股独特的氛围，女店员也都是些挑选出来的美人。店里有吸烟的烟具、化妆品和英国人喜欢的领带，高级舶来品应有尽有。这个店虽然经营的是高级洋货，但也很能抓住大众心理，因此货物畅销。

来到几久屋百货店，即后来的天百，是在一块曾经烧焦的土地上新建的大百货店，是个地上三层、地下一层的全部砖瓦结构的建筑，与常磐桥的三越百货店一起作为大连的两大百货店。此店建立前的那场大火，烧毁了大连劝商场的18个店，包括邻接的今中洋行、大场洋品店在内共42家，是解放前大连的三大火灾之一。放火者是一料理小店女主人喜代本，在1928年10月9日深夜制造了那场大火灾。日本战败后，这里搞过委托贩卖，就是现在的摊位出租，在当时是一种很先进的商业业态。以后地下室变成了食品街。

“浪速町”

几久屋的对面，即以后的妇女儿童商店那地儿，是一个叫浪速馆的电影院。1913年新年伊始，大连有了显像电影（活动写真），也叫露天西洋镜（景）。后来浪速馆改装为大连百货店。这个店的经营方式在当时挺奇特，称为租借柜台商法。不论是谁，只要你有一定的保证金，就可以在百货店内设立自己的店铺，这种做法使得店内生意很兴隆。在这个百货店里面，有一个叫五车堂的饮茶店，在大连饮茶店中掀起摩登新风。

浪速町和伊势町（现在的友好路）的拐角处，有一座6层大楼，叫浪速大楼。一楼是店铺，三楼以上是旅店，楼顶上有庭院式啤酒店。这个大楼的赞助商是樫村洋行，在大楼的浪速町一侧，是出售照相机和有关器材的有名店铺。老一代的店主浅田保氏于日俄战争前来到中国，开始在天津经营钟表店。日俄战争结束后，他来到大连，建起了樫村洋行。当时日本流行小型电影晚会，是樫村氏率先将其引入大连。日本战败后，店主只背着背包回到了日本，又重新建起了店铺，总公司设在东京神田，以后在全国各地建起了16个支店，占据行业首位。

漫步今中洋行，这是个卖衬领、发饰和口红等小件妇女用品的和风商店，附近有信浓町艺妓业管理所。当时大连穿和服的日本人很多，所以这个店铺也很兴旺。在1928年浪速町那场火灾中，今中洋行被烧毁，后靠供货厂家的援助又重新开张了。这个店的主人曾经是日本海军军乐队三等兵，是个出色的号手，回到日本后从政。

信步高新洋行。店主高桥氏年轻时去英国留过学，并与英国妇人结缘，掌握了调制化妆品的技术。他在昭和初期来到大连，开办了化妆品店。这个店很受大连上流阶层的妇女青睐，人们经常可以看到高桥氏一边讲解，一边调制化妆品。

驻步在甘栗太郎店，这里专卖糖炒栗子。店门前放着一个大炒锅，里面小石子和栗子混合，店员不停地用铲子翻动着，锅里冒起白色烟雾。店的里头则布置得像个饮茶店。顾客买一包刚炒好的糖炒栗子，趁着栗子还冒热气，匆匆忙忙走上了回家的路。店主从大连回到日本以后，在东京建起了与在大连时同名的甘栗太郎店，在日本也很有名气。

还有卖钟表的近江洋行和平田洋行，以及浪速町乐器店、烟酒咖啡店、点心副食品店等若干店铺，一个晚上即使走马观花也不能一一光顾，只好留个念想，以后再逛。这以后的时光一晃，就是一辈子人了，战后命大的日本人再来逛天津街，已是白发苍苍的老人了，物是人非，只有感慨。

东关街一带代表了老大连市井。日俄占领时期，以小岗子为界，大约是大公街一带，以东为洋人区，以西为中国人区。1905 年以后，日本殖民者以“下层中国人的一般杂居，在卫生风纪方面有值得忧虑之处”为借口，将居住在南山附近的中国人强行迁到小岗子。当时的小岗子已经是人口较密集的中国人居住区，到了 20 世纪二三十年代，这一带便是华商集中之地，以大龙街、新开大街（今新开路）、小岗子市场（今西岗市场）为中心，西至日新街、久寿街、北京街，东至西岗街、宏济街、东关街，成为西岗地区繁华地段。这个区域虽有一些日本人的驻留所，以及各种与伪满政府合作的社会机构，也有一些针对日本占领军的少数商号、药铺和洋行，但大部分都是中国人的买卖，是老大连最繁华的商业区。

这里是老大连人最早的一块乐园，也是老大连民族商业的发祥地和集聚地，山水楼、四云楼、糯米香、王麻子锅贴、杨家吊炉饼、狗不理包子铺等老字号在小岗子发达了后，才到浪速町去发展。那时的老大连人最爱逛的就是西岗露天市场，这个建于 1909 年的大连百年老市场，当时曾由俄籍大商人纪凤台操纵，后来转给在旅顺居住的肃亲王善耆，成为肃亲王晚年重要的经济来源。这里至今还保留着老大连典型的中国式建筑，就是那种中规中矩的二三层小楼。那时，这里的生活服务业特别发达，凡是有需求的，都有供给。一区有戏院、妓院、澡堂子、大烟馆等等，二区有各种饭馆店铺，还有摆地摊儿卖旧衣服、日用家具的。逛市场的人很复杂，既有警察特务流氓恶棍，也有有钱人和普通市民，地下工作者肯定也混杂其中。现在要是拍那个时期的影视片，这是最好的外景地。

这里是最典型的老大连市井，买卖多，吃喝全，但是妓院与青楼女子也多，可以说是吃喝嫖赌抽五毒俱全的地方。附近有爱国慈善人士孟天成当年经营的宏济医院，是在治疗花柳病的基础上发展起来的医院，也就是如今大连市第二人民医院的前身。现在医院北面的那两幢带天井的二层中国房，当年是有名的妓院和烟馆。建筑很暧昧，是典型的“青楼”式样，站在那大大的天井中，可以想象出青楼女子站在门口招徕生意时的情景；从二层楼上的厅台和实木雕花扶手，可以看出当年的奢华遗迹。现在仍有一些日本人对这片老房子有浓郁的怀旧情感，在 2003 年的日本电视剧《百年物语》片头有一段 5 分钟长的东关街老房子实景拍摄。甚至有日本老人来大连，指名要求旅行社安排到东关街看看。解放后，以东关街和市场街为代表的西岗市场，仍是大连市民逛街最爱去的地方，它是以经营农副产品、土杂、蔬菜、小吃、干果、点心为特色的综合市场，与市民日常生活关联密切，成为大连中部的一个购物中心。那个叫市场街的地名现在仍保留着，一提起来就觉得格外亲切。

新大连

为了叙事方便，把解放后到改革开放前（还可延伸到整个 80 年代）这一时段称为新大连，但与现代大连还有不同。老大连多保留在文献中，真正保留在大连人记忆中的，还是新大连这一时段。因为在解放前大连处于殖民统治时期，普通百姓的逛街活动受到极大限制。

这个时期大连人逛街，大致有四个好去处，一是青泥洼桥一带，主要有秋林商店（七八十年代叫东方红商店）、大连商场（七八十年代叫太阳升商店）、五金交电商场以及周边的餐饮店等地，八九十年代还有一个中兴大厦，现在又与麦凯乐商店并为一起；二是天津街，主要有天津街百货大楼、妇女儿童副食品商店、大连文物店、陶瓷商店、新华书店、人民浴池以及沿天津街分布的大连老字号等；三是解放广场和民涌街，主要有沙河口百货（也称二百）、民涌商场及沿街商铺等，是大连市区西部的商业中心；四是东关街一带的西岗市场，算是西岗区的购物中心。至于其他的地方，如岭前商场、黑石礁商店、甘井子商店，都属于区域性购物场所，去那里不能算为逛街。那是一个物资商品十分短缺的时代，是卖方市场，商店里所有的商品对市民都很有吸引力，逛街的人见着商店就爱往里钻，买不起，闻一闻味、过过眼瘾也妥（大连话“过瘾”的意思），心里也就踏实了。尤其是那些副食品商店，进去后看什么东西都馋人，让人实在是挪不动腿，最后把牙一咬，说声“不过了”，就称上一斤猪头肉，回家拍几根黄瓜一拌就是一顿美餐，那感觉真是太好了。

到了 80 年代，逛街的基本格局还是

那几个地儿。每逢节假日，主要活动是逛街，坐上公交车，从大连四周来到市中心，那时的市中心是以火车站和青泥洼桥为标志。逛街包括逛公园，市中心有动物园和劳动公园。劳动公园适合情侣花前月下谈恋爱，说点私密话，搞点小动作。动物园是最受欢迎的地方，谁都愿意去，尤其是孩子们。当时的位置在现裕景商城那一带，那里有一坐小丘陵，解放前就是动物园，一直到20世纪90年代，现在搬到白云雁水那片森林里。那时逛动物园，花上5分钱买一张门票，再花3分钱买一支冰棍，就可以逛上大半天。虽然动物没有现在多，但很稀奇，尤其是那些猴子，百看不厌。然后到秋林百货或大连商场去转一圈，也不一定买上什么很值钱的东西，甚至一分钱不花，也可以心满意足地回家了。如果想要再潇洒点，就到大连海味馆或惠宾饭店去，改善一下生活。那时海味馆的熘鱼片或熘鱼段不过一两块钱一盘，一大碗鲜啤酒一毛钱，切上一盘香肠也不过块儿八角钱。要是实在囊中羞涩，花上二角钱四两粮票，也能买一大碗米饭加一碗汤，再倒上免费的酱油和醋，也能打着饱嗝抹着油嘴满意地出来。如果家里有客人要聚餐，到西岗市场去几块钱就能买回一大堆海鲜、蔬菜和副食等。那熟猪头肉9毛钱一斤，毛蚬子5分钱一斤，再拍上几根黄瓜，炒点花生米，搬回一箱啤酒，也能吃个酒足饭饱，大家满意。

斤斤计较，乐在其中

陪女人逛商店，得先去站前两个大店去“点货”。大连人去商店不买东西那叫“点货”，是一种自嘲式的幽默。本来点货是商店店员干的事，你从外面走马观花地把所有的货物看一遍，没钱买货那也算你“点货”了。说是货比三家，其实那时节的物价全市一个样，主要是看你喜欢什么。看完这两家的货以后，再到天津街去走一趟，那是必须的。天百的东西好像更加市民化，尤其那个很有特色的妇女儿童商店，什么顶针扣和针头线脑的，只要你家里有需求的，那里保准能买到。其实，对男人来讲，逛天津街最有诱惑力的是那些老字号，那一趟街上的狗不理包子、王麻子锅贴、杨家吊炉饼、四云楼烧鸡、马家饺子、糯米香、群英楼、山水楼和苏扬饭店，这一趟走下来不动心，那要比柳下惠坐怀不乱还得有定力。我那时年轻，特别馋，一走到那些老店门口，闻着那说不出的诱人之味，就挪不动腿了。你说那些包子、饺子、锅贴、烧鸡哪个不诱人，那时的东西还都是货真价实的绿色食品，要是不尝一点，那才叫精神折磨。如今时隔几十年，那吊炉饼、狗不理包子、马家饺子诸多美味，至今仍齿留余香。遗憾的是天津街几经改造和折腾，现在倒是楼长高了，店铺也多了，甚至大街中央都摆上地摊儿，可就是没有当年的那种感觉了，当然也就没有人气了。那些被挤走了的老字号说是要迁回来，可是没了老主顾光有那么个牌子有什么用？那种饮食文化氛围，是几代人逛出来的。

现代大连

所言现代大连，就是近十几年的大连。现代大连人追求的是一年一变样，三年大变样，可是变来变去如变戏法，就像川戏中的变脸，变多了反而变得没印象，逛街也不知去哪里好。就说青泥洼一带，大型商场就有数十家，每一家商场都可以买齐全中国的货，甚至是全世界的货。原来就一个大商，现在派生出南店、北店、大商男店、新玛特、麦凯乐等等，商店已不是人们消费的唯一选择。

现代逛街与过去的逛街在理念上和目标上相差甚远。过去的逛街是忙里偷闲看光景，现在的目标那就复杂了，至少可分出购物、休闲、游览、观光、消遣、餐饮等若干，一句话两个字，即消费。要我说，就是变着法花钱买享受。过去渴了，喝一瓶汽水挺好，再吃上一根冰棍，就透心凉了。现在可好，到处是咖啡馆、茶馆、冷饮店，坐进去泡上大半天，花个二三百元还没咋的，就说那哈根达斯冰淇淋，就像乒乓球那么大一个要 38 元。过去打扑克，在马路边路灯下铺张报纸，打上几锅也挺过瘾的，现在的茶楼都成了棋牌室，甚至有地下赌场。过去洗个澡去澡堂子里就成，现在的洗浴中心除了洗之外还有太多的功能，有的甚至一度成为“窑子”。这些是负面的，正面的好东西还是主流。如星海广场，过去那里是一个大垃圾场，在“严打”时期那里还曾做过刑场，枪毙过犯人。现在那里成为大连的会展、文化中心和餐饮中心，代表大连餐饮的顶级餐馆大都分布在那里。附近的和平广场，原先是一个水泥预制件厂，现在却成为大连单体最大的综合性商业中心，里面好玩的东西应有尽有。

对于城市百姓而言，这些东西属于城市公共设施，当然越多越好。怕就怕在公共设施的地上建住宅，因为建了住人了，立即就私有化了，改变性质了。比如大连动物园的原址，盖上那么多遮天蔽日的摩天大楼，把一个好端端的公共绿地给毁了，而且是不可恢复了。中山公园里建一个华宫，弄得有点不伦不类，占去了大片绿地，想来真可惜。还有那些所谓的市民健身中心，修得那么豪华气派，能不收费吗？即便是收成本费，普通的市民也去不起，也不愿意去。这类公共设施如当年的公共厕所一样，你不收费就管理不善，收费了就少有市民去。

▼买东西

城里人不比农村，吃的用的什么东西都得买，什么买粮、买菜、买煤等等，真是“每天醒来七件事，柴米油盐酱醋茶”，买东西是市民上班之外的主要家务活儿。为什么叫买东西，怎么不叫买南北？这个疑问也不独我有，在历史上就是一个问题。据说，有一次，南宋著名哲学家朱熹在街上见到他的好友盛温和提着一个竹篮子，便问上哪去？盛温和答“去买东西”。“难道就不能说买南北吗？”盛温和回答朱熹：“东方属木，西方属金，凡属金类、木类的我这个篮子就装得；南方属火，北方属水，水类、火类，这个篮子就装不得。所以只能买东西，不能买南北。”这是哲学家之间的哲学思维，把买东西整出金木水火。其实买东西没那么深的学问，就是一市井习惯。据说唐代都城长安，城市布局经纬规整，东西南北街道俨然，南北走向的大街，皇宫坐北，南首面市，大街两侧为东西市井，俗称东市和西市，各种货物一应俱全，市民买卖不是去东市就是去西市，久而久之就有了买东西的说法。还有的说，历史上的商贾大多集中在东京洛阳和西京长安，俗话有“买东”“买西”，即到东京或西京购货，久而久之“东西”就演化成货物的代名词。

在商品短缺的年代，也就是改革开放前，这“东西”可真不是个东西，能把人弄得灰头土脸、没皮没脸的。因为无论是东市还是西市，金贵的东西用钱是买不到的，得凭票供应。什么手表、自行车、缝纫机等，得有大连商业局配发的“工业品购买券”（简称工业券）；粮油棉肉等吃穿的基本生活用品，在定量供应外的得用粮票布票棉花票蛋票等票购买。供应粮食还细分为粗粮和细粮，粮票还分为全国粮票和地方粮票，到饭店吃饭或到商店里买糕点，都得用粮票，到省外出差吃饭得用全国粮票。在70年代供应最紧张时，辽宁省的城市居民每人每个月只供应三两油，大连城市居民每人每个月只供应四个鸡蛋。那时的地方干部供应标准跟老百姓一样，只有部队有特供。本来钱就少，还得淘弄票证来买东西，没有票能批出条子也可，那得多大“章程”！我结婚那年，母亲借光了亲戚家的棉花票和布票，才凑齐“四铺四盖”。酒席上的副食品，凭票购买连一桌都凑不上，只好托关系走后门到台山冷库去“挖门”。台山冷库原先叫旅大市服务局冷库，计划经济年代，大连人吃的肉、蛋、禽等餐桌上的紧俏食品都储藏在这里。“台山冷库”早已不是仓储的概念，而是权力与美好的概念，在我心里“台山”就是我的“圣地”。要是有个熟人或亲戚朋友在台山冷库工作，要比在市政府工作强百倍。要是在那娶个老婆或者能跟那里的人攀上亲戚才好呢，在肉联厂工作也行，最次的在商店里工作，也凑付。衣食无忧，有何所求？

也别说无所求，当年的“三转一响”号称“四大件”，就是手表、自行车、缝纫机和半导体收音机，便是普通市民家的最高追求。这“四大件”基本上代表了当时最高档次的奢侈品，让年轻人想得头疼，尤其是上海产的，市面上根本买不到。别说没钱买不起，纵使从牙缝里攒够了钱去买，也得和单位领导搞好关系，凭单位发的工业券去买。当年学徒工人三年之内的月薪是18.5元，满徒后是38.5元。农民挣工分，连饭都吃不饱，买四大件就更是没指望了。当时的全钢防震17钻上海牌手表是125元，凤凰牌26型自行车是176元，蜜蜂牌缝纫机是154元，红灯牌半导体收音机是78元，属于百元级的。改革开放初期又升级为新四大件，彩电、冰箱、录放机、音响，属于千元级的。再后来，便是万元级的汽车和几十万元级的房子了。

没经历过那个时代的人，无法理解那个时期买东西的酸甜苦辣，窘相万千。家里有个大事小情离不开“东西人情”，老百姓的人情往来就体现在买东西上，那时还不兴送钱。没有关系没有熟人，还要买那些不凭票供应的好东西就要豁出去，打几个艰苦卓绝的出色战役。一是阵地战，主要的“作战”任务是排队。比如买秋菜，在下半夜就得到卖场那排队，穿着棉大衣或者披着被子毯子，在瑟瑟冷风中耐心地等候，比警察抓坏人蹲坑守候还艰苦，在天亮前必须拿到序号，然后再依据序号去开票买菜。二是肉搏战，在没有秩序乱聚堆时能“挤”。商店为了防止挤，把窗户用钢筋焊上，只留一个小孔收钱出货。围着这个小孔，外面挤满了大姑娘小媳妇和小伙子，老头老婆根本靠不上边。这不仅需要脸皮厚，不怕身体接触，还需要体格好，能在厚厚的人墙中挤进去，买到东西后能突破重重人墙再挤出来。现在一听说哪里发生踩踏事故，眼前就浮现出当年买东西的肉搏情形。三是攻坚战，在“战斗”白热化时，里三层外三层围得水泄不通，为达到买东西的目的而不择手段，什么“搭人梯”、“空中飞人”、人头上“游泳”等特种兵绝技无所不用。那些好乱乐祸的年轻小伙，一看见这拥挤场面就异常兴奋，即使前面是水泄不通的人墙，也能串缀几个人，一起喊着号子把其中的一个人扔到密密的人头上去，那个人就势在人头浪涛中一阵“自由泳”猛扒拉，就蹿到了窗前，像塞炸药包一样把钱塞进去。得手后撤不出去，干脆再从人墙的头上、肩膀踩过去。人们对这等“英雄”那是敢怒不敢言，一阵低声叫骂后又继续“挤香油”。

古人说饱暖思淫欲，饥寒起盗心，那个时代的人，饭都吃不饱，哪里还有什么尊严！尤其是买短缺的东西时，那令人心惊肉跳的肉搏战，至今还记忆犹新。记得一次为了买不用肉票的冻猪肉，一大群市民轮番往玉华市场食品店的肉案子上挤，哪里还顾得上廉耻？反正大家都这样，互相都装不认识，那是豁唇子吃肥肉，肥（谁）也甭说肥（谁）。这种男女老少的零距离身体接触也太不讲究了，要不是为了一个共同的吃肉目标，早就以耍流氓罪名告到公检法了。挤上去的买着肉了，不是衣冠不整就是披头散发满地找鞋，一位刚挤出人墙的少妇竟骂开了大街，原来她的衣裤后面被一浑水摸鱼的真流氓给刷上了“糨糊”！这买东西的还真有“不是东西”的。

在那个短缺经济时代，买东西的成就感和幸福感特别强烈。哪有消费一说？全旅大市（80年代后才改为大连市）的人都上班“抓革命促生产”，没上班的就到商店排队买东西，那也是主要的家务活儿。普通市民一天到晚忙忙碌碌，就是为了那一张嘴。下班了看谁提的网兜里有东西，不管是鸡蛋还是臭鱼烂虾，都是令人羡慕的。自行车的后坐上要是绑上几根麻花、油条，那老牛了。到山东出差，主要任务是买挂面和面粉，油条是最好的点心。而蔬菜远没有现在这样受欢迎，旺季时的芸豆、土豆、西红柿等大路菜，也就几分钱一斤。当时所谓“瓜菜代”，是用瓜果蔬菜代替粮食，可是瓜果蔬菜怎么能顶饭吃？一脸菜色。虽然东西便宜，可是钱也少。改革开放后有人去海外，说人家那里的蔬菜比粮贵，副食比主食贵，这怎么可能呢！现在真是一切皆有可能。也不能把那个时期说得一无是处，那个时期的人都很健康，别看瘦得前胸贴后背，也至多得个胃病什么的，哪有如今“三高”等各类高档富贵病。

就是那样一种市场状况，在新闻媒体上从来都是“市场繁荣，供应充足，各类商品琳琅满目”之类言词，没有说不足的时候。尤其是节假日市场，不知在哪弄来一些东西摆在货架上，再弄来一些人在随便买东西，看新闻照片上的人都幸福极了。可是这些东西在前面买了，还要求你到后门给退了，我知道的“装潢门面”，就是从那时开始的。那时的老百姓也真有觉悟，叫退就退，从来就不问为什么。现在的老百姓也有觉悟，你说领导让干啥能不干？时下流行的“被如何了”，就是一种真实的无奈。

改革开放后，东西渐渐多起来了，各种票证也渐渐退出历史舞台了。粮票退出得最晚，在一度“手套换包”（家家户户都有工厂发的劳保手套，可以跟南方人以物易物）时代，粮票可以换鸡蛋，还可以换很多东西。但是必须是在背地里交易，因为涉嫌投机倒把。

现在的商品真正是琳琅满目，顾客成为真正的上帝。买东西不用动钱了，刷卡就能搞定，持一张银行卡，只管“喜刷刷”。如果连卡都不愿意刷，那就坐在家玩网购，鼠标一点，就像阿里巴巴说的“芝麻开门”，过一会儿就有人敲你家的门了，什么东西都能送上门来，真是神了！那感觉与排队乱挤中买东西是大不一样，有点当上帝的感觉了。可是上帝不是那么好当的，假冒伪劣商品让你不敢在国内买东西了。时下流行到欧洲买“茅台”，到美国买“联想”，到韩国买“中华”，到澳门买奶粉，到香港买酱油。人心不足蛇吞象，东西越多，欲望越强。现在什么东西都不缺了，却又觉得什么都不够了，一部手机不够、一份儿薪水不够、一辆车子不够、一栋房子不够……只有病房或班房，一个嫌多。

▼看市场

市场是市井的缩影。大连人的生活状态如何，看一看市场便八九不离十了。

大连比较公认的高端市场是大连时代广场，那里卖的全是世界顶级奢侈品，什么巴黎世家、宝缇嘉、巴宝莉、迪奥、香奈儿、路易威登、万宝龙、普拉达、阿玛尼、劳力士、伯爵等，听说的没听说的应有尽有，是引领世界的“名品时代”。那里找不到一点市井的味道，到处弥漫着法国香水的浓郁与美国咖啡的淡香，闻多了身上飘飘欲醉，脚下有一种绵软的感觉，可能是地毯太厚了。那里的服务员眼神犀利，好像一眼就能看出你是金领还是白领，不过也有狗眼看人低的时候。传说有一个挺土气的包工头模样的人进来后，就被人家给重点“服务”上了。问这个包是否纯皮的，人家说出个价，他把头摇成拨浪鼓似的；摸那套服装问是不是纯毛的，说出价钱来他又伸舌头，最后人家干脆说这是顶级品，不买不能乱摸。这一下子把那人惹火了，就把卡往柜台一摔，狠丢丢地说，这点破东西我不但要摸，而且全包了！经理听说后，开始还不信，后来查验那卡不是捡来的，才知道卡上的金额是七位数，便连忙堆笑赔礼，当即辞退了那个倒霉的服务员才算平息事态。看起来这故事有些杜撰的成分，但也说明了一个问题，钱是硬道理。一进那些专卖店里，服务员的过分热情让你感到很不舒服，当看出你不想消费时，那脸立刻没有任何表情。这还是好的，没说没钱别进来别动手之类的话就算给你面子了。多数专卖店的服务员还是有素质的，也不说什么，走到哪里都有一双眼睛在后面盯着你，可能是准备随时为你服务，也不排除这是对你采取的防偷戒备。没办法，人家的东西太贵重了。进这种店要是没有好的心理素质，那压抑感会让你透不过气来。其实，在那里消费不一定是特别有钱的人，有的是要办大事送礼的，有的是逞能包小三的，有的是公款消费的……反正一般的市民到那里去买东西，是真正愿意当冤大头。

大连比较讲究的高收入者，一般去友谊商城、麦凯乐或百年城那地儿购物，那里的购物环境好，商品全，档次高，质量好，基本上代表了大连的高消费档次。普通工薪阶层偶尔也有光顾，真要花钱时还得等店庆活动或打大折扣时。属于大连平民商店的还是以大连商场、新玛特为代表的青泥洼商业圈，包括天津街在内的周边几十家商场；以西安路一带的天兴罗斯福、麦凯乐（虽然也叫麦凯乐，但是比青泥洼那个要差一个档次）、百盛为代表的西部商业圈；体育场商业圈，三八广场和二七广场商业圈，和平广场商业圈，还有真正大众化的以沃尔玛、家乐福为代表的大型超市。要是图更经济实惠的当为双兴商品城或大菜市为代表的大批发市场、长兴和黑嘴子水产品批发市场，保准便宜得让你有白捡来的感觉，但是质量你就别去较真了。近些年造假猖獗，使人们对国货越来越不信任，外国商品格外走俏，香炉礁那地儿有德国人经营的麦德隆和瑞典人经营的宜家，全是超大型的货架式货柜，刚建时冷冷清清，现在是人满为患，东西也不便宜，但质量有保证，不掺假，用诚信征服了大连的老百姓。

一般情况下，年轻人尤其是小女孩爱逛胜利广场那类地下市场，那里的东西新奇时尚，特别便宜，满足了年轻人收入低还想逐新潮的心理，至于品质问题倒不是很在意。中青年女人爱逛百货商场，特别中意服装店。尤其是那些小资或有此倾向的女性，是百货商场的主要顾客。中老年妇女爱逛超市和早晚菜市，这与她们承担的家庭角色有关。老爷们经常光顾的不是旧物市场就是鸟鱼花市场，那里有大男人的玩具。

大连的大超市东西并不便宜。刚开始在地摊儿假货泛滥时，人们相信那些在全球按统一标准采购的世界级大超市。后来陆续曝光的有毒问题食品和滥用添加剂等，让人们才认识到，他们的很多商品也在中国采购。看来也是金玉其外，败絮其中的事，在哪都有。到大超市买东西方便而潇洒，推个车子到处转，看到中意的商品就往车子里扔，等你觉得差不多时，交钱结算那里已经排成一条长龙了。在你排队结算时，往往觉得是你排在哪一排，那一排就效率最低，被邻近的队伍一个一个地超过。等你交钱时就没有往车子里装东西时那么爽，怎么这么多钱？都到这份儿上了还能说啥，乖乖地掏钱吧！

平民百姓看市场，便宜就是硬道理。哪里的人聚堆儿，哪里就有便宜货。商家掏老百姓的钱包，那是绞尽脑汁，算到骨髓。这许多年我有两件事始终弄不明白，一是店庆日究竟是哪一天？在感觉上大商或新玛特还有百盛什么的好像天天有打折活动，天天出血大甩卖，赔得我都跟着他们心疼；二是这打折商品原价或成品价到底是多少？不打折心里不平衡，打折了又觉得还有打折的空间，真要打到你都不相信时，那心仪的东西就会变成便宜没好货了。

臭美

大连人最爱美，通俗说法是『浪』，要是从头浪到脚，臭美成系统了，就该称为『浪包』了。

美是好事，好事为什么要加个“臭”字？这就有点“羡慕嫉妒恨”了。本来人家自我感觉良好，你这一“臭”，就把“美”打了折扣，好像那“美”是造出来的。大连人最爱美，通俗说法是“浪”，要是从头浪到脚，臭美成系统了，就该称为“浪包”了。在大连市井中还有一些幽默的说法，如：屎壳郎戴花——臭美。更有甚者，某人长得黑，擦点白粉遮盖一下，被残酷地讥为：驴粪蛋挂霜——臭美。其实，大连人说臭美，并没有太恶毒的意思，有时是中性的，如某人好打扮，就说那人挺臭美的，这不是讥讽或不欣赏，而是带有喜欢的意味；有时带调侃的，自己说自己漂亮或能干，亲近的人会善意地说“别臭美了，谁不知道你那两下子”；男的向女的夸奖自己长得帅，女的会笑着说“臭美”。有时还带点褒义，夸奖某人会打扮，也说“你挺会臭美的”。当今臭美一词，在大连市井上意思似乎又有变化，过去叫梳妆或“捯饬”，现在叫扮靓或赶时尚，都属于臭美，只是讽刺性的贬义意味变淡了，而善意的成分增加了。

▼梳妆之美

梳妆在旧时是一种身份的象征，不是女人想臭美就能如愿的事，好像是上流社会女人称娘子或小姐的才有资格叫梳妆，市井中的民女捯饬捯饬就行了。有钱人家的女人不光会梳妆打扮，而且还玩梳妆文化。如有个才子求婚，便出了个“桃李花开，一树胭脂一树粉”的上联，结果有个才女对出了“柑橘果熟，满枝翡翠满枝金”的下联，“果熟”对“花开”，“翡翠”应“胭脂”，“金”“粉”贴切，精美绝伦，当然结为百年之好，留下了“胭脂翡翠成佳偶”的故事。

古时的梳妆主要是做发型，用贵金属制作的银簪盘发定型，不像现在用发胶可全部搞定；妆主要是涂脂抹粉，形成“人面桃花相映红”“美人红妆色正鲜”的妆容效果。最初传入我国的胭脂由一种叫做“红蓝”的植物花朵制成。之后人们又发现了紫茉莉也可制作胭脂，再后来，人们也用杜鹃花粉或杜鹃花汁制成胭脂。胭脂制作原料多样，制作工艺也比较复杂，一般要经过采摘、杀花、揉花、晾晒等数道工序。配合胭脂最重要的饰品之一是妆粉，如浙江的“官粉”、河北的“定粉”、桂林的“桂粉”等等，粉的颜色也由原来的白色增加为多种颜色，并掺入了各种名贵香料，使其具有更迷人的魅力。从唐代以后，用铅、锡、铝、锌等各种化学元素制成铅粉，质地细腻，色泽润白，并且易于保存，深受妇女们喜爱，久而久之就取代了米粉的地位。到了宋代，则有以石膏、滑石、蚌粉、蜡脂及益母草等材料调和而成的“玉女桃花粉”，明清以后又提炼出“珍珠粉”以及用滑石研磨而成的“石粉”。脂粉的味道基本上代表了女人的味道。

老辈大连女人同样爱“臭美”，都打年轻时过来的，只不过那时的梳妆不叫化妆。化妆有些假或不太正经，是演员们演戏干的事，平民是不化妆的，不像现在的女人不化妆不出门，出门如上戏。这梳妆好像只是头脸上的事，与下面的穿戴打扮不是一回事。平时的梳妆比较简单，梳理头发扎个辫，挽个簪什么的，再上点妆，也就是描描眉毛，擦点脂粉，再在脸蛋上淡施“扑脸红”，整个人就挺妩媚了。正儿八经的梳妆是在当媳妇的前后一段时间里，那时想臭美还真挺费事的。好在老大连的城市洋味十足，外国娘们好化妆，大连老娘们跟着“浪”。大连话的“浪”其实是褒义的，爱美的意思。说这个女人“浪丢丢”的，是赞赏她爱美，会美，不是臭美。

记得小时候一本家姑姑出嫁前，要我母亲帮忙好好给梳妆一下，我在旁边看着觉得非常好玩。给我印象最深的是“绞脸”，或者叫净脸。母亲先在她的脸上涂些白粉，然后用两根细线绳交叉着在脸上、额上、脖子上反复绞动，听她们说话的意思是要把脸上的汗毛给揪掉，目的是为了让脸上光洁。但是万万不可用刀刮，女孩子的脸上细皮嫩肉的，不能动刀，迷信讲法是动刀子易引发丈夫刀光之灾。女孩子脸上的汗毛或胎毛较重，不结婚的女孩子是不准“绞脸”的，绞脸算是破闺密相。所以那时判断年轻女人是否结婚，一是看烫发，二是看脸。然后是修眉，这是一个挺遭罪的事。中国古代美女讲究的是柳叶细眉，一直传到现在，这个观念还根深蒂固。遗憾的是古人的柳叶细眉是在画上画出来的，现实中的眉毛可不按着柳叶的形状去长，那就得用镊子一根一根把多余的眉毛拔掉，拔不好很容易引起眉毛末梢神经感染。最后的工序就是上色了，眉毛描黑色，嘴唇涂粉红色。经过这么一捯饬，整个人立刻就生动了。

对梳妆这类事最感兴趣的是那些小女孩子，她们天性就好美。冬天守火盆烤火时，她们会背着大人们，把铁筷子（农村火盆专用）烧热了，再把流海上的头发卷在火筷子上，一会儿就可以烫出卷了。再从火盆里挑那种黑木炭把眉毛一描，就可以玩戏中的角色了。主要乐趣在演戏之前的过程，真要演戏了也不会演什么，就那么瞎比划几下就算是了。夏天的梳妆资源丰富，她们总是让男孩给整夹桃花，用石头砸烂了后从中提取红颜色的汁，可能涂嘴唇当口红。还可以上山去挖那种叫紫草根的植物，是一种挺贵重的中药材，但不是入药用，而是为了染指甲。那东西肯定天然，一小块就能把全身上下 20 个指甲都能涂红，好几天不掉色。如果你有一根大紫草根，那你就是女孩子中的“王子”了。秋天，女孩子“臭美”的题材就更多了，挑选有长梗的地瓜叶子，去掉叶子，再掐成“项链”和“耳坠”。最精彩的是用柳条编成草帽状，再在上面插上各种鲜花，就是一顶特别美丽的天然“花冠”。

梳妆是一件特别美好的事情，古代宫内和员外家的大小姐才能享受到的梳妆，现在也走入寻常百姓家。但是改革开放前，孩子间所有的业余梳妆之事，必须得背着大人干，要是暴露了，准得挨大人们的一顿臭骂，主要“错误”是不正经。男孩子更不能有脂粉味，要是与女孩子或梳妆一类事搞在一起，那要被骂为没有出息的。我嫂子刚过门时，我刚比桌子高一点，对她屋子里梳妆桌子上面那些花花绿绿的化妆品特别感兴趣。趁没人注意时，我就偷偷地打开粉脂盒，觉得那味道真诱人，太好闻了，直往鼻子里吸，又偷挖了一点雪花膏抹在手上，那个香劲，都能顶一跟头，心里想，等我说媳妇时一定先把这东西抹个够……正在陶醉时，被我妈重重地打了一巴掌。连惊带吓加惭愧，从此以后我便对梳妆一事敬而远之了。都说小孩记吃不记打，我却能把这事一直记到现在，还有那梳妆的脂粉味。

现在的梳妆变成化妆，在感觉上往往不那么美好。有说，女人爱化妆，男人爱说谎；女人化妆欺骗男人的眼，男人说谎欺骗女人的心。这样，就有些变味了。

▼捯饬之艰

捯饬就是打扮的意思，这话挺古老也挺民间的，东北那旮旯常用，在大连的街头巷尾中也有用的，可能是一句满族老话。满人老家那地儿天鹅多，天鹅没事就用嘴梳理羽毛，那动作就是捯饬。现在小年轻的觉得这话挺怪异好玩的，不说打扮说捯饬，显得老道有资格，多少还有点幽默。要是刨根问底，这捯饬好像也有据可考。老北京话说“捯饬”原为“刀尺”，动刀尺是要裁剪服装，与打扮有关，久而久之，打扮就说成刀尺了。后来写成文字，就演化成“捯饬”了，意思与拾掇差不多。

那为什么不说打扮呢？这之中好像还有一些坊间约定俗成的东西。市井中的很多语言在正史上是没有记载的，靠的是人们口口相传，就是那么说的，还真不太好解释。官宦人家肯定不用“捯饬”这个词，因为她们梳妆打扮的条件很好，要啥有啥，想咋美就咋美。而平民百姓家的女人没条件还想美，就得想方设法挖潜力，比如把老大的破旧衣服改一改给老二、老三穿，衣服破了补一补，没有化妆品就土法上马，如此这般忙忙叨叨的拾掇打扮加捯腾，人就精神了，变样了，就有了“捯饬捯饬”的味道了。那感觉就像是杨白劳大年三十想给女儿捯饬捯饬，还没钱，就得“买上二尺红头绳，给我喜儿扎起来”。

捯饬、拾掇的同义词叫扎固，在大连民间多指母亲或长辈妇女打扮装饰子女，媳妇打扮丈夫也如是说。一般情况下，儿女和丈夫的穿衣打扮，基本上代表了这一家女主人的勤快程度和审美格调，也是衡量“过日子人家”的外在标准。穷日子有穷日子的过法，不怕穷，就怕邋遢，怕懒老婆。这老婆一懒，不但她自己不捯饬，家里的孩子也必然是戴不上帽子提不上鞋，男人在外窝窝囊囊，好好的日子让她给过得鸡飞狗跳。我印象中确实有这等人家，那是在瓦房店工作时，到群众家吃“派饭”，有一户人家的女人就懒，太阳都老高了，她家的碗筷还横七竖八地泡在锅里，满地杂物让你下不去脚，头发蓬乱可做鸟窝，她身上捆的那围裙油亮得下雨天可顶塑料布用。正好赶上她家的小孩子吃格子粥把饭钵子扣到头上，她都不理会，倒是一直蹲在地上的那条大黄狗看出门道了，立即跳到炕上把粘在孩子头上那些粥饭舔得干干净净。至今我还纳闷，那家里都作成那样了，怎么就不能拾掇一下呢！

相比之下，我的母亲就挺能捯饬，也会捯饬。她勤快，聪慧，会用缝纫机做成衣活，还会绣花，女红之类的活儿样样精通。上个世纪六七十年代出身不好要备受歧视，我母亲出身地主，可人缘却非常好，特别受邻居爱戴。她不但给我们兄弟姊妹捯饬得干净利索，衣着得体时尚，过年有新衣服，四季有换洗衣服，还给周边四邻的大人小孩义务做衣服。每年进入腊月，她都坐在缝纫机前忙个不停。记得那年都腊月二十五了，我说书记家的二儿子买了一件“棉猴”(就是那种棉大衣上带个帽子）真好看，母亲看我喜欢，就照着人家的样子，一天一宿没合眼，给我也做了一件蓝色“棉猴”，比买的还好。我穿了“棉猴”美滋滋地到处拜年，赞誉声不绝于耳，至今想来还得意。上中学时我爱好打篮球，每次上场前都得用粉笔在背心上写上号码。母亲就给我在背心和裤衩上绣了个“6”号，比印的好看多了。这下子可好，球队的同学都来求我，结果大家都穿上了绣有号码的“队服”，那神气劲一点也不逊色于现在的NBA。直到我上大学时，还穿母亲给我做的那些服装，其中那件蓝色“的卡”搞对象时还是“主力”，后来因抽烟不小心烧了个洞才光荣“退役”。

母亲好捯饬我们，也有不愉快的回忆，就是我小时候经常拣我姐姐的剩衣服穿，好在那时衣服的基本色调都是蓝灰黑，又经过母亲的一番改造，但同伴们还是能看出一些女装特征。我穿着母亲用亲手纺的羊毛线（羊毛是花钱从生产队买的，不是小品所言“薅社会主义羊毛”）织的毛衣，开始几年很得意，因为别人没有。后来别人都穿上了买的机织毛衣，可我这不合时宜的毛衣却怎么也穿不坏。母亲一辈子把深深的爱都捯饬在孩子身上了，晚年时该我给母亲捯饬了。我知道老人家好穿，就尽我所能给她最好的衣服，其实也没好哪去，因为她关注的仍是衣服的面料与质地，只要是纯毛的就好。她那时还不服气，说我净瞎花钱，给她买的那些好衣服她还能做出来，就是眼神不好了。

捯饬是一种爱，一种品味，一种追求，在居家过日子中其内涵要超出打扮的意义。现在的大连人捯饬也是有讲究的，一要审美，二要入时，三要得体，四要随俗，五要勤快。不然即使有钱也是瞎捯饬。有人说现在是“穷穿貂，富穿棉，大款穿休闲”，还挺贴切的。在工地上经常可见农民工穿西服挖地沟。在国外西服革履逛大街的，往往都是来自中国的游客，人家都牛仔休闲了，咱还正儿八经地架着笔挺的西装逛马路呢。

▼扮靓之趣

扮靓这个词儿很现代，尤其是媒体常用。虽然与梳妆、捯饬、扎固异曲同工，但在大连市井中还是有一些区别的。梳妆多偏向于旧时贵族化，捯饬、扎固更具市井化，而扮靓就更年轻时尚化。如今社会进步，科技水平提高，扮靓的手段与档次也在提高，说法也多了。如，理发叫美发，还有美体、美脚、美容，一切唯美。扮靓是别人说的，自己说啥呢？化妆也有些不合时宜了，叫个人形象设计显得有技术含量。如果你再说“捯饬、扎固”什么的，人家肯定说你粗俗没档次，大连话叫“老赶带把儿”。也是的，现在即使捯饬或扎固也根本不是过去只围绕穿戴做表面文章，而是围绕身体做“实质”性文章，可以动手术整形美容，把单眼皮割成双眼皮，把塌鼻梁隆成高鼻梁，把国字脸变成瓜子脸，把八字眉变成柳叶细眉，把秃睫毛拉成动画里才见得到的长睫毛，把一口烂牙变成皓齿，把黄毛丫头变成金发女郎，把大肚囊变成小蛮腰，甚至连性别都能变。总之，原先爹妈给的都不算数了，自己的身体自己做主，想当世界级的靓女，只要肯下功夫装扮就成。

扮靓也好也不好，过度打扮往往适得其反。有个乐子，说是一美女正悠闲逛街，突然一男子闯了过来，大叫：“你骗了我的钱，骗了我的心，我要把你毁容！”说罢，将一瓶液体全泼向美女。周围的人都以为惨剧发生了，结果女人除了捂脸惊叫外，没别的事。众人不禁问男子泼的是什么，男子愤恨地回答：“卸妆液！”这还不算惊险，更惊险的是大变活人，把一个丑小丫通过整形美容变成大美女，结果生出的孩子又依母变回原样，因此生出纠纷。现在真是无法识别美女真面目，就说那眉毛都是黑细的，那长长的睫毛忽闪忽闪的，那大黑葡萄一样的眼珠子还能变成蓝的或黄的，煞是可爱。过去大连街上的女人大多是“闯关东”的后代，安居后也是庸粉俗脂，皮糙腰粗，有个柳眉杏眼就算美人了。哪像现在，几乎个个都是美女。

要是在上个世纪六七十年代，谁被说成美女那就“倒血霉”了。首先是政治觉悟与生活作风问题，是与资产阶级为伍，在政治上就低人一等了，进步入党肯定不行，政治运动中不被冲击算你命运好。爱美是人之天性，而大连女人之“臭美”可谓“惊天动地”，即使在那样的年代里，也愿将臭美进行到底。“毛料裤子，苞米面肚子”便是“臭美”精神与短缺经济的抗争，为扮靓宁可餐餐吃玉米饼子，顿顿喝萝卜丝土豆汤，也要穿条裤线压得笔直的毛料裤子。那时扮靓比较容易，审美取向先是草绿色军装，再扎上皮带，一副革命者的气派；后来就是工作服，劳动都艰苦朴素，一度还代表工人阶级的领导身份，工宣队就是领导。再后来就流行纯毛和真皮服装，纯棉的织布普遍，但不够档次，穿着有些掉价。只要有毛料裤子和纯牛皮鞋，上身随便穿一件工作服，那是既有档次又朴素大方，还有身份，也是最时髦的装扮，搞对象都是那么穿的。

那个年代的毛料毕竟很少，很快就被化纤类如“的确良”代替了，由中规中矩的料子裤变为“港裤”或“吊裤”，越短越瘦越可体越时髦，最好里面露出红色、粉红色或绿色的针织衬裤就更配套了。(现在大连街上的时髦是短款衣服，里面露出层层叠叠的，一直搭在屁股上，这要是在过去准会被笑话成“彪子”，如同运动场上穿短裤里面露出花裤衩。)后来“吊裤”又变成“筒裤”和“喇叭裤”，上面绷紧，下面宽松，松到能装进一只鞋。大连作为当时全国最大的外贸港口城市，那些进进出出的国际海员在大街上溜达，为城市的流行服装义务做了模特，打开了海外橱窗，然后由知青上山下乡再作“模特”，把流行服装传遍大连城乡和祖国的四面八方。在各地的青年点中，大连知青时髦漂亮和引导潮流是有口皆碑的。那个时期引导潮流的男性要比女性更为明显，主要是小伙子夸张的发型和裤子的变化。其实，扮靓不独为女人的专利，男人更需要扮帅，这一点应该向鸟类或禽界看齐，公鸡、孔雀、鸟什么的都是雄性比雌性更漂亮。只因为这个社会对男人的要求从来都是以功名为重，郎才女貌似乎更般配。是追求功名才使男人注意自己的外表形象，包括名牌服装、名车、洋房、高档休闲运动。只有那些大知识分子被学富五车所累，才不修边幅或放荡不羁，那是一种有底蕴的大美，要是没有知识那就变成了叫花子。爱美之心人皆有之，越有身份的人越注重自己的形象，政治家有专业人员给设计形象，平民百姓有媳妇或老伴、儿女给扮靓，在外形象都挺可人。

80年代以后，男人风光不再，一套西服打天下，如坊间俚语：老母猪赶集——里外一张皮。女人扮靓却方兴未艾，名堂也越来越多，且一直处在潮头浪尖上。不说整形美容，就这服装也让你眼花缭乱的。男人这许多年来一直是西装夹克没大变化，近年来开始折腾休闲装什么的，全国都差不多。大连街上的女人可不得了，就那裤子，长裤、短裤、喇叭裤、萝卜裤、体形裤、运动裤……有那么多我叫不上名来，今年又流行马裤，这是我给起的名字，据说叫“哈伦”

裤。其实就是过去鬼子或者国军军官骑马穿的那种上面肥大下面紧的马裤，下面再穿一大马靴子。说鞋我想起了搬家时看到的鞋箱子，里面那些闲置多年的鞋子，有高跟、中跟、矮跟、平跟、坡跟、粗跟、细跟、方根，有尖头、方头、圆头、脚形……现在什么都不要了，只穿运动鞋了。究其原因，一是外面的审美观在变，二是自己的形体在变，这扮来扮去扮老了，赘肉越扮越多，还是穿双运动鞋舒服。

改革开放以来，大连人在扮靓方面的规律是男人越扮越严实，穿西服还得用领带把领口扎上；女人最知道男人喜欢她们什么，因而越扮暴露的皮肤面积就越大。过去只有在游泳馆、海滨浴场才可欣赏到女人肌体健美，现在在大连街上只要你举起镜头，不一会儿就能闯进一帮“敢露之人”。大连女人在服装开放的趋势上也有规律的变化，刚开放那阵子，服装由上、下两头向中间蚕食，上面的领口越开越低，直到露出乳沟为止；下面以膝部为“三八”线，原来是穿裙不露膝，露出两条玉腿就够意思了，不久就向上突破防线而“兵临城下”，有了过膝裙或超短系列。原以为该收兵了，还能循环回去玩长款的，哪里知道人家根本没有撤兵的意思，坚守几年后又改变了进攻策略，从中间向两头突破，衣服往上是越来越短，露腰露肚皮不算，还要露出肚脐眼，直到露得你睁不开眼方肯罢休。裤子则越来越往下走，最后干脆挂下髋上，你说她不觉得后面嗖嗖冒凉风？可能发烧了要的就是这种效果。其实是怎么作践自己就怎么扮。

大连街上扮靓真是越来越难，没事时也跟着引导潮流的设计师们瞎犯愁，这文章都做到这个份儿上了，下一个进攻目标该从哪里下手？

▼时尚之魔

梳妆、捯饬与扮靓，看起来都是为了追求时尚，但又不能代表时尚的全部，就像“时尚”这个词现在很流行，但又不能代表流行。除了这些外在的美化与流行外，还有更多的是社会大众所崇尚和仿效的生活理念与生活方式。从字面上讲，时尚就是“时间”与“崇尚”的叠加，或者说是短时间里一些人所崇尚的生活。这种时尚涉及生活的各个方面，如衣着打扮、饮食、行为、居住、消费甚至情感表达与思考方式等，是包罗万象的，其触角深入生活的方方面面。时尚可以流行，但又不能广为流行，要是谁都那样就是世俗了。作家陈染说：“时尚就是你还没来得及喜欢它，就已经被它抛弃在后边了的一种迅速发展变更的事物。”时尚从来都跟追求者捉迷藏，精灵似的虚无缥缈，当你认为抓住了它时，就已经不时尚了。当你在大街上视觉被冲击了甚至觉得怪怪的，那好像就预示着某种时尚在引领着你。

时尚的本质是虚荣。追求时尚的人必定要付出巨大的代价，尤其是痴迷时尚的女人，往往会成为时尚受害者。中国古代妇女为了追求“三寸金莲”之美，把脚裹得近于残疾。有钱人家的女人不用干活儿，残疾的代价是好看，得到有钱人的赏识，能嫁个好人家。穷人家就玩不起这种时尚，大脚女人能干活儿，却永远成不了贵妇人。难就难在那些中等家庭的市井女人，脚不大不小的，人也不上不下的，整日里还得跟着时尚跑。外国人追求时尚同样付出了昂贵的代价。比如最讲究的法国女人，在流行细腰时，用束腰把自己勒得半死。据说束腰的材料都是鲸骨、木板，甚至是铁板，女士在穿束腰前都要深吸一口气，然后让自己的仆人给自己穿上束腰，另一个仆人在后面使劲勒紧，这个痛苦的过程一点也不比脚裹差。为了能在聚会上显示自己纤细的腰肢，女士忍痛把折磨人的束腰穿在自己身上，虽然非常不舒服，有的人甚至勒时间长了都要昏过去。所以在当时的时尚界，一个必不可少的东西是嗅盐瓶，闻了这个东西，通常女性能清醒点。除束腰外，还要丰胸，那时还没有乳罩，只好在衣服里塞一些很不舒服的东西。18 世纪时，英国女人疯狂追求时尚与流行，在冰天雪地的寒冷冬天常常戴着浅色薄纱方头巾，结果一些人因得了感冒而丧命。现在的时尚更是要命，据加拿大环保部门高级主管瑞克·史密斯说，加拿大目前在市场上流行的所有化妆品中，普遍存在重金属污染。女性一生中平均吃掉 4 磅（约 1.8 公斤）口红，那该吃了多少重金属？

时尚不但虚荣，而且顽固，尽管我们说了时尚的坏话，但一点都不会影响人们对时尚的追求，因为时尚毕竟代表了人类生活的美好，在总体上能带给人们愉悦的心情和优雅的不凡感受，赋予人们不同的气质和神韵，能体现不凡的生活品位与个性追求。每个人每个阶层，都有自己的时尚。贵族可以追求高雅的时尚，市井的时尚也是向贵族看齐。社会时尚是政治制造的，市井时尚是贵族或名人引领的。大连城市发展的历史便是大连人对时尚追求的历史。当年我们的先人闯关东好像不追时尚，那是生活所迫。当他们在大连定居下来，就开始追逐时尚了。旧时大连市井上的时尚，比如东关街一带中国人聚居的地方，店铺掌柜的是长袍马褂，短打扮的是伙计跑堂的。女人是小脚旗袍，穿和服的得有东洋背景。辽南一带流行的“九流”之说代表了当时社会各行各业各阶层的时尚与追求。上九流是：一流佛主二流天，三流君王四流官，五流烧锅六流当，七商八客九庄田；中九流是：一流举子二流医，三流星相四流批，五流丹青六流相，七僧八道九琴棋；下九流是：一流衙役二流狗，三流秤子四流斗，五流修脚六剃头，七娼八戏九吹手。

解放后相当长的一个时期，大连街上的时尚是工农兵。体面的男人穿中山装或列宁服，上衣兜上插“万年笔”（自来水笔），梳小分头或小平头，要是大背头那是很张扬的。女性时尚是男性化，女拖拉机手、女车工、铁姑娘或女劳模备受推崇，当时大连的全国女劳模赵桂兰最风光，到北京开劳模会曾受到毛主席的接见。

“文革”期间，流行装除了军装外，都是清一色的灰、蓝、黑、白制服，因为那时的时尚精神是艰苦朴素。知青最能制造时尚和引导时尚。上山下乡高潮时，男知青穿破棉袄捆个草绳子就相当时尚，还有留长发、蓄小胡子，都表达了一种反叛的时代精神。

改革开放三十年，这时尚也如走马灯。大连街上70年代的时尚“范儿”是样板戏中那些女主角，后来是电影中主角的衣着打扮，比如“秀芝头”，成为一种流行很长时间的发型；比如高仓健的立领风衣等。到80年代便是张扬，乞丐衫、巴拿马裤、蝙蝠衫、吉他、马海毛这些廉价的时尚过去以后，物质文化开始发力，王朔和顽主们领导精神潮流。90年代是一个多变的时代，艺术、经典、内在美的时代已经过去，审美愈加多元化，包装个性成为时尚。现在进入“全民被美女”的时代，美容护肤、整容化妆使“丑小鸭”都能变成“天鹅”。你要成为时尚的弄潮儿，就得整天盯着大街小巷上的红男绿女，柜台橱窗里的林林总总，还要比着时尚杂志上的品牌和时装四季上的新款来仔细揣摸，既要高档又要彰显个性。光是服装和饰品已不够了，还要有包包、发型、手表、皮带、鞋子、化妆品、香水、文身、流行语和读物，还要有旅游度假、健身休闲，一样都不能落伍。近几年又升级为房子和车子，下一个捉摸不透的时尚，也许是游艇或飞机或太空旅行，也许是农村的草房子或者像亚当夏娃那样光着身子或穿树皮回归，这都不好说。

时尚大师乔治阿玛尼说过，时尚风潮总是循环往复的。它从创造力的本源出发，其间不管被想象力带到何方，最终都要回归到最初的纯粹。是谁在制造时尚和引导时尚？应该是那些有钱人或名人，不是咱市井百姓。虽然大连人特别推崇时尚，可是国际上流行的时尚需要巨大的财力支撑，大连人一般玩不起。那些花钱不多的小时尚则是市井百姓的幸福生活与美好追求。早晨醒来，发现福布斯榜上仍无自己名，福彩号码又落空，股市期货仍低迷不振，那就算了，还是高高兴兴去练摊或上班吧。

▼铰头之乐

铰头是老爷们的事。大连街上的老辈人管理发叫剪头，岁数再大一些的叫铰头，因为那时民间理发所用的剪子，不是现在理发店的专用理发剪子，而是可以用来剪布的那种什么都铰的剪子，大连话把剪称为铰，因此有铰头一说。后来理发有了手动的“推子”，所以一般小孩和男人理发都叫推头。这又是铰头，又是推头，在外地人听来，有些许的恐怖，而大连人却乐着呢。

过去的铰头，是铰时遭罪，铰后舒

服，有如去掉糊在头上的一堆乱草，大有重见天日之感觉，能不乐吗？妇女铰头一般都是过了臭美阶段的老娘们，只需顺势把长头发铰短就行，少有发型要求。小孩铰头通常铰得比较短，有技术的铰个“小平头”，也就是北京人说的那种“板寸”,失手了干脆就剃个“马蛋子”了，那是真凉快，一股清风吹来，都能钻进脑子里。你还别说，这种光头在上个世纪七八十年代曾经在男青年中风靡一时，很能体现出一种挑战世俗的叛逆性格，不管他实际有多大能耐，反正看上去肯定不是好惹的。民间有“剃头宣誓”之说，把头发都剃光了，好像玩命也就在所不惜了。现在的演艺圈里，似乎剃光头的人也挺有个性的，这种效果跟那些男人留长发扎“马尾巴”是一样的。我小时候一个小伙伴的头发一直是他母亲给铰，铰得再仔细也能看出剪子铰过的痕迹，深一块浅一块的，伙伴们戏称：叫驴啃了。后来我家里买了一把手动“推子”，母亲和哥哥的铰头水平大有提高，伙伴们看不出来我的头是在家铰的还是在理发店铰的。小时候的发型一直是心中无法释怀的痛——母亲只会给我推那种小锅盖式的头，或者是劳改犯式的头，整个头的前后左右靠边儿沿着头颅向上，齐刷刷地按照地形起伏被推得干干净净，只留下一个小黑锅盖似的扣在头上。上大学时可以留长发，把个半边脸都给遮上了，让人“不识庐山真面目”，有一种很诡异的神秘感。再穿上一件破工作服，弄一条带喇叭的破牛仔裤，但皮鞋必须是铮亮能照人影的纯牛皮的，上公交车就抱着肩膀在那一戳，旁边的人便赶紧给你让座。其实哪里是让座，是人家看你不是个善茬子，或者说不是个好东西，惹不起你还躲不起嘛！

参加工作后，为人师表，装也得装个正经点，头型还是讲究的。那年头的单位里总有几个理发爱好者，工会出钱给买一套理发工具，有推子、剪子、梳子、刷子，再加上一块大披肩布，铰头的问题就解决了，不用花钱还方便。在午休的办公室里或宿舍里，你给我铰，我给你铰，是“驴啃痒”式的互相服务。尽管有时候那已疲惫不堪的推子夹头发，就像有人用手薅住你的几根头发，疼得你龇牙咧嘴；尽管有时掉进一身头发茬，刺痒得身上像有小虫子在爬，但那种感觉至今还让人有几分怀恋。那时的月工资是56元，但铰头不花钱，后来工资涨到97元，到理发店铰头是1元2元的，再后来的工资就复杂了，记不住了，但理发是6元。以后这头发越来越少，理发的价格却越来越高，去一次发廊得20元以上,人家说你这“扶贫头”更不好剪，费事把力也弄不出个型来。完后我说你能不能用剃头刀给刮一刮脸，那师傅一脸茫然：这都什么年代了，还用剃头刀，到大连历史博物馆去找吧！其实，到大街的地摊儿上理发，那些师傅们都会用剃头刀。在老大连人的心目中，铰头不用剃头刀刮一下脸，那头就算是白铰了。

街头理发，方便实惠

大连民间流传着一个地主剃头的故事。说是旧时一个老地主，到年底时让长工给剃完头才能给工钱，一年的工钱也就是三斗红高粱。但地主有言在先，要是豁破了一个小口子就扣一斗红高粱。这长工格外小心翼翼，可那地主着急了，就有意晃脑袋，终于被豁破了一个小口子，便大喊“扣你一斗红高粱”。不一会儿又如法炮制，再喊“扣你二斗红高粱”。还剩一斗了，这长工很不甘心，心想这一年不能白干，怎么也得挣点粮食回家给老婆孩子糊口，就使劲抱住那地主的脑袋，让他晃不动，再小心剃下去。可那地主也急了，眼看就要剃完了，怎么也得再整出个小口子好让这长工白干，就有意往那剃头刀子上碰。得！又冒血渍了，这一年算是白干了。这时长工已经忍无可忍了，就用剃头刀照那地主剃光了的秃头上乱划一通，差点划成个血葫芦。地主一看这长工要玩命了，便软下来求饶，乖乖交出工钱。日伪时期，日本殖民统治当局在今劳动公园举行庆祝侵华日军占领南京大会，有个仁和轩的理发师叫查之香，他设法混入会场，以剃头刀和利斧攻击日本人，比那长工还悲壮。

现在很怀念大连那些老理发店和理发的老师傅。大连当年最老最好的理发店是在青泥桥的国营红星理发厅，谁要是到那里去理一次发，那可牛了。它的前身是日本人创办的中央理发馆，在上个世纪二三十年代就很火，店主葛城惠三郎当时担任日本理容业协会副会长并兼任该会“大连市分会”会长，是日本理发业的权威人物。红星理发馆最拿手的是为青年男女理发、烫发、美发、美容，如男的“喷气式”和女的“彩云飞”都红极一时。美发的青年人从红星一出门，立即就被那些好美的大连小青年围观，成为中山路、天津街上一大风景。但红星的美发价格高，理发基础价 1.45 元、烫发 13.5 元，而当时青年二级工的月收入才 38.5 元。普通老百姓也只能对红星“望馆兴叹”，去一般理发馆，一次 5 角钱就妥。当年在长春路那地儿有个不起眼的“壮志理发店”，店里有个理发师叫纪兰香，还真应了“壮志”的店名，她是全国理发行业内两次荣获全国劳动模范的第一人，先后 30 余次荣获全国“五一”劳动奖章、全国三八红旗手等光荣称号，理发 56 年，用她的话说，剪下的头发能堆起座山。

铰头的最乐是“剃龙头”。农历二月初二是传统民俗“龙抬头”的日子，很多人过了年都等到这天才理发，而理发店“剃龙头”贵的要 200 元，就这价还得排队。据说“二月二剃龙头”的来历说法之一是：清军入关后颁布一道“剃发易服”政令，引起轩然大波。此政令是农历正月颁布的，汉文化随即造出歇后语：正月剃发——“思旧”，以表达内心不满情绪。后来，这样的说法在民间进一步演绎，变成了“正月不理发，否则‘死舅’”。出了正月，恰遇二月二龙抬头日，人们自然争相在这天理发。理发如龙抬头，何乐而不为？

赶海

要说赶海，那可比赶集还有乐子呢，也只有海边人才享有赶海的运气和福气。

大连的赶海，要比赶集的历史悠久。广鹿岛上小珠山遗址那些贝壳文化层告诉我们，祖先在距今6000多年前就会赶海了。先人们把赶海赶到的贝类什么的，吃完后堆成了贝壳“文化层”，也不是有意给我们制造迷惑，却能让我们根据那点蛛丝马迹去费尽心思地猜测他们是怎样赶海的……

赶海，完全像赶集、赶场或赶墟那样，十里八村的人们共同约定一个时间，周期性地聚集到一个挺热闹的地方去交易，即使什么不干去看看光景看看人，凑个热闹也挺开心解闷的。要说赶海，那可比赶集还有乐子呢，也只有海边人才享有赶海的运气和福气。如果把赶海说成是居住在海边的人们根据潮涨潮落的规律，赶在潮落的时机，到海岸的滩涂和礁石上打捞和采集海产品，虽然说得准确，却没什么意思了。

▼海趣无穷

赶海是一项很原始的渔猎活动，近似于东北林区的“跑山”。跑山就是到深山老林里去捡山货，如木耳、榛子、猴头蘑、鹿角、鹿叉等山珍，有趣但危险，不光要提防毒蛇猛兽，还要防备虫咬蚊叮，更要忍受跋山涉水、风餐饮露、日晒雨淋等困苦，最可怕的是走进“麻大山”（迷路），弄不好要送命的。相比之下，赶海好像比“跑山”容易些，风险也小得多，只要别被潮水隔到海里，就不会有生命危险。即使你没有“空手套白狼”那样的本领，也能赶到各种海货，不用什么工具。跟着退潮的海水深入到海滩上，眼见那汹涌澎湃的海水竟神奇般地躲到远处，像圣洁的美女大大方方地脱去了外衣，把底色一览无余地展现在你的眼前。不过，别看那层海水如华丽的外衣，一旦退去便露出那不堪入目的海底，有泥沙的地方还好，最糟糕的是那些海蚀平台或乱石堆，颜色黑暗，崎岖狰狞，说好听的是露出了龙眼龙骨，说难听的是垃圾场，陆地上那些乱七八糟的东西也不知什么时候跑到这里来了。但你放心，什么东西让海水那么一洗一涮，那叫干净！别看海滩的貌相不咋的，那里可是藏金纳银的地方，什么海珍品大路货的都可以从那里捞到，有搁浅的海参、鲍鱼、海螺、螃蟹、蛤蜊、扇贝、海红……还有长在礁石上的各类海菜，什么海带、海芥菜、海青菜、紫菜等。那可是白捡啊！谁捡了谁不乐？捡了这茬有那茬，捡不到大的有小的，抓不到活蹦乱跳的有安静地躺在那里不动的，但绝对都是鲜活的海货，味道极鲜美。这就是赶海的魅力！从远古到现在，从老人到孩子，住在海边的人要是不能赶海，只能闻些海腥味，非但没意思，而且心里发痒受折磨。

现在把赶海当成一项乐趣，弄点海鲜是为了改善生活。旧社会赶海是为了生存，从石缝里抠出的海鲜是为了塞牙缝，聊补无米之炊，哪里会有趣味？现在的肚子里油水多了，吃海菜是为了刮油。旧时的海菜包子是为了充饥，没有油水的海菜包子，是苞米面掺和着混合面做包子皮，有浓浓的海腥味，要是不饿，是很难下咽的。解放前，大连的海岸线除了日本人占据的港湾、军事要塞及周边海区，剩下的就是由跟地主一样的渔霸管辖，公共岸线很少。 那时赶海的多是穷人，为了生计向大海讨食物，或者赶些海鲜卖点零花钱。我的同事曾说起他父亲是“大化”职工，下班后赶了一口袋蚬子，老婆硬逼着到市场上卖点钱。结果碍于面子，硬是张不开嘴叫卖，偶遇一人问询，便如抓住救命稻草一样，说给钱就卖。结果一口袋蚬子只卖了一元钱，总算跑回家交了差。

现在的赶海人多是闲人，闲人自然有闲趣了。他们赶海多是挖海蛆，好钓鱼。

▼海味长留

赶海的乐趣，一是参与，二是收获。虽然有些苦涩，可也乐在其中。记得在“文革”后期的一个夏天，我到交流岛出差，住在海边一座小学校里。说是学校，也就几间土房子，冷清得没有一个学生，荒凉得没有一点花草绿意，只有一条底朝上的破船和一位坐在门口打瞌睡的看门老头儿。学校操场前面连着一望无际的海滩，那里好像出奇地热闹，海滩深处有许多男男女女，像赶集似的熙攘喧闹。那时海滩上的海物都属于集体财产，平时不准个人随便进去赶海，要在统一规定的时间里集中赶海，算是给当地社员的福利。有专门看海的人，是大队“人保组”的人，相当厉害，抓住私自赶海的如同抓着小偷，要按“挖社会主义墙角”的罪名进行批斗。我和同事被那片海滩深深地陶醉了，也不知深浅，穿着白白的“的确良”，挽着裤腿光着脚，就向海滩深处走去，留下两行脚印，同事说是两行罪证。也不是故意装的，看上去我俩显然不是赶海的，看海人也就没有理会。我们原想解释点什么或者递支烟拉个近乎，反倒觉得很无趣。其实我们的兜里揣着那个时期特有的尼龙网兜，还真想赶海拣点外快什么的。海滩上的细细泥沙踩上去太舒服了，不觉间就走近了赶海的地方。那些赶海的妇女包着密实的头巾，只露出两只大眼睛，也不知长得什么仙女模样，怕晒好美是肯定的。她们一边在挖蚬子，一边有意无意地看着我们，也可能在心里嘲笑我们。她们手脚还真挺麻利的，一铁钩子下去，就挠出几个大蛤蜊来。经过不耻下问，虚心讨教，我们学会了一点挖海货的小窍门，就是专门找沙滩上有眼的地方挖，挖下去准有收获。那些赶海的男人们可不管三七二十一，用刨地的四齿铁耙子往泥沙里那么一搂，就弄出十几个蛤蜊来，然后连泥带土装进口袋里。有时他们用铁耙子把那层淤积的泥沙揭盖后，下面的情景着实让你吃惊：那些小孩拳头般大小的蛤蜊竟然密密实实地成片地挤在那里，一动也不动。几十年过去了，那个场景仍历历在目，而且是那么清晰。

约摸快到下午上工时分，潮头一浪高过一浪地涌来了。头儿几声呐喊，大家便抬的抬，背的背，快速地撤退了。那些装满蛤蜊的大麻袋，足以把小伙子的腰压得弯弯的，那也得坚持，也许全家的零花钱都在这麻袋里。反观我们俩，白色的确良衬衫上沾满了淤泥，斑斑点点的小网兜里只有几个能数得过来的蛤蜊和小虾小蟹子，可怜得像乞丐一样。可是我们并不沮丧，因为那个很凶的看海人不但没追究我们，还把谁家掉下的蛤蜊捡起来装到我们的网兜里，我们哪敢吱声，只有偷着乐。

回到学校，生产队长说就在这里派饭。我们以为就吃蛤蜊了，也不错，就满心欢喜地清洗网兜里的那些海货。这时，两个渔民从随潮而来的小船上抬下一大筐活蹦乱跳的杂鱼，不知他们是赶海弄到的还是潮水潮来的。他们从井里打上一桶水，照着装鱼的大抬筐泼去，就算是洗鱼了，根本就没有收拾鱼一说。然后，大抬筐里那些大大小小的杂鱼就被一股脑儿倒在专门给学生们热饭用的大锅里，还有我们赶的那些海货，也被一锅炖了。最后，他们在锅沿上像摔泥巴一样顺手摔上了几个大饼子，就盖上大锅盖，架起劈柴来一个劲地烧。我又饥又累又无助，把弄脏的衣服在水里涮了涮，晒在操场边上那只破船上，就光着膀子躺在热乎乎的土炕上，看着那口大锅里的活鱼还在翻腾，想着什么时候可以吃到鲜美的鱼汤就大饼子，就睡过去了。

是弥漫土屋子里那极鲜的鱼味把我从美梦中唤醒，梦中我赶海赶到了那么多的海珍品。梦醒那一刻，我对黄粱美梦这个典故的体会是太深刻了，虽然梦做得不太奢侈，但是现实境况要比典故里的卢生好得多，毕竟想鱼吃时锅里的鱼就熟了。看门老头往锅里扔了一把大粒盐，就操起水舀子把鱼连同白花花的鱼汤盛到一口大泥盆中，再给我们两双筷子，就算是开饭了。我也经常吃鱼，却从没吃过这么好吃的鱼。抓起一条鱼，轻轻地一抖，就落下蒜瓣样的白肉。就这样一条一条地吃鱼，一舀子一舀子地喝汤，到后来那汤稠得快成鱼肉粥了。快吃饱了才想起还没吃那金黄色的大饼子呢。这一顿“百鱼宴”把我撑的，真是终生难忘，当时就想，可能这辈子再也吃不着这么好吃的饭了！不是吗？以后这么多年来，千万里我追寻着这顿饭的感觉，从长山群岛到舟山群岛，从地中海沿岸到大西洋之滨，从富丽堂皇的五星级饭店到蚊蝇嘬肤的海滨大排档，却怎么也找不到那大泥盆中白白的鱼汤白白的鱼肉，就算找到了，哪里去弄水舀子吃鱼喝鱼汤？就算弄到水舀子大块吃鱼大碗喝酒，哪里去弄赶海后吃鱼的感觉？

现在回味起来，那鱼鲜味美固然可人，而长留心间的则是那带有野蛮色彩的海腥味。

▼碰海刺激

说赶海，一个绕不过去的话题就是碰海。碰海大概是赶海的高级形式，这个行当的好像是水性极好的年轻人的专利，老人与妇女没这个本事，也不愿意去冒那个险。你听这个“碰”字，就隐含着挑战的意味。小时候逞强好胜，谁也不服谁，就互相叫号：你碰我试试？你敢碰我我就敢碰你！这个“碰”字可十分了得！也许就是试探性把头伸过去示威，也许是一膀子撞上去挑战，也许是一拳头打过去或者一脚飞过去……反正动作肯定是强硬的，硬碰硬，勇者胜。那碰海是啥意思？是人与大海较量，但肯定不是动手与大海打架。那意思就是，你大海是世界上最大的强者，我也敢碰你！当然了，我不会与你决高低争雌雄，但我可以用勇敢和智慧，像孙悟空钻进铁扇公主的肚子里去兴风作浪，去下五洋捉鳖。另一方面也说明了大连人这好狠斗勇的秉性，压根儿就没有怕过什么，连大海也敢碰！当然了，碰海是为了向大海索取点什么好处。因为那些上档次的海参、鲍鱼一类的海珍品，赶海是很难赶到的，只有潜入深深的海底世界才能获得。茫茫大海变幻莫测，那海底更是凶险，这一猛子扎下去，能不能捞着海货看运气，要是碰上了传说中的锉鱼，能把人切成两片，那就惨了，碰上鲨鱼也够呛。如果什么没碰着，反倒被礁石尖儿海蛎子壳碰着了，也够倒霉的；若是被夹在海底的礁石缝里，那就死生难料，全靠造化了。如此说来，这碰海还有碰大运的意思。那些专门干这一行的碰海者，就叫海碰子。

海碰子，在大连人心目中的位置如同东北深山老林里的赶山人一样高大，他们是敢与大海较量的勇敢猎手，有几分神秘。据说大连著名作家邓刚年轻时就是个海碰子，他不光是通过碰海捞到了不少的海珍品，而且通过写碰海故事而出了名，以至于后来者守在大连而不敢写碰海那些事，都叫他写绝了。可是说到大连特有的市井现象——赶海，又确实绕不过碰海这个话题，那还得硬着头皮往下说。我也碰过海，可是跟当年的邓刚老师比，那可真是小巫见大巫了。你说那十几米或几十米深的海水，没有氧气瓶子一类的潜水设备，就光不哧溜地一个猛子扎下去，在水下憋一两分钟才上来，那缺氧的大脑不但不迷糊，而且还贼机灵，能把隐藏得很深很狡猾的海底珍品给俘获上来，那本事可真是了不得！

海碰子，不说那水性如何高超，就那套装备也是极讲究的。早些年间的海碰子，那一身行头全是自己量身定做的，比如，头上戴的水镜，是用胶轮车的内胎和自己磨的玻璃片夹在钢圈里制成的；身上绑个尼龙网兜，好随时装捞上来的海货，还得随身拖一个漂，胶皮内胎和葫芦都行，下面再绑上一个大网兜，能装更厚的海货；腰上别一把鱼刀，以备不测，但主要是用来镏吸附在礁石缝隙中的鲍鱼，要是第一下没镏准，那就麻大烦了，鲍鱼就像焊在礁石上，把它的壳弄碎了也不下来；脚下得有脚蹼，讲究的还要绑上红布条，说是用来避邪，其实是用来吓唬大鲨鱼的；随手还得带上鱼叉或鱼枪，专门对付那些小嘴、片口、牙片和胖头等栖息在海水底层的鱼类。这些装备齐全了还不行，在下海前还得备好火种，一上来就得赶紧烘烤快要冻僵的身体。越是海货厚的地方，底层的冷水流就越强，像三九天的表层海水那般刺骨凉，那时的海碰子没有潜水衣，消耗热量是对海碰子们最大的威胁。靠山吃山，靠海吃海，早些年大连的海参鲍鱼不像现在这么珍贵，也没有专门养殖，大多是海碰子们碰上来的。当然了，在长海县那地儿有专业的潜水员下海捕捞。谁家有喜事摆上几桌酒席，就人托人地让海碰子去弄点海货，要是自己的亲戚朋友有这样的人，那就更方便了。那时的海珍品其实也不多，远没有现在这么多，但是不贵。尤其是鲍鱼，壳比肉贵，肉只能吃，壳却能当药材卖，就是那种叫石决明的珍贵中药材，有清热平肝、滋阴壮阳的功用。所以在海边有一条不成文的行规是，你可以随便吃鲍鱼肉，却不能随便拿走鲍鱼壳。

大连可以碰海的地方，主要分布在大连南部和东部海滨的基岩海岸，那里礁石密布，岸陡水深，水质清澈，水下地形崎岖复杂，适合海参鲍鱼一类海珍品生长繁衍。几十年前还没有滨海路，只有一条两头都被军事要地封闭的战备路。到这条战备路上得翻山越岭，过了这条路，走过一片树木和石林，才能来到海碰子经常碰海的地方。通常情况下不用费事去找他们，顺着那缕缕白烟，穿过嶙峋的倒石堆，就能看到那些浑身一丝不挂的海碰子们在烤火取暖，烤海货充饥。那看似挺遭罪的碰海日子，其实很开心，是很值得留念的。

大连旅顺诗人鸿翼诗作《碰海》，摘录如下：

我们手拉手一起跃进大海
我们肩并肩一起冲向海怪
海怪似的礁石蹲伏在大海深处
疯狂甩动的绿发是那长长的海带

潜进绿丛猎捕隐蔽的黑鱼
开动水枪不断射击海怪的脑袋
探入岩缝搜取晶莹的绿鲍
挥舞短剑把海怪的嘴巴撬开

礁石张开獠牙刺肤即裂
海草如巨蟒缠身难以脱开
我们合力进击苦苦搏斗

海水被搅得翻滚澎湃

海战结束了海滩上我拥你在怀
你疲惫而又冰冷的躯体一片惨白
"爱人啊请不要再跟我碰海"
"爱人啊我要永远与你同在"

近些年来，随着人们的生活水平不断提高，海珍品也越来越值钱，一值钱就注定要被关注，就要倒霉的。碰海的人越来越多，碰海的装备和技术也越来越先进，海珍品的资源则不可避免地越来越少了。沿海那些渔霸一样的各路好汉都来划分势力范围，多少年来的公共海岸突然间就有主了。说是承包经营，其实就是雇几个打手，把海滩画地为牢，变成私人的领地。老百姓别说赶海，就是捡个小波螺也被训斥驱赶，就像偷了他们家饭碗。碰海的地方越来越少，海碰子的日子也越来越不好过了，后来干脆就没法过了。那些碰海的家什只好束之高阁，慢慢地生锈烂掉了。

▼赶海有瘾

不管你怎么限制，赶海是大连百姓一个挥之不去的情结。尤其是那些中老年妇女，对赶海总是乐此不疲，基本上风雨无阻。想来也是，风雨天有风雨天的海货，冬季里的海菜又嫩又鲜，特别好吃；夏季台风天的海浪能把深水里的海带卷到岸边，风平浪静时便可以去摘海菜抠海蛎子。要是赶上初一十五退大潮，兴许还能发个小洋财。专业的赶海者有两件东西，一是万能的铁钩子，一是什么都能装的筐，塑料袋是不可缺少的配件。

一潮海水一潮鱼。海潮退去，海滩上好像到处都是宝贝。那嫩嫩的紫菜，还有"下锅烂"，是大连人都愿意吃的好东西。大连有句谚语恰如其分：蚬子鲜嘴，蛎子鲜心，"下锅烂"鲜到脚后跟。海麻线，可以包包子吃，味道绝了！大连人什么都能包包子吃，海麻线包子就是一绝。海蛎子虽小，但那是野生原浆的，就个饼子生吃海蛎子，也是一种境界。地道赶海蛎子的都有专用的铁钩子，带尖，一下子就能把长在礁石上的蛎子壳钩开，再用手指上绑的小勺子把带浆汁的海蛎子挖出来，放到饭盒里，心里鲜灵着呢！掀开石板，那些藏在下面的生龙活虎的小蟹子特别诱人，捉回家烹炸后带壳吃，是爷们上好的下酒菜。圆锥形的小波螺号称海瓜子，特别受女孩子的青睐，虽然没有多少肉，却一咂一股鲜灵味，就冲那鲜灵劲也足以让你爱不释手。小圆波螺赶回来后，得用针头挑出小肉肉来，旅顺人称之为功夫菜，弄一盘待客是很讲究的。如果筐没满，就薅一些海青菜，过去拿回家剁一剁给鸡、鸭吃，那蛋黄肯定是橘红色的，比现在的笨鸡蛋还要好。现在海青菜只有包包子吃了，也是大连餐桌上的地方名吃。至于海带、海芥菜什么的，算是大路货，如果运气好捡到海螺、扇贝、刺锅子、蛤蜊什么的那当然是外快了，要是捡到海参鲍鱼，那得乐半天。其实，妇女们赶海弄到那点好东西，自己还真舍不得吃，拿到早市晚市上可以卖点零花钱。

小伙子赶海，肯定没有女人们那般耐心，他们趁着落潮之机到比较深的地方去弄一些大个头的海带，或者捞些蛤蜊、捡点海螺什么的。傅家庄浴场东海滩上那一片远远伸向海中的海蚀平台的尽头，落大潮的时候只有齐胸深的水，平台下面的深水里能弄到二三米长的大海带。那里野生的海带好像水下森林一样茂密，潜到水下朝根部狠狠拽一把，就能弄到五六根，得用很大力气才拖到岸边上。原以为这只是我自己知道的秘密，一次闲聊赶海时同事说的地方竟然也是那里，与我不同的是，他每次都要把弄上来的海带再晒上一个日头，拎起来就轻快多了。他说一退大潮就想去那里赶海带，每年要是不去赶一次海，就觉得心里空落落的，就像那一年白过了。可惜，现在那里不让赶海了。

赶海有瘾。不光大连人对赶海情有独钟，外地人也非常感兴趣。他们去捡被海浪冲上岸的海带，竟然不管海浪打湿了衣裤，比大连人还猛。记得上个世纪 80 年代初，老母亲从外地来我家给我看孩子。那时住在黑石礁师大附中教室改成的家属宿舍，正值夏季，看到邻居家的大婶每天赶海，眼馋得不行，就与我商量要去赶海。我肯定是不会同意的，赶海也是有风险的，尤其是内陆人。结果第二天，老人家竟然弄了一大筐海红回来，虽然个头不大，但数量之多让我吃惊。第三天她还去，我说下海危险不能去，她说她们是在海带筏子上摘的，公家把长满海红的海带根部去掉扔了，怪可惜的，那上面密密匝匝的海红，像粗壮的黑熊瞎子腿一样。老人家每天都跟着邻居家的大婶去赶海，弄回一筐又一筐的海红，家里根本吃不了，后来送人都没有人要，她才不去赶海了。以后她回老家后，还总惦记着赶海，直到后来有病卧床不起了，一念叨起她当年赶海如何，就要坐起来说话。也许那次赶海，成为她一生中最辉煌的壮举。

赶海也不都是乐趣。有时乐大了会流连忘返，可是潮水却极规律地涨上来。当你正在专心致志地捉小蟹子摘海菜什么的，一抬头被海水包围了，断了后路，那你就得拼命地突围，豁上弄湿衣服裤子，狼狈不堪。有时被海蛎子壳豁破了手脚，血淋淋的。有时满心欢喜地弄到个大蛤蜊或海螺，可里面竟是淤泥，很尴尬，趁着没人看见赶紧扔掉。最让人扫兴的就是那些看海的打手，那凶神恶煞的样子，不用说侵犯你，就是多看上他一眼，也会让你一天不痛快。

▼赶海文化

如果说大连的城市文化是码头文化，那么体现在大连市民身上的市井文化的一个重要特征，当为赶海文化。本来赶海是沿海地区一项带有原始性的渔猎活动，是一些粗人糙事，与舞文弄墨根本不搭界，怎么又赶出文化了呢？

这就像一些地区的民间活动，什么泼水节、赶庙会等，持续的时间久了，参与的人多了，并形成一些约定俗成的内容与形式，世世代代传承下来，就是一种文化现象。这种文化是一种广义的文化，即文明。人类的古代文明，都可以说是文化。世界上其他沿海地区也有赶海的习俗，比如荷兰人每年的元旦都赶海，不过他们的赶海与我们这里大不相同，是很多人穿泳衣往大海里狂奔，有点吃饱了撑的感觉。赶海是大连人再熟悉不过的一个生活内容，它既是渔家人赖以生存的谋生活计，也是海边长大的城里人从小就乐此不疲的休闲活动。因为赶海，才有许多关于潮汐的顺口溜，如“初八二十三，正晌午时干”，是说水干了才好赶海。还有“初一十五正晌满”“七死八活九不退，初十赶海净遭罪”“春退白，秋退黑，海猫叫，潮来到”“二十七八赶早潮”等。这些顺口溜对于赶海人是耳熟能详，并代代相传。围绕着赶海活动，不仅形成了大连人特有的习俗风情、饮食文化、休闲文化，还有海味十足的娱乐文化。比如，大连人原创舞蹈剧《赶海乐》，把“赶海”搬上了“桃李杯”全国舞蹈大赛，并拿了奖项；在文化部主办的“纪念改革开放三十周年——首届中国农村题材文艺作品汇演”上，大连市选送的代表辽宁省参赛的女声表演唱《赶海谣》，赢得了“银穗奖”。经国家工商总局批准，黑岛镇黑岛村成功注册“大连黑岛赶海第一村”商标，取得了开展海洋生态观光旅游的通行证。大连诸多的旅游广告都有“赶海”的招牌，或以赶海为噱头招揽游客。

大连地区的赶海文化至少有三个特点：一是普遍性。大连三面环海，有1906公里的海岸线，市井百姓广泛的亲海与休闲活动莫过于赶海了。其实外地人来大连，最感兴趣的又都能参与的也是赶海活动。从东部黄海之滨及长山群岛到西部的渤海之滨及长兴岛、交流岛，包括半岛南部的城区，都有浓重的赶海习俗，而且根深蒂固，任你怎么限制都不能阻止。从殖民地时期的小日本管制，到解放前的渔霸，到“文革”时期的“无产阶级专政”，到现在的海岸承包，都不可能取缔赶海活动。我在海滩上经常看到，被雇佣的看海打手把赶海人的海货给没收了，把赶海的工具给毁了，甚至把赶海人给骂了、打了、赶走了，第二天赶海人照样来，除非赶不上退潮。老百姓就不管你那些规矩，就死死认定了大海是公共的，靠海吃海是天经地义的，祖祖辈辈都是这样传下来的，怎么到你这辈就把海给封了？有利于百姓的大工程，我们也不说什么，休渔那么大的事我们都可以不出海。可是就那么平白无故地把海给封了，公共的海凭什么变成了私人的海？由此便联想到，这老百姓的事如果形成民意了，那谁都没辙。比如通往大连森林动物园的两条山路，北坡上一条，南坡上一条，是附近居民上山锻炼的必经之路。建动物园时收门票，顺便把这两条路给封了。可是任你封得怎么结实，总是能被人弄开，就这样拆与封对抗，快有二十年了。看来如果不是像监狱那样拉上电网，再有武警把门，这路是封不住的。这事过去各执一词，现在看还是尊重民意为好，老百姓的道理是硬道理。

二是悠久性。从原始社会那会儿，海边人就开始赶海，经历了成千上万年，一直到现在。住在海边要是不能赶海，那比住在金銮殿不当皇帝还难受。这么多年来，每逢干旱洪涝等大灾大难，包括战乱，唯有博大慷慨的大海能够为海边人提供无穷无尽的海产品，度过饥荒日子。大海养活了大连的老百姓，就说那海菜包子，现在吃个新鲜，当年那可是主食，是困难时期大连人的救命食物。

三是趣味性。大连的海岸类型多样，趣味自然就多，不像江苏一带那种单调的淤泥质海岸，而且水质混浊。大连的海岸有众多的海湾岬角适合赶海，陡峭水深或多岸礁之处适合碰海，要是人去不了的地方，那就垂钓，弄个甩杆，一下子能甩出一二百米，然后把杆固定好，该干啥干啥。海岸类型复杂多样，可供赶海的海洋生物就丰富多彩，如通称为海菜的多种藻类，游泳类的鱼、虾、蟹，底栖类的海参、鲍鱼、扇贝、海螺、蛤蜊、刺锅子、小波螺等，就是那些如海星、贝壳之类的不好吃，拣着也好看好玩。有道是：

初一十五退大潮，
相约赶海乐滔滔。
淤泥滩涂挖海鲜，
礁石缝里抠活宝。
海菜任你拣个够，
海蛎遍布管你挑。
海风拂俗烦恼去，
海腥味里乐逍遥。

现在赶海如网上农场偷菜，重要的是过程，并不图赶那点海货来聊补旧日的无米之炊，图的是个乐。

走山

走山，大连人休闲生活中一项不可或缺的内容，不仅是锻炼腿脚的有氧活动，也是陶冶情操的心智活动。

大连依山傍海，山尤其多，多数人家都能在室内望山或者开门见山。山给人的感觉沉实且神秘，想象那里面肯定还有除了岩石外的其他宝贝，比如像阿里巴巴说一声“芝麻开门”，就能走进一个神秘的宝库。千百年来，陆地上的大连人总是围着山转来转去，其实也不是要寻找什么宝贝，更不是文人那种观山而怡情、居山而养性、攀山而兴叹、望山而敬畏的闲情逸致。可能是大连人生性率直，总喜欢把山踩在脚下。有山就有山路，山路都是人走出来的。走山，是大连人休闲生活中一项不可或缺的内容。

那为何不叫爬山而称走山？这可能与大连人的语言习惯有关。比如，大连人回家不说回家，而说走家。既然有走家，就应有走山。走山不仅是一种锻炼腿脚的有氧活动，还是陶冶情操的心智活动。如果是为生计而四处奔波，那肯定不叫走山，即使翻山越岭。如今的走山，有其特定的含义。

▼山城走山

都说重庆是山城，其实，大连也具有山城的特点，城市依山而建，傍海发展。山能走路，海能游泳，相比之下，还是走山的人多。人从进化到直立行走，就发育了两条健壮的大腿，就是用来走步的，走山是生理需求。现在闲人多了，平民百姓没事了就是要找地儿练一练腿，走山也不用花费什么，算是理想的有氧运动。走山治百病，据说治糖尿病有两绝招儿，或六字真经：管住嘴，迈开腿。还有人说暴走治“三高”有特效，走山的人越来越多可能与城市“三高”人群越来越多有关。大连人好“练”，摆一小摊或开一小铺什么的，都称为练摊儿。百姓的生活常态是有班上班，没班上的练摊儿，再没事了就练腿。谁都认这个理儿：人老先老腿，防老必练腿。过去在马路边上走走就行了，现在不行了，马路上的汽车噪音和尾气污染太大，还有那些堵在人行道上的汽车，都令人烦躁。好在大连山多，大部分住宅近处都有山，山路自然也多，走山吸氧、练腿脚、看光景、会同伴，还有遛狗，什么都有了。

走山的一般都是就近走。比如白云山周围的人家，包括白云新村、太原街、万岁街等，大部分都喜欢走白云山北坡那条山路，可达森林公园。石道街以南的可从东坡或南坡走森林公园外面的山路。城市偏西的沙河口一带多走南台山，那里有个富国公园，山林面积很大，从东至西有山峰三座，公园以“登山、健身、观景、休闲”为主题，建有“一横一圈六纵”的八条山林路径，累计七八公里，近三千级台阶，是市民走山的好去处。再往西的马栏子和西山水库一带，山路就更多了，还有木栈道。到甘井子走金龙寺森林公园那条路更好，就是有点远。中山区的居民大多喜欢到棒棰岛周边的山地去转悠，东海公园早晚没人收票，是走山的最好去处。有了滨海路以后，特别是修了木栈道以后，市内的中山、西岗、沙河口居民开始舍近求远，走上蜿蜒曲折的滨海路了。有了私家车后，活动的半径增加了，走山之路也越来越远了。如果要评比大连市区内最好的走山之路，非中山区的林海路莫属。理由有三：一是有坡度适中的宽柏油路，一上一下的运动量足可满足练腿脚之需；二是没有任何机动车，当然就不会有汽车尾气之污染，更不会有不安全之忧；三是沿途景观优美多变，赏心悦目；四是路平而宽，你可以随便走，倒着走，侧着走，翻跟头走都没事。为了方便远道开车而来的走山者，去年修了一个很大的收费停车场。开始，人们很抵触这种“划圈收费”的行径，宁肯把车停在马路边上。后来被逼得无处停车，也只好就范。看来最经济实惠的走山也得破

大连徒步大会——走山者的节日

费了。突然有一天，这个大停车场不收费了，那些收费卡子用的横杆高高举过头顶，像是举手投降的样子，很可爱。

爱好走山的人越来越多，到这里显摆的人也随之多起来。听说常到那里走山的人都是成功人士，那条路因此被戏称为“成功之路”。其实，离退休和下岗职工更多，在岗的闲人也不少，也许叫“闲人之路”更好些。平常日子在大连走山，不单是锻炼身体的原始意义了，而包涵了诸多的休闲与时尚。就说那林海路的停车场，一点不亚于一个中等水平的车展，什么路虎、保时捷、奔驰、宝马、奥迪……几乎当下的世界名车，尤其是吉普系列的，在那个停车场里全能见到。

走山是在走人生，越走越大的是年龄，越走越长的是道路，越走越糊涂的是世事苍茫……

▼闲走景致

闲看走山者，似乎信马由缰。看常了，就会发现其中一些端倪。不同群体的走山者，走山的时间不同，表现也不尽相同。以棒棰岛那边的林海路为例，一般地，老人走山起大早，夫妻走山相伴在清晨，以家庭为单位走山在上午，同伴相约走山在大白天，情人走山喜晚间，大致如此。

老年人是走山的主体，他们走山两头不见太阳，倒不一定是怕晒，而是生理规律所致。岁数大了，这觉总也睡不到头，晚上就是坚持到十一二点，第二天早上也是不到四五点钟就醒了。躺着难受，起来也不能干啥，至少不能影响别人，那就摸黑出门。老年人走山经常吆五喝六，扯着嗓子大喊一声，远处便有回音，一胸浊气一吐为快。半导体是亲密不离的伙伴，在野外尽可把音量开到最大，也不必在乎会影响到谁。他们走山不一定有老伴相伴，熟悉的老哥弟姐妹们一串呼，就拉起了一支走山队伍。一路欢歌笑语，亮嗓伸拳，打打闹闹，扯东拉西，从国际形势到大连新闻，从国际赛事到家长里短，有说不尽的话题。要是赶上下雨下雪坏天气，有两天不走还挺难受的。晚上走山则多是以家庭为单位，以老以散步为特征。

女人走山拉帮结伙。那些三三两两凑到一起的女人，尽管年龄有差异，但打扮得都漂亮入时，大多是一身休闲，也有花枝招展的。女人们似乎是专门为了诉说而走山，每天都有说不尽的话题。当婆婆的说媳妇怎么不懂事不干活儿不孝顺，做媳妇的一说起婆婆如何偏心眼就格外来情绪。上班的喜欢说谁跟谁好，某人如何有背景，领导如何不公平，说到投缘时还会压低声音说点夫妻间的性事……反正只要有话题，就会一直说下去。就这样说着、走着，越说越来劲，感觉越来越好，有首歌好像是写她们的状态：跟着感觉走，紧抓住梦的手，脚步越来越轻，越来越快活，心情就像风一样自由……

说是男女搭配，走山不累，那还要看怎样组合。真正的夫妻俩走山，那是真走，一前一后，保持距离，气喘吁吁，一路无语。可能是悄悄话都在家在床头上说完了，闲话可说可不说。一般地，男人在前，女人在后，男人似乎昂首阔步,女人多是低眉俯首。情侣模样的走山，经常是手牵手，肩抵肩，要比夫妻亲密得多了。好像如果有了婚姻关系的内在约束，就无需在表面上走得太近，只有情人相好才在乎那分分秒秒。他们走山是一种情感释放，是一道令人羡慕的风景。有如此背景的走山者，走山的目的经常不纯，态度也不端，喜欢背地里动手动脚，而且“不走寻常路”，放着大道不走，爱往偏僻里钻，可能是二人世界的特殊需要。

名人走山半遮面。大连这地儿环境美，名人较多，不说那些文体明星，就是本地那些经常在电视报纸上抛头露面的，包括一些不大不小的官员，自我感觉都可算名人。别看他们在公众场合或媒体上侃侃而谈，走山时却很低调。戴口罩毕竟有些过分，也憋得慌，戴个墨镜总能遮挡一阵子，要么就是选择在下午或晚上人烟稀少时出来走山。其实也大可不必。大白天走个山，没人会说你不忙或不作为，就算是忙里偷闲也比灯红酒绿或果岭奢侈要强许多。走山者的生活方式是健康的，如果每个名人都经常来走山，那老百姓肯定会很兴奋，倒不是他们能愉悦眼球，就是觉得能与民为伍的人可能是好人而已。还是那些退休的老领导坦然，背着手走山如闲庭信步。

孩童走山图新鲜。那些胖墩儿可能是被家长连哄带骗上了“贼船”，走到半路就开始告饶。孩子们走山，一股新鲜感过去后，就开始无精打采地磨蹭，一会儿要水喝，一会儿要零食吃，一会儿要手巾擦汗，最后干脆闹着回家。最能吸引孩子们的是路上那些形态各异的狗们。现在人们生活质量高了的一条重要标志是休闲，而居家百姓休闲的内容多有养狗。走山领狗的比带孩子的多，主人与狗们走山也是一道风景线。

狗走山为撒欢。在家憋了一宿或一天的狗，就盼着跟主人出来走山这一刻。狗每天走山那是必须的，一可以排泄，二可以撒欢。说狗仗人势，倒不如说是主人以狗为荣。那些名犬平时被关在家里，只有这个时候才能给人们展示一下。走山之狗的心态远没有人那样复杂，却比人忙活得多。不管是大狗小狗,一路闻，一路尿。让人好笑的是，它那些以尿作的记号刚完成，就被下一个狗一抬腿就给覆盖了。狗们也需要社交，见面亲热与否，与主人无关，与气味密切。记得住伊茂沟小区时，天天与我走山的邻居总夸他家的小狗如何听话，出门不用拴，一喊就灵。可是那天早晨一出门，小狗就好像闻出了什么，一路小跑上山来找到了它的同类，可能是好上了，那个亲热劲，让邻居都不好意思了，断然喝止，最后还是给拴上链子牵回家的。到了家门口，他才把链子给解开，小狗便拖着尾巴跑了，任他怎么呼喊也无济于事。

▼爬山惊险

走山的最高境界当属爬山，说登山更专业些，但大连人还是喜欢说爬山。大连号称体育城，有山有水，具备户外运动的一切资源，闯关东的后代们还有勇于探索和敢于冒险的城市精神，成长出一批又一批的登山爱好者。尤其是近年来休闲盛行，有钱和有闲人征服高山的欲望愈强，非专业登山者把高峰踩在脚下的壮举屡见不鲜，那是高处不胜寒的“巅峰体验”，欲与天公试比高。2010年，大连登山发烧友组建了一支登山探险队，目标是征服地球七大洲的七座最高峰和南北两个极点，号称7+2大连登山探险队。在2011年的大年初二，他们启程并成功攀登非洲第一高峰——乞力马扎罗山。严格地讲，这只能代表大连的登山水平和城市精神，并不是通常意义上的市井百姓登山活动。

大连百姓的登山活动，通常是些驴友志愿组合到一起进行的。驴友本是网络语言，旅友之谐音也。可是与驴联系起来，就有些关于驴子那种倔犟而傻愣愣的联想，正因如此，人们就更喜欢幽默一下自己了。对驴如此高看、宽容，这是城里人的文化，要是在农村把人与驴扯到一起，那就是骂人了。大连的驴友活动特别活跃，通常是以休闲和旅游为目的的户外爬山活动。平时在家门口走山走腻了，到远郊或北三市山区去体验生活或寻找“感觉”，那是很开心的。

头些年，刚时兴叫驴友那时候，就有那么一群有闲有钱有车有大礼拜的白领结为驴友，专门找北部山区那些高山过招儿。他们每到周末就结伴开车，到步云山或老帽山等大山脚下，找一有接待能力的农户住下。然后大家再凑份子，买上一头土猪或者一只山羊或者几只大公鸡，让主人给做了，就大碗酒大块肉地暴吃暴喝一顿，再在热炕头上美美地睡上一宿。第二天登山，神清气爽，正是消耗的好时光。要是再勤快点能看日出，整几句文学浪漫一下。好在大连这地儿没有太高太陡的山，体力上不用付出太多，也就大半天吧，就能到山尖上潇洒走一回。临走时，连吃带拿，满载而归。这种爬山好像不在意山如何，更不在意爬山过程中的惊险刺激，而是奔着农家乐去的，倒也符合那些驴友们的情趣。重要的是，回来后把这些经历添油加醋很有故事性地讲给朋友同事听，再把战利品一分，那是太令人心驰神往了。

近几年，驴友们不再满足农家乐式的登山旅游了。他们上档次了，经常以爬山会友，还掺和进异性朋友，自己带着帐篷和给养，到山上扎寨过夜，体验野外宿营的滋味，寻找新鲜刺激。大米白面大鱼大肉吃腻了，弄点粗粮野菜吃，换一换口味也不错，当然还要看自己的胃口如何。挣大钱的那些企业家们能组团攀登世界名山，顺便也当个登山家什么的，挣小钱的白领们也只能自娱自乐，在家门口找乐也不错。

▼走山有感

走山清净，有氧运动如灵息吹拂，脑子十分活跃。有伴时凑个热闹，独走时勤于思考，异想天开更有意思。古时的先哲禅宗们都喜欢闭门山林中悟道，没有在市井中修行的。柏拉图、苏格拉底愿意到古罗马广场找人释惑，那是为了求证某个命题。毛主席到闹市中看书是为了锻炼意志能力，而那些伟大思想盖出自清净之地，仁者乐山，智者乐水，灵山秀水使悟性升华。

走山幸福，但还是有人选择爬山痛苦，痛并快乐着，那是一种境界。山高令人敬畏，也令不安分者起征服欲。不管是登非洲第一峰乞力马扎罗山，还是登世界极点珠穆朗玛峰，都极具挑战性与刺激性。业余登山家王石是房地产界的大老板，他说在攀登过程中不止一次起过“我要是能活着回去，再进山我是王八蛋”的念头，可每当他攀上峰顶时，他的想法却变成了“下一座山是哪座山？”他的事业也是如此，进取不止，成功不已。其实，在征服的快感中也伴有酸涩，所以他每次登峰之前对媒体的第一个要求就是不准拍照。原先我还以为他这是低调或矫情，有品质的有钱人经常低调做事。后来他说登山的过程当中一个个都跟孙子似的，一步一步哈着腰，背着东西，喘着气走，那是很不成样子的。这就可以理解那不是英雄的低调，而是艰难付出时的无奈与尴尬。登山英雄也不是像想象的那样大无畏，“最后逼到那份儿上，我看你，你看我，既然你不下，我也不下。只要有一个人下，就是羊群效应，就都下去了”。与英雄故事不同，在现实社会中，恐怕没有人是绝对无所畏惧的，而真正的勇气和毅力恰恰就藏在你能够坚持的最后一秒当中，成与败往往就取决于坚持和放弃的一念之间。

高山仰止，景行行止。人往高处走，古往今来都这么说。那为什么人就非得往高处走？抛开其进步的人文内涵，从自然角度上讲，可以解释为人与山比太渺小了，所以人总是希望能站得高一些，才能居高临下。就像没有桌子高的小孩，总是抻着脖子往上看，想看到的是桌子上都有些什么好东西。在大自然中也是这样，每个高处都有不同的景观，登高俯视当然要比坐井观天惬意得多。然而，还有高处不胜寒之说。这人生的道理往往是一个悖论：说高处不胜寒，都在爬，爬得越高，摔得越重。要往偏里说，那还是爬得不够高，像人家嫦娥一直爬到月亮上，就无摔下来之忧。一路闲走下去，再多扯上几句还有，说金钱是罪恶，都在捞；说美女是祸水，都想要；说烟酒伤身体，都不戒；说天堂最美好，都不去。但有一点，居高处只是人生中的一刻，多数是在上坡或下坡。不管是身处上坡还是下坡，适当的时候一定要懂得让自己停下来，驻足回望是为了更好地迈进。

史书上说，有一次孔子的弟子子张问孔子：“仁者何乐于山也？” 孔子答复："夫山者屹然高。"是说由于山挺拔巍峨。子张不解，穷追不舍地诘问："屹然高则何乐焉？"即挺拔巍峨有啥特别招人喜欢的？问到了这个份儿上，把孔子的灵感给激活了，一下子说出了那么多的哲理："夫山，草木生焉，鸟兽蕃焉，财用殖焉。生财用而自私为焉，四方皆伐焉，每自私予焉。出云气以通乎天地之间，阴阳和合，雨露之泽，万物以成，百姓以飨。此仁者之所以乐于山者也。"大致的意思是：山，生长了草木和鸟兽，也是人们生活的财源。四面八方的需求者自私地到山上采取，山都无私地给予。山还生出云与风，接地通天，贯穿阴阳谐和，雨露润泽万物，生长出不尽的物质供百姓食用。这就是仁者特别喜欢山的起因啊！仁者本是仁厚之人，心里神构之山，是自然之山，更是审美之山。故厚重之人能安于义理，仁慈宽容而不易冲动，性情好静就像山一样稳重不迁，所以用山来进行比拟。孔子所赞美的仁者所"乐"之山，内蕴更是厚德载物，崇高无私。显然，这山既是天造地设之山，更是仁者。大山得仁者深情观照而灵性浩然，仁者仰视大山而不断攀爬，是做人做事最高标准。相比之下，小智者咄咄逼人，小善者斤斤计较，小骄傲者一脸傲慢。

泼澡

泡澡讲究的是情趣和氛围。『嬉笑怒骂』是老澡堂『文化』的一个特点。

洗澡是百姓的习惯说法，比较书面的文饰为“沐浴”。曾记得黄宏在一个小品里扮演一个“擦皮鞋”的，就故作文雅地把“洗澡”说是“沐浴”，把“睡觉”称为“下榻”，把穿衣叫做“更衣”，挺幽默的。

本来市民洗澡是个很简单平常的事，可要说复杂了也不那么简单。在讲究仪规的古代，这洗、澡、沐、浴等词的含义是不同的。比如洗手，称为“澡”或“盥”；洗足，称为“洗”；洗发，称为“沐”；洗身，称为“浴”。《礼记》上说：“儒有澡身而浴德。”把洗沐上升到礼教的高度，所以“孔子沐浴而朝”，成为“浴德”的光辉典范。汉律规定，“吏五日得一下沐”，可能是古人的头发长，易污，洗起来费事，须五个工作日放假一天，以便洗澡洗头。民间习俗中，新娘拜见公婆前须沐浴，新郎婚礼中拜祭神祖须沐浴。对于上流社会的妇女，沐浴直接关系其操守，婚嫁时洗“五子汤”是必须的。也不是说古代人都讲究沐浴，自古贫者多不洗沐，脱衣服捉虱子是常事。欧洲在经历罗马沐浴的最后欢宴后，从十六世纪下半叶开始进入酸臭的“干洗时代”。

古人礼教多，沐浴的说道更多，如男女不混浴，现在也是这样，据说仅日本的温泉浴还有混浴，欧美人的天体浴则是另一回事了。父子不同浴，这就不符合大连市井习俗，年轻时父亲带儿子去洗澡，年老时儿子扶父亲去澡堂，是传统美德。至于身份、地位、辈分不同者不同浴就更不现实了。对于现代大连市民，洗澡虽不复杂，没有那么多的礼仪讲究，却有自己的规范习惯。洁身自净的多在自家洗浴，好洗热汤子的到澡堂里泡澡，好游泳的就去洗海澡，好锻炼的就坚持冬泳。萝卜白菜，各有所爱。

▼洗浴春秋

大连人好洁净，日常生活中很重视洗澡。洗澡这事不大也不算小，不管是大官还是平民，要是几天不洗澡，那后果也算严重了。不说在家里老婆不让上床，就是自己也觉得脏得难过，要是有人取笑你几天不洗澡，那比挨骂还难受。

经常听大连老辈人说，日本人特别干净，很讲究洗澡。从大连留下的那些日本房来看，虽然建筑面积和档次不同，但内部的卫生间都是必不可少的。那种卫生间是真正讲卫生用的洗浴之处，不是通常意义上的厕所。在殖民地时期的大连，一般家庭是不具备洗澡条件的，只有日本房里才有那种可以加热的大锅灶和浴盆。解放后刚搬进日本房的大连人，有些还不知道那是干什么用的，甚至以为日本人真浪费或者太愚笨，供多少人吃饭要弄那么大的锅？即使洗个澡也用不上那么大的澡盆子，浪费水不说，就那一池子水得多少柴火才能烧热？所以，日本房里留下的洗澡设施很少能保留下来，留下来的大连人也极少能用，很快就被改造成其他用途。其实，老百姓心里明白，不是东西不好，而是用不起。

农村人一年中除了夏天野浴外，就是过年前洗一次澡，那还是讲究人家，为的是给神面子，脏身子过年亵渎神灵。大连北部山区的温泉资源丰富，如瓦房店北部的龙门汤子，过去常年冒热水，村民洗澡挺方便。男人洗，女人也洗，同一地点，但不同浴。一般情况下是，白天男人洗，晚间女人洗。一年四季，年年如此。直到前些年搞商业开发，野外没有热水了，只好到澡堂子里洗。

农村人特别不愿去澡堂子，主要是那里面的特殊气味令人不爽，那水蒸气憋人、透不过气来。大连市井上那些伴随着几代人的老澡堂子，现在回想起来倒是挺留恋的，遗憾的是也好像被人们当洗澡水一样给泼走了，只留下一些记忆的碎片。如建于1938年的天津街人民浴池，解放前叫万泉塘；修竹浴池叫庆泉塘；东关小学东北侧的立新浴池，解放前叫做双合堂；永丰街上南北复兴里有永丰浴池；还有黑石礁浴池、岭前浴池等，都是老大连人生活中抹不掉的印象。那时的浴池简陋而温馨，一张澡票一毛钱，人民浴池是最好的，要两毛钱。浴池的更衣箱可当床用，是一体的，钥匙是通用的，由管理员掌管，更衣箱上都挂着一条印着箱号的白毛巾，下面放一个生铝盆子，有免费的肥皂，还有一双木“呱嗒板”（拖鞋）。喝茶水要到屏风那边去，八仙桌子上有那时通用的中号白瓷茶缸，上面还泛着微黄的茶渍。桌子旁有个玻璃门柜子，里面有“大生产”“红玫瑰”“握手”等牌的香烟，还有瓜子什么的。那边热气腾腾中有大小两个浴池，大浴池一般都是温水，专为一般大众泡澡用，小浴池则是高温的热水，专为那些喜欢烫澡的人使用。

那时候澡堂里没有专人搓澡，自己身上的灰自己搓，后背够不着，须两人互相合作，农村人管这种互助方式叫“驴啃痒”，还真挺形象的。驴子没长手，身上刺痒了也没人给挠，但是就有驴主动来给用嘴啃。两头驴谁也没告诉谁，就那么认真起劲地互相啃痒，真是好笑又让人佩服。人在澡堂里，可能是赤裸没包装，便容易坦诚相见，也如动物般自然，没有什么高低贵贱。

改革开放前，几乎每个企业单位都有澡堂子，不管是国家职工还是大集体的，下班了洗个澡还是不成问题的。有单位上班的公家人，洗澡成为一种福利待遇，即使是没有工作的家属也能享受到澡票优惠，不管单位效益如何，这个光还是能借上的。没有单位的，就到街上的大众浴池或人民浴池去，一毛钱一张门票能洗上个大半天。“文化大革命”

后期和改革开放初期，大连市民洗澡特别紧张。每到星期天，一大早就到澡堂子门口排长队买门票，等位子，等水盆，什么都得等，洗一次澡要用上很长时间，洗澡成了老大难问题。后来企业亏损倒闭，街上的公共浴池越来越少，条件也越来越差，洗澡的问题更大了，浴池里人满为患。天冷时孩子和老人洗澡，只好在自家里想法解决。比如，弄个大铝盆子，在上面罩个大塑料袋子（后来商店有专门卖的），倒进热水后，袋子里能保温一段时间。后来就有人发明"热得快"，把能通水的金属管子盘成几圈，通上水后放在瓦斯上烧，实现了喷头热水，可以简单淋浴。再后来，又发明了燃气热水器和电热水器，在卫生间里装上热水器，大连人可以在家里洗热水澡了。

随着市场经济的快速发展，什么桑拿浴、火龙浴、中药浴……还有洗头洗脚等各种名目的洗浴如雨后春笋，遍布大连街各个角落。随着住房条件改善，几乎每个家庭都实现了洗澡不出门，但洗浴仍然成为一个巨大的产业方兴未艾。现在的洗浴场所已经不是过去的洗澡概念了，你可以在那里满足诸多消费需求，档次越高，服务内容越全，吃喝休闲，应有尽有。同事朋友相聚，吃吃喝喝那是刚开始，洗澡解酒那是必须的。在蒸过、搓过、洗过之后，浑身通透松弛地躺在休息室里那宽大柔软的沙发躺椅上，边喝着茶水，边慢慢地体会着酒精与疲惫从体内退去时所带来的那种难以言表的舒坦，再做一下足底保健按摩就更妙不可言了。至于其他那些服务项目，就要慎重了。

▼澡堂子

大连人的泡澡与洗澡概念不完全一样。洗澡虽然宽泛，但主旨是洁身去污讲卫生。泡澡就不同了，讲究的是泡和烫，越烫越舒服，只要别烫坏了。你要是到泡澡的热水池旁边去搓灰，那是不道德的。一些每天必泡的"铁杆澡友"，总是乐此不疲地出入热水池子，有时烫得大呼小叫的，脑门上的汗珠层出不穷，通体被烫得红彤彤的像刚出锅的地瓜，好像这才是泡透了，才能舒筋活血强壮身体。烫澡，无疑是他们平常人生中的一种重要而独特的享受，用他们的话说，"没办法，就是好这一口！"每天泡多长时间且不论，水有多浑也无妨，就那一池子热水都泡成汤子了，那才够味。汤跟水是不一样的，好像比水热而混浊。老泡澡的，就是喜欢雾气缭绕中那种特殊的感觉，那种消毒粉味混杂着身体散发出的味道，要是清水还没意思了。当然，你大可不必担心卫生问题，以前那些老澡堂子虽然没有淋浴，却没听说谁洗出性病了。倒是近些年好像很干净的洗浴中心里，那些乱七八糟的性病时有发生。话是这么说的，风险也是客观的，要是真有个病菌病毒什么的，那凡身肉体也不可能刀枪不入。

泡澡讲究的是情趣和氛围。"嬉笑怒

骂”是老澡堂“文化”的一个特点。平时衣冠楚楚的，上班时大小是个官，彼此见面寒暄客套，即使不虚情假意也得端个架子。若是到了澡堂里把衣服一脱，那就“一视同仁”了，好像又回到了生命的起点，原本就是如此赤手空拳模样来到这个世界嘛。到了“万事休”的年龄阶段，只有在澡堂时才能像剥苞米窝子一样一层一层地去掉包装，围坐到热水池子旁边，一个个如同等着下锅的老苞米穗子，那爽朗坦诚天真自然的本性，那生命的本体好像是一览无余了。平时蔫头巴脑的李四这时也敢抢白龙睛虎眼的张三，说他昨天晚上跪洗衣板了，不信你看他脖里盖（大连话膝盖）上的大疤，立刻引起一阵哄堂大笑，根本不容你解释，要是解释清楚就没意思了。这边的王老五也被取笑不爷们了，前天被老婆一脚踹到床下……他偏把男根用毛巾一包，牙根一咬，大喝一声，就与滚烫的热汤子拥抱了。泡在热池子里，必须得一动不动，动一下像被刀子扎了一样疼，谁都得咬牙坚持，谁有抗性谁是英雄。那热水仿佛都变成千百个小虫子针扎似的往你的皮肤里钻，再顺着汗毛孔爬出来，于是渐入佳境。那一刻是醉人的，无欲无我，无牵无挂。一出池子，只见浑身红得发紫内外通透，如同刚从母腹中分娩出的婴儿，那真是舒服死了。

现在大连人的洗浴档次越来越高，有条件的到安波、龙门汤、铭湖等名胜之地洗温泉，当然是别有一番景致。而普通市民的泡澡情结依然很重，好像那些高档次的洗浴中心跟他们没任何关系，只要有大热水池子能泡澡，就别无其他选择。老泡澡的最愿意去的地方当为黄河路上的市政府澡堂，倒不是因为有“市政府”这三个字的招牌，也不是因为市政府公务员们洗浴的地方有多么好。事实上恰恰相反，那里是大连市最平民化的澡堂子，6 元钱一张门票。可能是因为那地儿宽敞明亮，热水供应充足，服务好，价格也便宜，如搓澡、敲背两项合一也只用 20 元。只要大池子里的水不烫人了，就可以加热加水，不像洗浴中心里控制得很严。时间长了，还形成了一套规矩。他们把水放到能溢出池子，把水加热到能烫掉猪毛的温度，把上面漂浮的一层脏东西用一块长板刮干净，就开始用一大块结实板子不停地翻腾，名曰“打板”。那板子是专门定做的，下面还有支垫。“打板”的自觉轮流干，为了不磨手，把毛巾往板子头上一包，站在旁边的温水池子里，用板子在热水池子里面倒海翻江地搅动着，搅得整个澡堂子里热气腾腾的，直到把水搅到 50 度左右才打住。然后再把那些木板放到水里压住，防止水波动。据说这样搅动完后的水不“生”，虽然热但烫不坏皮肤。这时的热水池边上最热闹，老资格的浴客坐在里层的池边上，其他人站在外层看眼（大连话看热闹），主要争论的话题不是国际形势走向和宏观经济发展，而是水温有多高。谁能说准确就代表了资格，老资格的把50度说成48度，后起之秀说成52度，非要较真，顿时就有好戏看了。有好事者还真就准备了温度计，结果谁都没说对，却是皆大欢喜。

谁第一个下水是有讲究的，首先得推举那些打过板的，人家付出劳动有优先权。如果你不胜高温，那就得等人家高手下完后，水温稍降一些才能下去。别看这些澡友们平时吆五喝六的，到了这个节骨眼都显得彬彬有礼，如果这时有一个不知深浅的下去了，那是要挨骂的。这是挑战极限的关键时刻，谁能耐高温谁就是老大，就有话语权。能否下水这是一点牛皮也吹不得，能耐47度的，水温高一点点都下不去。谁要是50度水能下去，还得在里面坐得住，大家才佩服，以后你就是标杆了。谁能下去谁英雄，总坐在边上看的是狗熊，熊常了也只能坐在一边，甚至连说话的声都不大，等各路英雄们都走了，水温稍凉点，才敢试着下去。也有逞能的硬着头皮下去，谁难受谁知道。有时为了不示弱，遭罪也得下去，不为别的争口气。在这赤身裸体的澡堂里，也有死要面子活受罪的尴尬窘相。

退休了没地儿去，闲着没事干也难受，有人就花6元钱买一张门票，从澡堂子上班时就开泡，中午一袋方便面两根小火腿肠解决吃饭问题，一直泡到夕阳西下，才穿上衣服回家。

风吕人生，水中日月。昔日华清池杨贵妃“温泉水滑洗凝脂”，如今空留遗址，成为旅游胜地。古希腊文明从洗浴开始，却沉浮在罗马浴场中，如今留下迦太基废墟与唏嘘。市井之中，百姓泡澡通身舒畅才是真格的。

▼说冬泳

冬泳，与泡澡正好是两个极端。泡澡是越烫越舒服，一直烫到不能忍受的极限为止，这冬泳则是在冰冷的水里“炸”（大连话是凉的意思），越“炸”越来劲，直到身体发麻了为止。上来后那麻酥酥的快感，是冬泳追求的最高境界。无论是烫还是“炸”，最终的效果都差不多，都是很“舒服”。大连三面环海，城市南部黄海岸线海水冬天不冻，是冬泳的最好地方。这比内地的冬泳条件好，不用砸冰窟窿，也不用捞冰，你什么时候想泳就泳，没有任何限制。成本就是坐公交车那一两块钱，比去游泳馆、健身房要划算得多，收获可能还比去那些花钱的地方大得多。这不用花钱的强身健体之好事自然有市民热衷追求，再加上一些媒体宣传的什么集冷水浴、空气浴与日光浴于一体的“三浴”，大连人本来就逞能好强加意志坚强，冬泳当然就成为大连人最喜爱的健身方式之一，所以冬泳爱好者也特别多，仅大连市冬泳协会下面就有25个冬泳队，已拥有注册会员15700人，居全国之冠。2002年大连举办了首届国际冬泳节，有来自中、美、加、日、俄、法、韩、意、巴等9个国家40多名国际冬泳健将及我国25省、46个城市共3000多名冬泳爱好者参加，大连市参赛人数最多，组成了32个代表队，年龄最小的7岁，最大的84岁，是冬泳节上引人注目的奇葩。由此，大连这个“北方明珠”又添了一个美名：“冬泳之乡”。

冬泳的技术含量不在于“泳”，而在于“冬”，是一项挑战低水温的极限运动，故被誉为“天下第一锻炼”，称为“勇敢者的运动”。特别是在当前“文明病”流行情况下，大海中丰富的矿物质与微量元素、空气中的负氧离子、日光浴中的紫外线对健身、供氧、防治骨质疏松等都十分有益，能增强心血管的功能，逼着血管“做操”。科学的解释是人体受到冷水刺激后，血液循环和新陈代谢大大加强，皮肤血管急剧收缩，大量血液被吸入内脏器官及深部组织，使内脏重要脏器的血管扩张；机体为了抗冷，皮肤血管很快又扩张，因而大量的血液又从内脏流向体表。这样一张一缩，使血管得到了锻炼，增强了血管的弹性。大连冬泳者的解释就是如缓冻苹果或者冰水拔冻梨的道理，有点关节炎、血管病什么的，在海水里“炸”几个冬天就好了。如此说来，冬泳差不多能治百病，可话是这么说的，理儿也不差，那得有坚强的意志毅力，那份罪可不是一般人能受得了的。

每到朔风渐起时，热闹了一个夏天的海滩冷清了。飕飕的小北风吹得人们缩脖缩手的，恨不能把露在外面的地方都给包裹起来。大连南部的海滩上，从星海湾到傅家庄，再到老虎滩，各处的海滩上都有那么一帮人，偏在这个冷得令人发抖的时候脱下了厚厚的防寒衣服，一个猛子扎到大海里尽情地畅游。尤其是在零下十几度的三九严寒季节，站在海边穿什么都觉得冷，这时候你会觉得冬泳是一件不可思议的事情。喜欢冬泳的这一帮子人，你可千万别以为他们脑子有病，他们精着呢，不但没虐待自己，而且活得比谁都仔细。就那紫铜一样的身板，一看就知道没有几个春夏秋冬的海水打磨，是不可能炼出来的。那确实是痛并快乐着。“下水咬牙，上岸快乐”，咬牙是暂时的，快乐是长久的。生活其实很公平，大苦之后有大乐。

参加冬泳的人都是自发的，他们之间都是以泳会友，不问英雄来自何方，只要面对大海把衣服一脱就是朋友。这跟当前流行的驴友差不多，有共同的情趣追求，又在冰冷的海水里同患难过，自然是亲密战友了。别看脱了衣服都一样，身份还真挺复杂，这个城市有多少职业，就有多少不同身份的冬泳爱好者，什么教师、医生、公务员、自由职业者、退休下岗职工等等。好像少男少女、小姐公子吃不消那份罪，只有饱经生活历练与岁月沧桑的人，才有那份追求与执着，才有那种坚强意志。只要是冬泳的，好像没有什么尊卑高低之争，不用什么头衔称呼，只喊老张老李就行。不用约会，不同的群体在不同的时间段，一般都是中午前后，就从四面八方乘不同交通工具汇集到海边。一般情况是带车来的行装简单，坐公交车来的都背个大双肩包，必备的东西有浴巾、泳衣等，还有一大瓶子淡水，是用来冲洗海水的。他们换衣服的遮挡东西很专业，那种超大裙子像个大屏风，既挡眼又挡风。看热闹的觉得冷得要命，下海的还真没把冷当回事。在傅家庄的那伙冬泳者上岸后，还要找个背风的地方打几锅“滚子”或“手把一”才能尽兴回家。

愈是天寒愈显冬泳者英雄本色。在严冬季节赤身下海是一种很振奋人心的壮举。即使有多年冬泳锻炼经历的人，在数九寒天下水，那得鼓多大的勇气！刺骨冰水是对冬泳人精神意志的培养和锤炼，迫使冬泳人把生理和心理调整到最佳状态，这种最佳状态逐渐形成冬泳人顽强、刻苦和乐观处事的意志品质。不说他们在海里游得如何，就说上岸那一刻，他们从冰冷的海水里出来，却浑身通红冒着白气，活像热锅里刚捞出的饺子。人的潜能真是无法想象！信心加毅力产生精神力量，能提升人体抗寒极限。据心理研究表明：影响低温生存时间的心理因素占80%，而生物力学因素只占20%。

大连的冬泳者中不乏可上吉尼斯纪录的达人。如大连开发区冬泳协会副会长王刚义，与冰寒的海水结下了不解之缘，他把冬泳推向极致，屡创世界低温极限纪录，成为冬游江、湖、峡、海的世界第一人，并获得了“第一个在智利大冰湖游泳的人”“南极游泳之最”和“冬季横渡韩国汉江之最”三项吉尼斯世界纪录，被誉为世界“冬泳之王”。他在畅游南极“长城湾”途中，面对身旁突然击现的攻击力很强的豹海豹，还能心无旁骛地劈浪奋进，硬是用拼搏精神和惊人的毅力，创造了极珍贵的51分42.17秒的世界纪录。2009年1月1日，号称“冬泳奇人”的大连水产学院苗治青成功挑战了个人的耐寒极限，他在大连星海湾海域5.5℃的海水中整整游了1小时20分钟。2010年1月1日，他在大连金石滩国宾浴场2.8度的水温下，成功入水1小时零5分。上海大世界吉尼斯特派员在现场进行了监督记录，吉尼斯公开水域挑战耐寒纪录就此诞生。

冬泳有千好万好，当然也有不好。不是所有的人都能练出那些耐寒的本领，有的人天生就不适合冬泳，出事的也有。也不是完全靠精神力量就能战胜低温，没有科学训练的盲目冬泳就有风险。当人突然进入冰冷的海水，水会从人体中吸走大量热量。在冰冷的水中通过冷热交换，心脏的动力逐渐降低，当人的体温降至35℃时，就缺少了体内蛋白酶分解温度条件，造成“低温昏迷”，即“冷麻痹”状态。如体温进一步下降，降至31℃以下时，因大脑高度缺氧，人就会失去知觉，肌肉僵硬替代发颤，眼球的瞳孔开始扩大。以良好的心理素质去适应“冷冲击”，用训练有素的身体素质来抵抗和缓解“冷麻痹”，便是能够进行冬泳和提升人体抗寒极限的根本方法。冬泳的前提是循序渐进，由夏秋开始，逐渐过渡到冬季。

冬泳看似没什么技术含量，但却需要相当的底气和积累。能坚持冬泳的人，没有什么事情做不好的。

▼洗海澡

洗海澡与洗澡的区别，不单单是体现在海水和淡水的水质上不同，在内容上也不同。洗澡重在“洗”上，洗海澡重在“嬉”或“戏”上。洗澡是自身洁净方式，洗海澡是群体性休闲活动，如同春天踏青和秋日的登高活动，是大连人传统的休闲文化中的重要内容。洗海澡伴随着这个城市的成长历程，从有大连起，就有洗海澡活动。从大连的老照片可以看出，在上个世纪的30年代，像星个浦海水浴场（现在的星海公园）就很有规模，也很热闹。一直延续到现在，这洗海澡便成了夏天休闲的“修褉”活动。

在两汉魏晋时期，每年的暮春（三月初三）是祓禊祭礼之时。著名的王羲之与《兰亭序》就记录了当时的一流文人及社会名流的休闲活动。他们汇集在会稽山下茂林修竹中的山溪旁边“修禊事”，一边喝酒一边赋诗叙情，这种古老的“衅浴”与“禊洁”活动一直流传下来。至今在安徽寿春和江苏吴中地区，在每年的三月三仍有水边饮酒等休闲活动。大连每年夏季的洗海澡活动，从夏至开始，一直到立秋。不过，有组织的官方活动，要在最热的8月份。每年进入盛夏后，一些市直单位便有通知，可以搞几次海上活动了。同时还要约法三章，不要扰民，也就是不准打扰基层单位。其实，下面的基层单位早就诚邀上级有关部门去他们那里洗海澡了。这时的洗海澡就成为一种集吃喝玩乐于一体的夏季海上休闲活动，一种沟通感情增进友谊的集体活动。不管什么单位，效益如何，到夏天要是不组织一两次洗海澡活动，那这个夏天就算没过好，就像过年没吃上饺子一样。

为什么洗海澡要搞得比节日还隆重？这是因为洗海澡的意义已远超出它本身的含义，应该叫海上活动或福利活动更为准确。洗海澡之前单位要搞些福利，借机买一些食品和洗洁用品什么的，后来发展到分发各种生活用品，再后来就直接发钱，爱买什么就买什么。其实发这些东西还真不是上海用的。到洗海澡时，单位里的有关部门早就在海边的沙滩上租好了帐篷，准备好了各种水果、食品点心、酒水扑克等，甚至把烧烤的家什全带来了，凡是能想到的都一应俱全，还有家属亲戚什么的都可以带来。真正洗海澡的是家属和孩子们，带着游泳圈在海边戏耍。家长们只顾“打滚子”，哪里还有心思下海游泳，不觉间已到中午，就开始喝酒吃饭。条件好的单位还在附近的酒店里订桌，那就更得一醉方休。

其实，平民百姓洗海澡就没那么复杂了，那是真洗。一般以家庭为单位，到海边找一位置安营扎寨，主要是支帐

洗海澡

篷。要是早晨和晚上来洗海澡就不用了，把带来的塑料布一铺，家庭成员轮流看摊、下水。要是哥们儿姐们儿一起来洗海澡，喝啤酒打滚子是保留项目，打情骂俏是家常话，能下两水（下水两次）就不错了。别看海滩上那么多人，大部分是在岸上玩，下水游泳的并不多。在近岸的浅水区，多是女人和孩子，外地不会游泳的男人也爱凑热闹。正儿八经洗海澡的当属那些久经沧桑的中老年人，他们的行装很简单，下水不游个一两个小时是不会上岸的。他们几乎每天必来，但决不凑热闹，多数是早晨来，也有晚间来的。这之中有不少是多年坚持冬泳的资深老将，一看那肤色就知道了。

大连人洗海澡很执着，每年的三伏天像教徒朝圣一样奔赴海边。会游泳的尽兴，不会游的赶热闹。洗了海澡那是神清气爽，如电瓶车充电一样，浑身有使不完的劲。大海是大连的福祉，洗海澡是老天爷赐给大连人的一种福分。不管你官多大，脱了衣服都一样，进到海里更看不出来你是局级还是处级，在大海面前，多大的官都像海中的一条小鱼，一个微不足道的小生命。要说区别那也只是活动的海域有所不同。棒棰岛海滨的水相对干净一些，官员去的多，老一辈革命家来大连也是在那里游泳，所以那里给人的感觉似乎有些官味。可是那里的海流子更急，水性不好到那里去显摆，挺危险的。有一年开会，都快吃饭了还不见某领导回来，大家赶紧到海边去找，结果发现他抱在海流中一礁石上，在等着救援。要是大家晚去一会儿，潮涨上来，那他就没救了。一般的老百姓都是在大连南部滨海路那些海滩上游泳，近些年，星海湾的水质改善，洗海澡的人多起来了。老虎滩渔港，现在叫虎滩渔人码头，它南边的拦海大坝，是老洗海澡人特别喜欢去的地方。那地方深入海里，水深，掩护条件也好，不洗海澡的人很少去那里，去的当然都是一路人，且都是男人。因而洗澡时经常有裸体下海者，大家也都见怪不怪了，想玩天体浴，就到那里去。其实那里没有海滩，换衣服很费事。游泳的汉子脱光了，一个猛子下去，就与大海融为一体了，谁也看不出究竟来。

看病

不管你是多大的领导，多有钱的老板，多有名气的明星，都辞不了医院这条路。

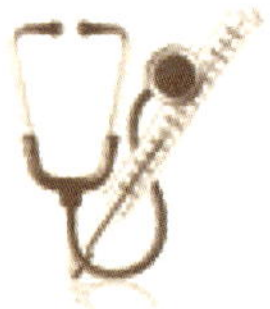

据说现在世界上流行的最动听的话是“我爱你”和“肿瘤是良性的”。“我爱你”可以脱口而出,而“肿瘤是良性的”得医生说了才管用。人吃五谷杂粮，历经百折千难，哪能不生病。不管你是多大的领导，多有钱的老板，多有名气的明星，都辞不了医院这条路，人这一生就是在同疾病斗争中长大变老直至去世，看病是最不愿意又不得不做的事。

▼渴望良医

大连的各类医院加起来有125所，包括省属、市属、大学附属、部队医院、各类专科医院。在你需要看病时，满心期望地找到那个号称大连最好的医院，又在医院的电子屏幕上选择一个专家挂了号，就在那大厅里等啊等，心想这么多人都是慕名而来，咱等上一两个小时也值。不知等了多长时间，终于见到了能救死扶伤的尊贵医生。早就听周立波说过，挂10元钱的号不让你说，挂20元的号不听你说，挂100元的号既让你说，又听你说。他说的那是上海医生，咱大连的医生不会那样。医生很职业性地看了你一眼，又问上两句话，你还没来得及受宠若惊，人家就头不抬眼不睁地写单子了，有血常规、B超、X光、CT，比单位的体检少不了几项。拿着这些单子你就有活儿干了，楼上楼下地下室跑了个遍，各种仪器都撒网似地测过了，几百元甚至上千元花进去了，买回单子上那几个字或几行字，再去找那个开单子的医生，又被撵出去重新排队，因为前面还有好几个跟你一样捏着一摞单子的人。可能好医生都这样，要不然他这摊上怎么会有这么多人？在自我安慰中终于又轮到你了，医生把那些单子拿过来瞅了一眼，便又写了些鬼才能看懂的天书，开了一大堆药，你该走人了。你觉得这病好像没怎么治，又回来多问了几句，医生皱着眉头拿来了一个住院治疗单子，扔下一句话：要不就住院观察一下吧。

天呐，这就是专家？！这活儿好像我也能干。现在看病是仪器看病，即使诊断错了也是那些仪器或者是物理化学检测上的责任，医生没有一点责任，该做的不该做的都做了。即使将来出什么问题了，那人家早就把退路准备好了。

有的医生医术不高，打嘴仗却有一套。你拿着挂号单子满怀期望地坐在他面前，他把你那单子往那钉子上一插，看都不看地问你怎么了。你说没怎么，就是有点……不等你说完他紧跟着又问，那没怎么来干什么。你确实不是没事来找麻烦的，只好说个病由，可能是感冒，浑身不舒服。他便奚落你：你都知道什么病，还找我看什么？你要说不知道，他就更有话了，一直把你说到无语才开处方，临走时还不忘教训几句。还有更深沉的医生，一看你就像个明白人，便简化了手续，张口问你要开什么药。我要知道开什么药就自己到药店去买就行了，还费事把力地到你这儿干什么，这种大夫大多是单位里卫生所的医生。

专科医院也是如此。就说那儿科门诊，一年到头就跟市场一样，尤其是流感季节，那里真是孩子哭大人叫。不管什么病，都得排队挂号，再去排队就诊。那些医生边写病志边说："去验一下血吧。""感冒要验血？""对。"那张没有表情的脸不屑地看着你："验血才能知道是什么病毒。"不敢怠慢，赶紧带着孩子去排队交钱，再回来验血，等化验结果。老半天折腾回来，拿着报告来见医生，医生看了看便问："你们想吃点什么药？"家长不知如何回答，反问医生："化验结果是什么？""哦，就是流感。我在问你是想吃药还是打针？"敢情医生的权力全都下放到家长这里了。为了早点治好病，家长一般都会选择打吊针。"那打什么针？"看看，打什么针也要家长定。为了孩子还得强压怒火扮笑脸，又带着孩子出去交钱拿药，然后再到注射室排队打针。家长高举着吊瓶手领着孩子去找座位时，孩子在喊："我的手在流血。"那手上的针头不知被谁碰掉了。只见护士超冷静地说："家长请不要着急，你还要去医生那儿再开个针头，这个针头已经废了，不能再扎了。"你还能怎样？为了孩子还得再排队。

可能是现在人们对医生的期望值高了，结果往往落差很大。其实医生也不都是这样，医术高明医德高尚者也大有人在。如中医院的老中医张天文，都退休了那么长时间，慕名而来的求医者仍络绎不绝，有的宁肯半夜去排队挂号。这老先生的医术且不论，就那医德也让你病去一半。不管是什么人，多大官，有什么来头，都一视同仁，首先给你信心，然后以莫大的同情心亲自为你认真把脉问诊，亲自为你针灸拔罐，亲自开药下单，都那么大岁数了，每天都超负荷工作，假使他有再大的失误，你会去怪罪他老人家吗？几十年来，老先生不知道治好了多少疑难杂症。大医有个退休多年的神经科专家雷教授，看面相真的很"雷"，因为他长得很威武，可那心地非常善良。他的诊室外每天都有几十人候诊，而每一个病人都会得到充分诊治，即使过了饭点和午休，他照样一丝不苟。他说，那些病人都是来自很远的北三市农村，有的头一天晚上就在这候着，你能忍心糊弄他们吗？

这说了半天医生们的坏话，真担心有一天看病会再落到他们的手里。有一天我问一个当医生的亲戚，她折中地说，现在的医生与患者得各打五十大板。医生是天使更是人，也有喜怒哀乐，每天不管什么心情都要面对几十个像你这样的病人。病人既然有病，就有失常态，能有什么好话？据说，现在经常有患者对医生施暴的事情发生，医生快成高危职业了。因此，还要讨好地说一声，医生也不容易。

▼以谁为本

医院以病人为本，这话说了多少年，可做起来太难。从以收入为本到以病人为本，仅两字之差，好像走了二万五千里长征。其实也不能更多怪罪哪个医院，一条鱼病了是鱼的问题，一池子鱼都病了，那就是水的问题了，即医疗制度设计缺陷。多年来“自收自支，自负盈利”的管理体制，鼓励了公立医院的创收冲动，创新出了若干赚钱的举措。头些年某些医院与药商狼狈为奸抬高药价，使患者不堪重负。近几年，国家为降低药费，减轻老百姓治病的负担，出台了许多政策。上有政策，下有对策。医院为了降低药用比重，授意医生多开大型设备检查，如核磁共振、CT等，以提高医疗检查和治疗的费用比例。不管大病小病有病没病，先摁住你把各项指标检查一遍再说。现在的医学已经进步到了不再有健康人了，任何一个人在显微镜下或CT片上都可以找到毛病，不用说治，就找毛病这一项，足以让医院的效益倍增。据报道，一个国产支架出厂价为3000元，卖到医院就涨到1.2万元；一个进口支架到岸价为6000元，放到病人的血管里就2万多元，医生每放进一个进口支架就能得回扣2000元，如此大的好处，他们能不红眼吗？这样，药品收入占比虽然降下来了，但检查治疗费用却大幅度上升，真是按下葫芦起来个瓢。

老百姓说，现在开医院最挣钱，这是有道理的。过度检查和过度医疗支撑医院的高收入，使医生成为大连最早富起来的群体之一。在十年前私家车尚未普及时，你可以看到那些有专家头衔的医生都开车上班，现在私家车普及，这些人的座驾档次也普遍升级。

以体检名义敛钱不知是哪家医院哪个能人的一大发明。一些大医院都专门成立了体检科，还有专业的公关人员去拼命拉各单位的公费健康体检。这体检很赚钱又没有什么责任，一次体检还分出档次，比如基本的300多元，稍好点的600元，再好点要1000多元。弄几台淘汰的旧机器和退休人员，借医院一角就能进行各种健康体检，从身高、体重等无关紧要处逐项检查，心电图、胸透什么的也做，甚至连骨密度都能给测出来。你觉得有用的血常规、B超等能查出大病的检查，却是马马虎虎。有的是利用医院现有设备，像偷干黑活一样一大早就进行体检，上班前活儿就基本上干完了。过程一点都不重要，结果却很重要，没有病最好。查出的那些病，也不外乎是，男性前列腺肥大加脂肪肝或酒精肝，女性是乳房增生或甲状腺结节什么的。还真有被查出恶性肿瘤疑似病例，到正规的专科医院一查，是晚期，

体检科把门

已经失去了最佳治疗时机。

现在病人做手术，许多家属想做的第一件事就是送红包，送了好像心里就踏实了。社会上已经形成了一种认识，送了不一定行，但不送肯定不行。我的一位领导住院，要做一个肾囊肿摘除手术。术前把那一个科的医务人员包括护士都请吃带玩了一把，结果手术做得很糟糕，伤口里总往外淌什么东西，又不得不再做第二次手术。按理说那么简单的手术，不至于做不好，可事实就是事实。还是一司机看出了门道，说请吃没有用，你就是把全医院的人都请了等于没请，关键是关键的人没打发好。不要以为托人找关系了就可以不送，也不要以为上一次送了，这一次就可免了。我就曾因此吃了大亏，以为第二次就是一个普通的钢板支架拆除手术，不让家属再送钱了。结果是到手术室后，一支麻药打完了半个小时，主刀的医生还没来，等到麻药劲都快过了才来。在他看来没什么，再打一支麻药就行了，可患者术后恢复问题就大了。比如这撒尿功能因二次麻醉过量而不好用了，没法子又得重新插管排尿，没插过的人是难以想象那受刑一样的滋味，我当时就想把存折都交给医生也愿意。

▼赚钱有道

现在的医院真是开放搞活，只赚不赔。公立医院的大楼是政府用纳税人的钱盖的，属于民生工程或重点工程；大型医疗设备也是政府投资，甚至医务人员的工资也有政府补贴，因为医院是为公众服务的。但医院又有大量的经营收入，除了纳税外，剩下的收入都是医院或医生的。这是体制上的事，只能说说而已。问题是医院这肉太肥了，跟着喝汤的人也越来越多，除了医生外，在医院的背后已经形成了一个巨大的产业链，这就让人不得不多些微词。

大连最早的停车收费，是在医院及周边地区。有些医院的院内，不知哪来的黑势力一样的人，不管你的车是什么车，是干什么来的，一律黑下脸来收钱，而且是一车一价，不给任何收据。你和他理论，他只说这地儿是他承包的，他就说了算。你说要告他乱收费，他说你告到公安局他都不怕。现在收费都“规范”了，进去取卡，出来刷卡，医院门口都有计时收费口，但必须是现金结算。

去医院，过去有医院专门的 120 救护车。现在多元化了，在医院门的背后有一群救护车，但不是医院的，也不知道他们到底是哪来的。分明是给医院打电话，怎么就来了个“山寨 120”？他们好像是独立核算，可以讲价，车是车价，抬担架是抬担架的价，护理是护理价。在大连晚报上曾见到一报道，说是某“山寨 120”为垄断市场，竟然对同行大打出手，砸了七次“120”救护车，做大了，当然要受法律制裁。而“山寨 120”依然活跃在医院里。在你快要出院时，也不知是谁早早就通知了他们，先把带有电话号码的名片给了你，然后再自我推销如何如何，其实就是一辆面包车，一副担架，再加两个搬运工，就是一个“120”了。这种上门服务，开始是方便，赶到需要动真格时实在是太差了，病人在他们手里就是运送的一件货物，那能有什么好？

住院了，房间里不断有人卖报纸给你，有人给你送菜单，还有人给你提供多种服务，包括送饭、送花、水果、理发、洗澡什么的，只要你出钱，什么服务都行。要是病重一些，还有专业的护工。那些护工很有经验，比护士和你的家人护理水平都高，只要你肯出钱。比如骨折，大部分人不能自理，护工就自动找上门来了，帮你做这做那，你很快就离不开他们了。护工们吃在医院里，睡在医院里，有简易的行李卷和折叠床，白天藏在医院指定的地方，晚上按时取来，能占上闲病床更好，没有也能自行解决。护工都是乡里乡亲的，很抱团，也很能吃苦，能在医院的各个角落里生存，钱也不少挣，月收入 3000 元到 4000 元不等。服务好了还能得到赏钱，甚至陪到病人家里继续护理。他们不是白寄生在医院里，是有组织的，还要给医院交份子钱。

上学

学生时代本该是孩子快乐成长的幸福时代，结果成了与书本拼命的战争年代。

上学好像是读书人的事，与市井不搭界。可在大连最看重上学的却是市井人士，他们把孩子上学作为生活中的头等大事。也许他们这一辈吃了读书少的大亏，就把“学而优则仕”的“宝”都押在孩子身上。为了上大学，上好大学，从上小学开始就要费尽周折选学区，图的是能上一所好中学，或者去好中学里找好的课外辅导，还有那砖头一样的一本本教辅材料，垫成了通往高考殿堂的阶梯，最后是连滚带爬地上了大学。学生时代本该是孩子快乐成长的幸福时代，结果成了与书本拼命的战争年代。看到孩子们那沉重的大书包，还有那永远完不成的琴棋书画诸多课程，虽然他们可以坐着轿车上学，却像被羁押的犯人，没有了放学路上信马由缰的童趣……

▼学区

现在讲究学区，不似旧时的“昔孟母，择邻处，子不学，断机杼”那般大义，而是更加功利，就是为了能进入一所心仪的好学校。所谓的好学校，家长判断的标准很简单，就是三个字：升学率。初中是考入重点高中的比率，高中是考上大学的比率，说其他的什么全面发展、素质教育等都没用。这有些像看一个地区发展好坏，就看 GDP 和财政收入的道理是一样的。

其实学区里的学校好与不好，与生源有很大关系。读书这事与遗传和家庭环境相关度极高，知识分子家的孩子一般学习都好，官员家庭的孩子多数不好，工农家的孩子不吃书，商人的孩子耍小聪明。比如大连黑石礁那地儿有个辽师大附中，教师质量高是因为有辽师大优秀毕业生不断输入，更重要的是有大连理工大学、大连海事大学和东北财经大学等校的教师子女就近入学。这样一处在大学区里的中学，其高考升学率在大连市曾一直拔尖，在个别年份与 24 中或 8 中互有胜负。现在情形不同了，理工大学和海事大学都设附属中学，市里还在那里设了一所育明重点高中，使辽师大附中传统的优秀生源遭到严重截流，不再有昔日之辉煌。

为了进一个好学区，部分学生的家长想方设法甚至不惜弄虚作假，把学生的户口迁到学区所在地。这就应运而生出一个特别的名词——学区房。大连的商品房主打两张牌，一张是海景房，一张是学区房，像中山区、甘井子区的学区房比非学区房每平方米要贵 2600 多元。学区房是房地产市场的衍生品，同样也是现行教育体制下的一个独特现象。随着社会竞争的日益激烈，家长为使孩子不输在教育的起跑线上，不惜花费重金购置属于教育质量好的学区的房产，在学校附近购买房子居住，据说这样有利于家长管理孩子的生活和学习，孩子也可以提高学习的效率。

其实，对学区这事如此重视的根本是在学区内的学生可以享受指标生的政策待遇，大连市教育局为了遏制跨学区选择学校，对学区内的学生在初升高（重点高中）时降低 30 分录取，并规定了指标生到校的录取比例不低于 70%。2012 年大连的中招政策更加向学区内的学校倾斜，指标生到校的录取比例提高了 5 个百分点，对指标生录取控制线的最大分差由 30 分增加到 35 分。所以精明的家长把工作都做在前面，如果对某所重点高中感兴趣，那么就赶紧把学生的户口迁到这所高中所在的学区内。

选择学区这事只有城里才有资格，农村人凭真才实学考，考上了便是“寒门出贵子”，即现在城里的“凤凰男”是也。他们当年多是从某个山沟旮旯里，自己背着行李卷，怯生生地进入某所大学。而现在那些没上大学的农村人也能大量涌入城市，在城里生儿育女，而且不受约束。苦是苦了点，但是钱没少挣。大连现在外来务工人员的子女有 10 万之多，超过大连中小学生总数的 20%，在一些外来学生集中的中小学校，本地孩子不足 10%。外来学生不用选择学区，反而成了城市人选择学区的新因素。城里人选学区首要回避的是外来务工人员子女扎堆的“移民学校”，从而形成新的社会问题。

▼师脸

也许是自己的孩子太平常，学习不拔尖，也不调皮捣蛋，以至于都一个学期了老师还叫不出名字来。也许是自己太没用，也许心里太卑微，就格外敏感，特别在乎老师对你的表情，希望老师能跟你说点什么。可是老师任你怎样示好，就是不睬你。即使你最后一个挨上教师那张办公桌，她还在那不停地翻弄着学生登记表。我火了，你爱理不理，走人！路上，想起平时孩子经常回家说，谁谁谁的家长给老师出了车，给老师买了便宜的旅游票，请老师在天天渔港撮了一顿等等。孩子甚至说，老师说有钱出钱，没钱出力，那咱就捐点钱给老师作班费，也算是为班级做贡献……今天我算是领略了孩子的苦衷。

第二天上午，孩子被撵回了家，理由是头发不合格。我气就不打一处来，这星期天剪的头，怎么今天就不合格了？第三天孩子还在家呆着，那可怜兮兮的样子，不是亲生父母都会心疼。于是我只好硬着头皮到学校找到了老师，什么也没说，把兜里仅有的 800 元都捐了。哪曾想，人家根本都不打愣儿，甚至连假意推辞一下的动作都没有，好像在说你早干什么了。但那张脸却是阴转晴了，一直把我送到校门口。回家后，我对孩子说，明天你上学去吧。孩子为难地说:

"我这头……""唉！叫你去你就去，啰嗦什么。"结果，一个学期相安无事。

期末了，老师又把我找去。我以为孩子又违犯了什么校规班法的，赶紧屁颠屁颠地去了。大概是相由心生，那天她可能心情好，脸色也放开了，至少不那么难看。扯了半天也不知道我的孩子究竟如何，倒是关心我的工作如何，那也得笑脸相陪呀。临走时，老师说，你那孩子学习不咋地，怎么没报补习班？回家问孩子，才知道那班就办在老师的家里，授课人就是老师自己，讲的内容还是平时上课那些，只是她平时不怎么讲，在补习班上使劲讲。噢！我明白了，原来如此，便赶紧去报名交钱。后来看到《大连日报》上讲，对于有偿补课行为，要出台最严厉的处罚措施，三次以上的将会丢掉饭碗。看来对此现象深恶痛绝的并非少数人，有关部门也动真格儿的了。

▼减负

民主革命那阵子号召"减租减息"，土改工作队把大标语写在土墙上。现在该把减轻学生负担的标语写在学校的围墙上。这减负之事喊了多少年，到如今，学生的书包是轻了，但学生的负担好像没轻，家长的负担更重了。家长都望子成

如此减负，越减越重

龙，头些年是让孩子"不输在起跑线上"，后来是"抢在起跑线上"，再后来是"赢在起跑线上"，结果是从幼儿就开始"抢跑"到小学，学前教育小学化；小学生"抢跑"到中学，小学课程中学化；中学生"抢跑"到大学，高考备考题大学生做不出来；大学生只有"抢跑"到社会，大二就忙着到社会上找工作……最后还往哪"抢"？结果是学生的负担越来越重，家长的负担已不堪重负，这减负就如按下葫芦起来瓢那般滑稽。

大菜市的大老刘，那摊儿练得是风雨不误，早来晚归，那天下午我去买东西顺便去看了一眼，却见他早早就收摊了。说是学校放学早，得接孩子回家，看着写作业，顺便还得找人给辅导辅导，要不然这学校管松了，孩子就知道玩，学业就荒了。我说非得补课辅导吗？大刘说，谁也不愿补，可是人家都补就你不补，那不就吃大亏了？人家不但报班补，而且还“一对一”补，要那样了，我这整天练摊赚的钱都给补课老师也不够。都说不能让孩子输在起跑线上，咱这已经慢一步了，不能再慢了，为了孩子，该做的我们就要做，花点钱不后悔，省得将来孩子埋怨我们。

退休的老李头常说自己现在一身轻，经常到社区活动室搓麻将，那天刚搓了一圈就把牌一推，说差点忘了大事。原来是被家里安排去书店，给孙女买教辅材料。大家劝说，你孙女才上小学二年级，用不着那么下力气，再说那辅导材料都是学校发，书店里铺天盖地的那么多，你会买吗？老李头说，今年学校为了减轻学生负担，说不发教辅材料了。他拿出学校给开的清单，那上面有八本参考书。

办公室的小姜每个星期三下午要请假早走一会儿，陪儿子去参加“奥数班”。主任说你总是这样，年终考核要有说道的。小姜说，为了儿子的“奥数”成绩能加分，你怎么处罚我都认。要知道，中考和高考的分数都重于千金，你如果只差几分没被录取，那么多掏几万元也不一定能去上理想的学校。

我们几个老同学喜欢在周日到茶馆里“打滚子”，完后再喝上几盅。那天正打在兴头上，小杨的媳妇来电话，说她母亲病了，要小杨替她陪孩子去补习班上课。这能说啥？都理解孩子的事比天大，扫兴也得受着。

教育局为了淡化考试，加强素质教育，煞费苦心办了很多特色学校，如大连十一中为“分层教育特色高中”，大连十五中为“美术教育特色高中”，大连开发区一中为“多元化教育特色高中”，大连枫叶国际学校为“国际化教育特色高中”。为了改变普通高中教育“同质化”的现象，满足学生多样化发展，还办了一些特色项目学校，如大连一中为“外语教育特色项目学校”，大连二中为“艺术教育特色项目学校”，大连八中为“科技教育特色项目学校”，大连二十四中为“多元发展教育特色项目学校”，大连二十五中学为“健美教育特色项目学校”，大连四十四中为“音乐教育特色项目学校”，大连四十八中学为“外语教育特色项目学校”，大连育明高中为“个性特长教育特色项目学校”，辽师大附中为“个性化教育特色项目学校”，大连开发区八中为“人文教育特色项目学校”，普兰店二中为“体验式教育特色项目学校”。

这些特色学校着实令人向往，但在家长那里，似乎都认为孩子有了快乐的童年，就必然有失业的中年和悲惨的老年，最关心的是考试录取时能加多少分，只有加分才有吸引力，才是硬道理。

其实最需要减负的是家长。虽然是义务教育，上学也得花钱。上小学跨学区了，得拿赞助费；上初中找老牌名校，要出赞助费；上重点高中借读，赞助费就更多了。义务制学校之外，还有一条课外辅导或特色教育线：幼儿时期要学钢琴、舞蹈、绘画等，上了小学主要是外语家教，上了初中是数理化家教，高考前的家教更多，为了体育加分，现在体育也有家教了。

好在政府出面管减负这些事了。看《大连新闻》上说，从2012年开始，走读生在校时间不能超限，家庭作业时间对不同年级的学生也有规定；学生休息时间不准集体补课，教师不准对学生进行有偿补课；小学一二年级取消组织订购教辅材料，中小学不准设置重点班，不准随意开设文化补习班；不准义务教育学校跨区域招生和收费，不准学校考试排大榜，不准宣传炒作高考“状元”、升学人数和升学率等。有些家长对此还真有些不太习惯。别人家的孩子有没有补课谁知道？这说是不让补了，要是别人补了我没补，那岂不是吃大亏了。

▼文凭

人这一生，从6岁开始上学，到大学毕业，要花16年时间，再读几年研究生，等到走出校门时已经二十五六岁了，几乎占人生的三分之一。从上学那天起，大多数的家长都企盼着能上一个好初中，再考上重点高中，最后进入一所名牌大学。这一路上像攀登金字塔，越往上爬人越少，最后登顶的拿到最高文凭。参加工作后才发现，其实文凭不过是一张火车票，一流名牌大学如北大清华的是软卧，“211”重点大学的是硬卧，普通全日制大学的是硬座，“三本”和民办的是站票，“五大”成教什么的在厕所挤着。火车到站后，都下车找工作，才发现老板并不太关心你是怎么来的，只关心你会干什么，能干好什么。大学生正在成为就业的新困难户。话是这么说的，上学受教育谁都想考上理想的名牌大学，谁都想拿到那个“卧铺级”的文凭，毕竟工作好坏的起点，文凭还是起着重要作用。

从老百姓的角度讲，虽然这文凭挺可恨的，把一大群没文凭的人挡在就业大门外，但拿文凭作为就业的基本条件毕竟还是公平的。要是没有高考，我们这些平民子弟哪有机会上大学、进机关？那些好工作还不净是分配那些有权势人家的孩子。有些人被文凭逼急了也有熊招儿，你看那些到处乱贴办文凭的野广告，为何屡禁不止，像牛皮癣一样到处蔓延，大有“野火烧不尽，春风吹又生”之势，可想而知这里面有多大的需求，也不知有多少聪明的官僚们被“文凭”给蒙了。

前段时间听说美国的文凭大甩卖，每年大学招收的各类留学生给美国创收

210亿美元。一些野鸡大学为了吸引外国留学生，公开售卖洋文凭。为了这一纸洋文凭，不知有多少家长耗费巨资，如果是假的，那真是连跳楼的心都有了。

文凭坑人数外语考试，不知难倒了多少中文好汉。我的老同学说他这一辈子靠中文吃饭，却忙活了大半辈子外语，从中学到大学到研究生，从副教授到正教授，老是在积极备考中，到如今还是个外语困难户，看外语如同看天书。评正高职的外语考试必须及格，可他却怎么也考不及格。那天他不知在哪弄了个段子发给我：等咱中国强大了，全叫老外考中文四六级！文言文太简单，全用毛笔答题，这是便宜他们。惹急了一人一把刀一个龟壳，刻甲骨文！

▼家教

说起家教，印象中极易想到的是小时候我们的长辈那一本正经的说教或训导。联想起古人家教之经典，如颜氏、孟母、三娘教子什么的，总的感觉是，家庭教育严厉为好，愈严愈好。现在把这类家长称为狼爸虎妈，也有所谓的成功案例。常常有这样的情景，本来是一个非常宽松的氛围，一面临教育孩子时，面孔立时绷紧（有时也是学作或故作严厉状），氛围也顿时紧张起来。似乎不这样就有违古训，放纵孩子，不成家教体统。轮到我们做家长，每每教育孩子，便想效法先人之教规。而在严厉有余的同时，当年自己被“严厉教育”留在幼稚心灵上的阴影也久久挥之不去，便觉得这法子虽简单适用，但是对现代家庭中的孩子，效果值得研究，至少不是唯一。遗憾的是我辈对独生子女的教育机会只有一次，想出些招法时，孩子也大了，只有看别人家教育的份儿，仔细想来，其中一个突出的体会是，现代家教似教非教。

成功的现代家教，是把长远的教育目标分解成若干阶段性目标，通过营造一种和谐的氛围，引导一种健康的情趣，培养一种良好的习惯，形成一种快乐而坦然的心态，并春雨润物一样融会贯通到日常的普通家庭生活中。这是一种深层次的不露声色的无感教育，是一种“欲擒故纵”的辩证施教，相对于传统意义上的有感教育而言，要复杂得多。大概做过父母的人没有不会责骂孩子的，也没有家长会承认不教育孩子的，“养不教，父之过”，然却鲜有反省这种教育错位以及对孩子们造成诸多负面作用之“过”。现代教育是开放式的教育，孩子们接受教育信息是多渠道、多元化，而不是家长一言堂，学校一元化；孩子们对教育普遍存在的代沟意识和逆反心理，宜循循善诱，正确引导，而不宜强加于人，简单否定或横加干涉；独生子女强烈的自尊心理和独立人格需求，需要尊重和理解，而不是严厉教训；教育的真正伟力在于潜移默化的陶冶，而不在于表面化的喋喋不休的说教。

既要进行家教，又不让孩子感觉到

给我好好学习，哈

家教，就需要动些心思，讲究艺术技巧。在大道理上，家长当然是望子成龙，目的明确，且功利性很强，这都是可以理解的，无可否认。要紧的是怀着功利目的对孩子进行教育，又不能表现出太露骨的功利目的，这就不能不工于心计。比如，让孩子立大志，是家教的永恒主题。如何立得大志？对家长的唠叨说教，小孩子半信半疑，又莫名其妙；大孩子要么烦躁上火，要么当耳旁风。其实，目标本是家长的，却硬要强加给孩子，当然要遭到抵制。那么，就把大目标埋在你的心底，成为自己教育孩子的意志与毅力的源泉，通过诱导方式使孩子明确现实中一个个具体的阶段性目标。

▼同学

看了北大教授孔庆东回忆他的北大往事，尤其是那篇《47 楼 207》，觉得有趣，也想起我的 40 位大学同学，都各有特点。

“恰同学少年”，那都是上个世纪的事了。1978 年的早春二月，一个大山的儿子怀着一颗再也不回山沟里的雄心，从复县的北部山区来到了滨城大连。在那时的思绪里，我想得最多但总也想象不出来的，是我未来的同学都是什么模样（二十多年后，这些曾经无法想象的面孔已是刻骨铭心）。在辽师大南院那间曾是苏军兵营的大宿舍里，先来的几名同学在收拾屋子，安装炉子，铺床垫子，一个屋子能放四十张床，那几个先来的同学中就有我。接着同学们像影视剧里的人物出场一样，从省内的各个角落里带着行李来到这里，有关的印象和故事就从那里开始了。

一副圆圆的深度近视镜后面，一双充满智慧的小眼睛，似乎告诉你他在很小时候就博览群书，通古晓今；一顶后来只有演员黄宏才“专戴”的那种十分抢眼的黄军帽，却遮挡不住那妙趣横生的诙谐与幽默；那能把咸鱼说翻身了的伶牙俐齿，不只是能言善辩，出语惊人，有同学戏称之为“大炮”。那个年代大家一天到晚都处于饥饿状态，他总能以独特的视角发现，以灵敏嗅觉寻觅出好吃的东西，那神态好似《最后的晚餐》中的犹大，便由此得名，后来这个外号竟一直跟随他到毕业。这么多年过去了，他的名字还真不一定都能想起，要是一说起这个外号，那可是如雷贯耳了。且不说人家先前曾当过公社党委书记什么的，就凭这等才华横溢加上独特的个性色彩，就理所当然地成为全系77级印象最深的人。

我这辈子最大的遗憾就是没戴上眼镜。说来也怪，小时候经常点煤油灯在被窝里成宿偷看小说，也没混上眼镜，查视力表上那些“m”不论多么小或者是躺着坐着，都能看得清楚，没办法，就是不近视，所以这学问总也上不去。因此，对戴眼镜的人就肃然起敬，就格外关注眼镜与学问。还是从眼镜说起。一副像瓶底一样的近视镜，架在她的脸上并不显得大，可那学问却大着呢。当我们还在学校那片沼泽地里跋涉时，人家已去国外留学了。一双41码的男式皮鞋，踏遍辽师无敌手，不但留下了许多纪录，还绝对敢与男人争高下。那大嗓门又尖又亮，不费吹灰之力就能弄出上百分贝的音响效果。曾记得，那次《地球概论》考试少得了几分，就遗憾得在班会上高吟“马里亚那采珠归”。数年后，她到底还是越过了太平洋的马里亚那海沟，到大洋彼岸那个世界上最发达的国家采珠去了，并在联合国中谋得一职，成为77级成就最辉煌的女强人。

刚入学时，有一个农村生产队长模样的男人，习惯性地披着棉袄，毫无浪漫可言，可那心却比北京的“心里美”萝卜还要出彩。他上学前确实当过生产队长，与赵本山是地道的老乡。别看他长得横眉竖眼的，可那眼神却特别的亮，亮得有些耀眼，显然是把什么都看明白了。他为人随和，讲话夸张，含而不露，喜欢一鸣惊人。走路的姿势是那种毫无章法的“晃步”，跑起来还有点“小狗跑”的味道，让你想象不出来他那能歌善舞的绝活儿。事过20年后才明白，不说那聪明与才华，就凭那靓嗓儿再加上“二人转”的功底，要不是误入辽师，而去演艺圈混个脸儿熟，再去大奖赛上喊几嗓子，现在也许比赵本山还火。好端端这么个明星大腕的料儿，却阴差阳错，跑到清河水库边上演绎出一个中学校长的故事。

说阿哥自然就要想到阿妹——那位能歌善舞的重量级辣妹子。说重她确实挺重的，重出丰满的效果当然会讨男同学喜欢。她快言快语又不失深沉，不拘言笑又分寸得体。说她敢爱敢恨像江湖侠女，却与《野火春风斗古城》那部电影里的一位英俊的团长同姓，也被同学称为团长。不是说她如木兰能统兵拔城夺寨，而是百战商场屡屡告捷。在二十年同学聚会时，众里寻她千百度，蓦然回首，她已是一名小有成就的女领导了。如今，她像一名优秀的演员，以内涵与宽戏路一改往日的形象，变成一位深沉典雅、内强外弱的现代淑女了，而这只是现象，实际上已经是企业老总了。真是女大十八变，这么大了还在变。

他的别名很多。可能是与他重名的英雄太多，刚入学时一听他自报姓名，就有人把他称为天目山小将。可能是他不经意间表现出的血气方刚和英雄气概，却因常沉思而过于凝重，作忧国忧民状，一个时期被称为当代的保尔。还可能是他对文学与诗太执着了，什么小川、大川与百川，套用一句歌词“我不知道哪一个更大，哪一个更高”。二十多年过去了，遗憾的是我国少了一位作家诗人，却多了一位行政干部。但他那浑厚纯正的男中音至今仍“余音绕梁”。不信，请他亮一嗓子，也别唱多了，就一句“牡丹啊牡丹”，你不一定分辨出是真蒋大为还是假蒋大为。

过节

日子虽然单调乏味，但是因为日子中也有些节日，使这日子变得丰富多彩有些盼头了。

民间的节日很多，都是我们祖上留下的规矩，可能是怕我们的日子过得单调无趣，就在一年中隔三岔五地弄出一些特殊日子，借着祭祀神灵或其他什么借口，吃点什么，玩点什么，干点什么，使这日子就过得有滋有味，有个盼头了。在大连地区，这些节日中最主要的是春节，这也是全球华人最重要的节日，其次还有元宵节、端午节和中秋节、清明节等，五一（国际劳动节）和十一（国庆节）虽不是民间节日，但是官方节日，职工要放长假，影响越来越大，也成为重要节日。剩下的节如冬至、夏至一类二十四节气中的节，可过可不过，讲究的要过，也就是冬吃饺子夏吃面，这一般都是有农村背景的家庭。对于百姓，节日重不重要，一个重要标志是吃不吃好东西。尤其是过去，所谓的年像年样，节像节样，主要是指吃而言，平时节俭都留着年节吃，平时吃好的算是奢侈，不会过日子，年节吃好的才体面，最能留下深刻好印象。过年和正月十五，这是最大的节，要把神灵和祖宗请回家里吃好东西，也就是摆上丰盛的供品，再烧上香纸就算是尽心了。当然了，像清明、七月十五和十月一，是给阴间的亲人过节，也是马虎不得，得把供品和祭品弄好。腊月二十三是给灶王爷送行的特殊日子，要给家神“行贿”，当然很重要，算是小年，礼数得周到，还要放上鞭炮，再吃上一顿饺子就心安理得了。

▼过年

记得鲁迅的作品中说过，旧历的年底毕竟最像年底。小时候不理解，觉得鲁迅净说些怪怪的话，这年底就是年底了，还有什么像不像的？现在体会深了，年底就是进入腊月后到春节的那段日子，是最令人兴奋和憧憬的日子，年底时人的状态甚至连眼神与平时都不一样，准备过年要比过年的感觉更好。这一辈子的时间什么时候都觉得过得飞快，唯有小时候等待过年的这一段日子，那慢得好像家里的老钟都要停摆似的，比等待娶媳妇结婚的日子还要难熬。究其原因，一是平时太累，唯有过年可以放松，连给地主扛活的长工也要放假；二是平时吃得太差，唯有过年可以吃点好的，而且是最好的，民间比喻有什么好事，都说“谁家过年还不吃顿饺子！”三是平时太淡，唯有过年可以放纵，放鞭、放炮，耍钱、耍戏，踩高跷扭大秧歌什么的，怎么乐都不过分；四是平时是自己家人过日子，唯有过年才可以把“神”请回家，与“神”一起大吃大喝同乐，那要是有了什么事，神还不得有求必应？五是小孩可以得到压岁钱，多少都高兴，图个吉祥。如此看来，老百姓这一年的希望都在这个年上了。当然了，这些精彩是对农村而言，而城市里没有农耕，没有祭祖，也就少了许多说道，对年的感觉也就没有农村人那么强烈，年底就不那么像年底了。

盼年最迫切的是孩子们。只要一进入农历腊月，那颗盼年的心就抽紧了。最早是报春花似的童谣，常挂在孩子们嘴上："大嫂大嫂你别馋，过了腊八就是年。"谁馋？这其实是在借大嫂之名说孩子们自己的心思。腊八本来是个宗教节日，据说起源于古代的"腊祭"。相传释迦牟尼成佛之前，绝欲苦行，饿昏倒地。一牧羊女以杂粮掺以野果，用清泉煮粥将其救醒。释迦牟尼在菩提树下苦思，终在十二月初八得道成佛。从此佛门定此日为"佛成道日"，相沿成节。大连地区这个季节最冷，俗语说"腊七腊八，冻掉下巴"，不能干农活了，便从这一天开始进入"冬闲"。寻常百姓家在这一天要吃腊八粥，在贫穷的年代也算是解馋了，要不然还要等上二十多天才过年，还不得馋掉了牙？这腊八粥一喝，人们就来神了，自此便拉开春节的序幕，忙于杀年猪、做豆腐、采购年货，"年"味便逐渐浓厚了。

苦苦挨到腊月二十三，这年便进入令人兴奋的倒计时了。大连地区的童谣说法是：二十三，过小年；二十四，扫房子；二十五，做豆腐；二十六，炖炖肉；二十七，宰公鸡；二十八，把面发；二十九，把油走；三十晚上熬一宿，大年初一满街走。这种习俗带有浓重的满族色彩，再结合当地老辈留下的规矩，成为过年的保留节目。这年前的七八天，说起来很顺溜，其中的味道却是酸甜苦辣，五味杂陈，各有其妙，构成了特殊的年味。比如，二十三，过小年，要把灶台上的灶王爷供奉一下，然后再揭下牌位，还有那幅"上天言好事，下界保平安，一家之主"的对联一起随香纸烧掉。说是送给神灵的东西必须烧掉，然后再放上鞭炮"通知"一下，他们才能收到。看着那缕缕青烟，好像真的看到灶王爷升天，向玉皇大帝禀报这家人的善恶节俭情况，接受玉皇大帝赏罚。这时就得虔诚地磕头祭灶，还要使出点小伎俩，把糖用火融化涂在灶王爷的嘴上，以期他能在玉帝那里讲好话。要等到大年三十的晚上，通过"接神"的仪式接灶王爷与诸神来人间过年。

二十四，扫房子。这不单是打扫卫生的概念，是借打扫卫生之题，把家中一年的尘埃晦气一扫而光，让家里焕然一新。扫完灰，要裱糊墙壁和屋顶，讲究的人家要用那种叫"窝纸"，其实就是带有图案的墙壁纸（是纯纸质的，那时还没有化纤）重新把屋子裱糊一新。然后再贴上年画，那些年画都很精美艳丽，尤其是那些漂亮的连环画，简直是美轮美奂，真让孩子们激动不已。年画贴上不到第二天，我们这些小字辈的就像读小人书一样，把画中的故事情节，讲给不识字的老辈人听。躺在炕上端详年画，要比看世界最精彩的画展还要幸福。自家的画看得耳熟能详，甚至有些腻歪了，就约上小伙伴，像现在的检查团一样到别人家去看年画，那个时候可以不用打招呼，随便去哪一家去看年画都成，都会受到礼遇和欢迎。这一天还有个重要事，是要给小孩洗热水澡。洗澡时还要念叨：洗洗头，做王侯；洗洗腰，步步高；洗脸蛋，做知县……反正是洗哪哪好。洗好后还要用一根大葱打孩子三下：一打聪明，二打伶俐，三打明明白白。

二十五，做豆腐。这是一件大活儿，也是功夫活儿，需要在这之前就把黄豆泡好。然后再去有水磨的人家或磨房号上，也就是排队的意思。因为家家都要做豆腐，要用驴子拉磨，一点一点地磨出来，很费时间。磨出的豆浆还要豆腐包过滤，用大锅加热，盛到缸里，再用卤水点豆腐，使其凝固。到了这个环节，孩子们早就围上来，等着吃豆腐脑了。至于以后再压实、切块等，就不关心了。这一次做的豆腐要够整个过年期间吃的，除了水豆腐，还有油炸豆腐泡，还要腌制一些咸豆腐。做 50 斤黄豆，足够一天忙活的。

二十六，炖炖肉。说炖肉，但不是一般意义上厨房里做菜现吃，要是那样也不会专门安排一天。所谓炖肉，是把之前杀年猪时留着过年吃的那些骨头、肉和猪下货都给烀熟了，包括四只大猪蹄子、大梁骨头、猪心肝肺、猪肚大肠等，但是没有猪头，猪头留着二月二再吃。等约摸肉快烀熟时，我们早就等锅台边上，眼看着母亲从大梁骨头上摘下一块肉，蘸上大酱，那个香啊，不等吃口水就流出来了。就这一块肉，像打发小狗一样把我们打发得高高兴兴出去玩了，就这一口肉，至今口中还留余香。烀肉这天，不仅要摘下骨头肉，更重要是从猪腿猪蹄子上剥下肉皮好熬猪皮冻。因为那个时节杀猪都舍不得吃猪皮，剥下一张完整的猪皮能卖不少钱。可是过年又必须得有猪皮冻，所以分出了清冻和混冻（俗称鸭脸），这是过年期间待客不可或缺的一道民间名菜。

二十七，宰公鸡。宰公鸡好像就是为了说着顺口，其实远不止宰鸡这点事，还有蒸年糕、切年糕、蒸豆包等大活儿。宰鸡就是先把过年要吃的鸡收拾好，留着三十或初一吃，因为过年期间不能见血。这一天要把过年期间吃的干粮（主食）都冻好，然后装到大缸里，吃时拿出来一热就行。这一天对于孩子就没什么大想头儿。有点想头是吃年糕，可那玩意儿不能吃多，吃年糕主要是冲着蘸糖或蜂蜜去的。

二十八，把面发。其实是前一天晚上就得把面发好，到了二十八就得做好上供用的各种面食。有山东移民背景的大连人，做面食都很拿手，什么大面鱼、大枣饽饽等，白白胖胖、漂漂亮亮的，体现出家庭主妇的巧手。而土生土长的大连女人，一年中很少做面食，尤其是这一年只有一两次做供品的机会，那心里是胆突突的，心理负担很重。我母亲每年到这时候都非常紧张，一锅面食蒸出来，要是没长起来，或者笑了（蒸开花了），那就是废品了，是不能作供品用的，那比演戏演砸了还要难过没面子。本来细粮就紧张，还得重新发面重新蒸，直到做好了为止。为什么呢？因为那些供品要在供桌上摆三天，是你家的面子，到访的客人，尤其是女人到你家，首先要到供桌旁看你的面食做得如何。做得好的，赞赏自不待说；做得不好，那在街坊中就流传开了。

二十九，把油走。走油就是用豆油炸东西的统称。这是个技术活儿，是个输不起的技术活儿。一年积攒那点豆油很不容易，城里人在一个时期每人每月只供三两油，农村人可以自己用大豆换一桶豆油，为了过年走油用。为了省油，之前要在大锅底上抹上一圈黄泥，好控制锅边的温度不至于过热。大锅灶里烧的柴火也有讲究，有干柴，也有草，需要旺火时，干柴得跟上，不用急火时，得赶紧撤火，还不能灭火，那就得用草。走油是个高危的活儿，那么一大桶油倒进锅里，必须掌握好火候。如果油里的水分没熗干，这时要是性急，往油锅里放东西，就会起沫子，沫子太多就会漕上来，一锅油没等炸什么就没了，这叫跑油了，是很晦气的事，如果油流到灶里，会引起大火，那这个年就没法过了。所以走油时，全家都严阵以待，十分紧张。头一两锅没事了，以后就安稳了。一般情况下先炸豆腐泡，这是做菜用的，主要是炖排骨。接着是炸地瓜，有地瓜角、地瓜条、地瓜丝等。最后炸肉丸、花鱼，这花鱼可不是鱼，是发面的，稀稀的，放到锅里一炸，就呈各种不同形状，称之花鱼。有条件的年头才能炸鱼，你家炸鱼了，全屯子都能闻到那种诱人的味道。炸好的东西要放在一个大大的筐里，下面要垫上玻璃叶子（一种大椴树叶子），上面要隔上不同区间，然后挂在闲屋子的房梁上，说是防猫和老鼠，也有防孩子们偷吃的意思，那是一个春节包括正月里待客的食品之一。

三十那天的事最多。一早上狠撮一顿猪肉炖粉条，一解一年之馋。稍后，就打着饱嗝开始忙上供那些事。要在家里一进门的正北墙上，挂上一面芦苇席子，然后再挂上宗谱。挂宗谱前要把本宗族里在这一年中过世的人名填到相应的位置上，这事都由我来做，我显然是识文断字的“读书人”了。那时常想，若干年后我的名字也会上宗谱，那上面好像已经给我预留了位置，那时我就是这上面的神了，看谁不顺眼我就叫谁肚子疼。宗谱挂好了，母亲便把准备了很长时间的供品摆上，其中最打眼的是那大枣饽饽和大面鱼，怪不得老人家那么上心。供品不仅东西要讲究，还要好看，所以都涂上彩色，那时想，神吃的东西果然跟人不一样，现在想，神也吃食品添加剂。等过完年了，吃那些从供桌上撤下来的供品，仍然是有滋有味。

把宗谱一挂，老祖宗在上，家里的氛围立马就变得紧张严肃了，虽然还没正式接神。这时就要抓紧时间贴对联和挂齐。农村的屋子多，贴对联的说道也多，什么“抬头见喜”、“出门见喜”，大门口是大对联，屋门框上是对联，还要贴门神，屋子里墙上贴春联，家里所有的门都得贴对联，所有的设施都得挂红，如，猪圈的墙上得贴“肥猪满圈”，鸡窝上当然是贴“鸡鸭满架”，水井前得贴“甘泉长流”，车上要贴“出入平安”等等。这事还真马虎不得，要是贴岔了，不仅别人笑话，甚至成为村里永远的“典型”，自己也觉得没面子，不恭诸神，心里一年都有阴影。要是家人或同宗族要人在当年去世，就不能贴对联，叫不封门。挂齐是那种红黄绿蓝白五彩色的剪纸，要贴在门上对联的横批下面，还有每个窗户上面。家里的事都忙活完了，千万别忘了给山神庙烧香贴对联，那是阴间在阳间的办事处，里面有土地老爷，不敬肚子疼。村里每户都往小山神庙上贴对联，前面没地儿就得贴到侧面，把一个小山神庙糊得像个红纸糊的房子，以示村人对土地山神的敬重。

这些事都忙完了，男人要负责扫院子，然后挑水把水缸灌满，要是把神接家后就不能再做这些事了，尤其忌讳动扫帚和往外倒水。女人们要包饺子，包得很多，三十晚上吃，初一早上吃，吃不了冻上，还有年糕、豆包什么的，反正过年这几天不准动橱，只能用锅煸着吃。

到了这个时候，你看看自己家，再瞅瞅别人家，红的对联，彩色的挂齐，一派祥和的过年景象，才觉得这年才是真正到了。还差什么呢？只等太阳一落山，就把家里的老爷们组织起来，提着马灯，到各自的祖坟方向的道口上，放上鞭炮，烧上香纸，再朝祖坟方向磕上三个头，大喊一声，就算是把祖宗请回家过年了。到了家门口，赶紧把事先准备好的长木杆子横在大门口，意思是盛情请来不让走了，还有寓意是给来家过年的祖宗们拴马用。神来家了，宗谱前的供桌上蜡烛高照，香烟缭绕，孩子们都以为是真的，早吓得大气不敢出，全家人从这时起，就得有“三不准”或“五不准”了，大致就是那些意思：不得说脏话和不吉利话，不得说不恭不敬不孝顺的话，不得冒犯神灵，不得违犯过年的种种习俗等，还真有点神道道的味道。至此，盼来盼去忙活近一个月的年才到了，这才是真正意义上的过年！

那时没有电视，没有春晚，可是这些一点都不影响大家的过年兴致和幸福感。其实快乐很简单，民间的过年乐是：老头儿过年，黄酒两坛；老太太过年，饺子蘸蒜；大姑娘过年，绫罗绸缎。这绫罗绸缎好像标准挺高的，其实就是头上戴的头花那类东西，白毛女喜儿家太穷了过年没钱买头花，她爹只好给她买了二尺红头绳。三十晚上吃完饺子，就开始穿新衣服了，穿新鞋新袜子还有“踩小人”一说。本命年的还要穿红衣服、红袜子，扎红腰带。平时家家对男人都看管得极严，这时候管家女人会笑眯眯地应承男人的要求，打开陪嫁箱子，拿出包裹了好几层的荷包，很大度地抽出几张大团结，“拿去玩吧！”男人打牌玩的筹码相对大一点，女人们看小牌玩，一般都很小。后来打麻将就不分男女了，有钱就上，没钱看眼，或者叫卖呆儿。

时间很快就到了“发纸”的这个最令人期盼的时候，早有耐不住性子的人家，在十一点半就点燃了“发纸”的第一支高升炮（二踢脚），就像一只狗能叫醒全村子的狗一样，接着各家各户都燃起了早就准备好的鞭炮，一时间，全村沸腾了，全乡沸腾了，大地在鞭炮声中颤抖，好像全中国都陷入了一场与那个张着血盆大嘴的怪物“年”的战斗中，最后的胜利一定属于人民，中国人就这样一次又一次地打跑了“年”，挽救了地球。接着便进入祭祖的高潮，老爷们要在宗谱前面烧纸烧香磕头，小辈们要给老辈人磕头拜年，老辈人要给小辈们压岁钱，也叫押腰钱，钱不多，可能是几毛钱、几块钱，但不会超过十元钱。寓意是新年有钱，一年或者一辈子都财源滚滚。

一夜连双岁，五更分二年。过了12点，新一年开始，便开始同宗族之间拜年。这些都是老爷们的事，我从有记忆起，就是跟在父辈们的马灯后，穿着厚棉衣，在漆黑的深夜中深一脚浅一脚地到同宗的长辈家拜年，一路上不知要摔多少跤，但没感觉到疼。每到一家，都得先跪在宗谱前一边磕头一边拜。然后再到屋子里寒暄客套感慨一番，再走下一家，一家一家地走，一会儿清醒一会儿迷糊，迷糊时摔一跤就清醒了，继续跟着走，快到天亮了，这年才算拜完。回家刚躺下睡一会儿，母亲又喊吃初一饺子了。本来没有食欲，可这初一的饺子却不能不吃，因为饺子里包的都是希望，有钢镚（吃着有钱花），有糖（生活甜蜜），有大枣（早生贵子），有大葱（吃了聪明），还有芹菜（喻勤快）、白菜（喻百财）、韭菜（喻长久），还有很多的讲究，谁吃到了谁吉祥，大家都祝贺。还没等吃完，早拜年的同族人又到你家了。初一该是同族的女人们拜年，忙活了一个冬天的女人们这时才得闲，都打扮得如花似玉，竞展芳彩。我们这些臭小子就开始放小鞭，神出鬼没的小鞭在大姑娘小媳妇们的前后或脚下响着，惊叫声在嘴上喊着，直逗得大家笑声连连。恶作剧弄过了头，便被长辈们喝止了，无聊之际大家就到门前的菜地里摔跤，或者到河里滑冰，也就是溜冰车，等到大人们再喊我们回家吃饭时，那一身新衣服早就脏得不成样子了。好在过年谁都不许骂人，妈妈气得偷偷扭了我一把，就算完事了。

虽然是初一，对我们孩子来讲，这年已经是去一大截子了。外面的鞭炮声渐稀，串门的渐密，大人们在平淡中享受年味，孩子们的失落就是从这时开始的。越往后的年趣，好像都是大人的了。到初三送神后，就更没戏了，什么初五破五“送穷五”，倒掉初一至初四的垃圾为送穷出门。初七是人七日，管小人儿，初八是谷日，初十是石头日，忌动用磨、碾等石制用具等等，都离我们的童趣越来越远了。于是我们又盼着正月十五、二月二。说是“要正月，闹二月，哩哩啦啦到三月”，其实只要把二月二的猪头吃完了，这年就算是彻底过完了，该干啥就干啥去吧。

经过了“文化大革命”的“破四旧”，把过年这些礼数和规矩全给掠走了，只剩下有关吃的记忆。改革开放后，人们又逐渐捡回来在“文革”中扔掉的东西，恢复了过年的礼俗，小山神庙也修复了。后来又说这是搞迷信，要拆掉，百姓们不肯了，说修大庙就不迷信了？遗憾的是现在怎么弄也不像那么回事了，就连神圣的宗谱好像也成了一张画挂那儿，没了灵气，人们也跟着丢了魂。要说吃的用的，那比过去多得去了，鞭炮也成倍地放，都超过了解放前地主老财家的水平了，可就是整不出年味来。越往城里，上述说道就越少，过年的感觉主要是听鞭炮，看春晚，这几年时兴到外地旅游。

▼年关

过年本是生活中第一大乐事，据说李闯王得天下后，最想享受的好事就是过年，结果一连过了十八天的年，就出事了，可见年的诱惑有多大。年也是关口，年头月尽是结账时节，赚着了，欢天喜地过大年；没赚着，那就麻大烦了。旧社会的杨白劳过年得出去躲债，现在的老板或包工头拖欠农民工的工资也学着躲债；过去过年是穷人的年关，现在过年往往成为富人或官人的年关。平时的纠结与烦恼集中到过年时爆发，就成了年关。随着社会的变迁，这年好像越来越不好过。20 世纪 70 年代过个年，大连的普通市民（一家五六口人）平均花 50 元，这年过得就挺好。其实，那是个物质短缺、各种消费品都得凭票供应的年代，想奢侈也不可能。到了 80 年代，市场供应明显好转，普通人家过个年得二百元左右。到 90 年代过年，得花去大半个月工资。近十年过年，花销已涨了十几倍，没有个三五千元，这年好像没法过了，就这走亲访友、压岁钱和礼钱就得两三千元。就说礼品这一项，在七八十年代“四样礼”就挺体面，即两包点心加两瓶酒或两瓶罐头，充其量不过十元钱。要是现在谁还这水平，打发要饭的都不够。

老年人最不愿过年。一是恐惧。没有一个人过年不去盘点自己的岁数，过年意味着又长了一岁，离那个“鬼门关”又近了一步，所以没有听到老人们说愿意过年。二是孤独。过去的传统大家庭，老人们儿孙满堂，越是过年越热闹，晚辈儿都给老人拜年，那天伦之乐的感觉不比当皇帝差。而现在的家庭，老人家庭大多是空巢，三十或初一儿女们回来热闹一阵子，便退潮而去，“闪”这一下好长时间“反不过来乏”，真是热闹一天，孤独一年。三是怀旧伤感，“耳畔频闻故人去，眼前但见少年多，”到了年关，倍思故人。至于给晚辈发红包或被“啃老”，也是闹心的乐事，工资不涨，这压岁钱却疯长，要是子女多，这一项开销得老两口几个月的工资，不过那是花钱买乐意。

中年人过年最苦，大多是给别人过年，给自己过关。年轻时对年的美好感觉渐行渐远，这年就像是离去多年的初恋情人，偶然想起或会激动，仔细琢磨又觉得意思不大，真碰到一块儿了却会整出一堆烦恼。中年人的年关有五烦：一烦春运拥堵，一票难求，每回一次家，就要当一群众演员，演一次难民逃难大戏，简直是被扒了一层皮；二烦聚会攀比，心理压力大。平时把门一关，自己的小日子好坏无所谓，这到了过年就爱扎堆儿，发小、同学、同事、战友、恋人等旧识凑在一起，看起来都挺光鲜的，明里不比心里暗比，有道是，人比人得死，货比货得扔，扔啥呀？过了年关就好了。三烦是家庭内部矛盾升级。娘家婆家回谁家好，回哪一个家，都买什么东西，花多少钱合适，真伤脑筋。四烦亲朋好友多，疲于奔场。大过年的，毕竟不能发个短信，打个电话就算拜年了，过年的礼品和饭局，那是一个不能少。五烦是过年花销，难以承受。送礼或宴请，当然是越体面越好，实际上还没怎么地，这上万元就没了，平时还要供车供房供孩子供老人，还有水电燃气物业等各种费用，一样也不能少。这些烦心事硬是把一个好端端的年给过成年关了。为了逃避，许多人蠢蠢欲动地想像年轻时那样背上背包，踏上远方的路，但捏捏钱包，想想老人，望望孩子，就只好继续拖家带口地在这些烦事之间打转转。何时能过一个没有烦恼的年，简直成了一辈子的奢望。

网络上对年总结很精辟，一个字：累；两个字：消费；三个字：大聚会；四个字：或吃或睡；五个字：短信满天飞；六个字：朋友拜年贺岁；七个字：放鞭炮震天欲碎；八个字：探亲旅游纯粹受罪；九个字：喝酒酒醉伤身又伤胃。十个字：七天大假过后退回原位。

▼过节

过了年，剩下的便是日子了。俗语讲，年好过，日子不好过。年节很短，日子很长。年节有好吃好玩，快乐不知时日过。而日子却酸甜苦辣要一天一天地过，尤其是市井百姓，每日要劳作，要节衣缩食，要养家糊口，要一天一天地积累财富，一天一天地消耗生命，俯仰之间，不知老之将至。

日子单调乏味，好过不好过都得过，只是不同的人有不同的过法。不能说活着就是过日子，没有奔头儿的日子是混日子，对于普通百姓，得为了一个生活目标去劳作，去经营，那才算是过日子。真正意义上的日子，得是成了家以后独立门头自己过。母亲常说，过日子就是“过个人”，没人的日子肯定是没滋没味的。所以小两口的日子第一个目标就造个小人，有了孩子这日子不管苦与乐，都有奔头了。年节是给孩子们过的，日子留给大人们自己过。

老百姓的日子虽然单调乏味，但是因为日子中也有些节日，使这日子变得丰富多彩有些盼头了。正月里的节日多，可能是照顾过完年后的失落感。除了年外最大的节就是元宵节，这个节日重要，是和年连在一起，而且在旧俗中还要请祖宗回家过，还要像过年一样摆供品，吃元宵和饺子。大连的民俗中，过元宵节还要上坟“送灯”，过去是点蜡烛，现在防火禁止明火，便有了电子灯。民间这事挺重要的，元宵节的下午，通往山上坟地各路口每年都是拥堵不堪。农村的元宵节通常要扭大秧歌，踩高跷；庄河那地儿到了正月十五的晚上，家家都要“点徐儿”，“徐儿”是庄河的土话，学名叫属相灯，是用豆面捏成的十二生肖属相，这些属相灯形态各异，滑稽有趣，旁边有灯碗可以点亮，祈求平安吉祥。城市里搞灯会，但不舞龙耍狮子，那是南方的习俗。旧时大连的元宵节活动多由商会出面主办，搞些观灯赏灯活动。据说上世纪初在金州城的元宵节，一李姓富户在当晚的戏台上为家里剩女抛彩球招亲，中者为李家女婿。当时中彩者为杏树屯一王姓男子，他是一个穷光棍，为吃免费元宵提前赶到戏台前，正在猛吃元宵时，被一大红彩球打中，一夜间便成为富家女婿。元宵节还有一个重要特征是“闹”，正月十五闹元宵，由来已久。旧时的元宵节如同现在的情人节，那时男女重礼节，社交场所女性是不随便参加的，而在元宵节这样的民俗浓风里，便可以抛弃长幼尊卑、男女有别的旧礼，大家一起欢腾找乐，甚至嬉闹，要不民间怎么叫闹元宵？这一个“闹”字，体现了动态疯狂，代表着一种心情。为什么要闹？还因为到了这个时候北方的气候转暖，能伸出手来，能走出户外，能尽兴玩耍。更因为这时节是最后的农闲时节，过了正月十五，大地复苏，就开始忙乎家事农活了。比如，要往田地里运粪，要抓紧时间进行果树修剪枝，要修理农机具等。市井上的店铺要开张，进货，运作新的商机。机关也开始正规运行起来。

大连沿海地区如长海县、旅顺口区、庄河市等地的渔家人在正月十三还过放灯节，就是往海里放祈福的海灯，以祭拜海神娘娘。传说正月十三是海神娘娘的生日，一般在正月十二的晚上，渔人们就开始到海边像烧纸、香，放鞭炮，磕头祈福，正月十三一整天都是庆祝活动，到晚上向海里放各种各样的漂亮海灯，把节日推向高潮。这类民间自发活动，也不用专人组织，保证一家也不会落下，且都十分虔诚而踊跃，向神灵讨好的事一向都不含糊。

二月二，龙抬头，这标志着大地开始化冻，蛇从冬眠中苏醒。借机造个节日，好吃煎饼。煎饼有春饼的意思，但不是春饼，在北三市的农村，烙煎饼是很讲究的。小时候记忆中的煎饼，是用榆树皮中的黏液把玉米面与其他什么面和起来，用一块腌肥猪肉擦锅，烙出薄若纸张的大煎饼，再叠起来熥着吃。这些都要在前一天做完。到了二月二这天早上，第一件事要引龙，就是用草木灰画线，从井边一直引到水缸边，“草蛇灰线”大概就出于此。接着要在院子里用草木灰“打灰囤”，就是画出粮仓的象形图案，期望新一年能够五谷丰登。城镇里的人忙着剪龙头，图个吉利，剪了龙头就能一年旺旺兴兴，蓄了一个正月的长发,就留着二月二剪,忙坏了理发师傅。

三月里有清明，阳历一般是 4 月 5 日左右。这是个慎终追远的日子，旧指慎重地办理父母丧事，虔诚地祭祀逝去祖先，主要的活动是扫墓。这个景象在城市特别壮观，因为城里的人多，墓多，而且越来越多，扫墓又集中在公墓或几个集中坟地上，在清明前的两三天，大连市内通往墓地集中的路上，有成千上万的车和人去扫墓。在清明下午的高峰期，进入市内的后盐高速公路交费口那里，汽车排队竟达四五公里以外。交警全员出动疏导交通，消防和森林火警更是倾巢而出，严阵以待。国家顺应民意，清明节放一天假给民众扫墓，即使不放假，想扫墓的人也是千方百计地去了却自己的一桩心事。清明节是山火泛滥的季节，总有一些扫墓者心存侥幸，在山上烧纸烧香放鞭炮，在风大草密的山上必然会酿成火灾。记得有一年清明节，瓦房店的北部山区大面积失火，把一座座山头烧得发黑，真是令人心痛。清明节给人的感觉是沉沉的，人们好像没有心思再像其他节日那样找理由撮一顿，也没留下任何吃的规矩。清明时节雨纷纷，路上行人欲断魂，或者是清明时节风萧萧，小火大火一把烧。因为清明祭祀的是自己逝去的亲人，所以人们格外上心。去年我回老家扫墓时，被告知不能上坟动土，白去了。因为那天是王母娘娘的生日或者是忌日什么的，记不清了，结果是家家户户都提前扫墓了。你说这事有意思不？也不知道谁通知的，大家又那么心齐，没有一家违反纪律，难道民间还设置了节日轮值官什么的？

日子如路程，节日便是驿站，过了这个节就奔下个节。忙过了初春又入暮春，不觉间到了五一和六一，这是官方的国际性节日，该放长假搞活动都是单位的事，人们更重视这个期间的端午节，要借祭屈原之口吃粽子和鸡蛋喽。其实屈原距今不过 2200 多年，不知在那之前人们怎样过这个节，很可能那时没有这个节。时至今天，大连这地儿的百姓，很少能想到为纪念那个遥远的楚国诗人去做些什么，至少是不会像清明扫墓那么上心。留下的那些民俗对自己有好处的都会认真去做，比如要在门口挂上艾蒿和桃树枝，据说可以避邪免灾，这两样植物便倒了大霉，现在已面临灭顶之灾；还比如，孩子们要佩戴一些小挂件，胳膊脚脖上要系“鲁线儿”，就是五彩线，这就忙坏了经营者；在农村的端午节早上，还有用枣树叶、艾蒿叶等许多树叶泡成的水洗脸，用这水洗脸一年不生外病，这个城里人就享受不到了。其实，留给我最美好的记忆是端午节顶鸡蛋。在过去的日子，无论怎么困难，端午节的蛋是断不可少的，因为在农村，鸡可以自己饲养解决。端午节的前一天，母亲在煮粽子的大锅里把一大盆蛋都煮好了，有鸡蛋鸭蛋鹅蛋，咸的淡的大的小的都有，再按人头平均分，每个孩子差不多都能分到二三十个，这时的感觉是太富有了。端午节那天，书包里装了很多蛋，到了学校的第一件事，就是用鸡蛋顶鸡蛋，如果把对方的鸡蛋给顶碎了，那比吃一个蛋要美得多。记得一次我一连被小伙伴顶碎了5个蛋，我甘愿用我所有的蛋与他换，他还不干，我就说他在蛋里面做假了，后来就为此打架了。以后的端午节，我最盼望的就是能有打败天下无敌手的硬蛋。

过了端午节，就奔着两个“十五”。七月十五是鬼节，要蒸饽饽上坟烧纸，给死人过节，活人能有什么意思？尤其是孩子，至多是跟着吃点好东西。八月十五是中秋节，这是庄稼人特别看重的节日。有道是：八月十五放光明，也就是八月十五可以定收成了。从春到夏，如果没有大天灾，这时基本上是丰收在望了。传统的中秋节，农民要用新收获的糜子碾成粉，烙粘饼吃，这饼叫“糕饼”。有条件的家自己做月饼，再杀上一只鸡，或者吃一顿饺子，摘下葡萄、苹果等水果，在秋风吹拂下观赏月亮，供奉嫦娥，想着自己的美事。古代文人墨客常借中秋赏月作赋犯酸，现在的中秋节又被赋予诸如“团圆”一类新使命。改革开放以来，到外面做事的人多了，尤其是农民工到外地做工，期望能在花好月圆时相聚。近距离的可行，远道的就是一种心思了。团圆当然好，那得看代价有多大，对于平民百姓，钱就是硬道理，有钱才能过好节。

过了中秋节，还有什么奔头呢？有九月九重阳节，登高望远；有十月一国庆节，举国同庆；有阳历年，辞旧迎新；这些节虽然都是正儿八经的大节，但因为有大年在那儿等着，在民俗上没有太多的讲究，就过得马马虎虎了。近年来倒是一些进口的洋节过得越来越有兴致，比如圣诞节，很多年轻人也跟着守平安夜，也玩圣诞树和圣诞礼物什么的。尤其是情人节，本是为了纪念一位反抗暴政，支持真爱的古罗马修道士，有如中国的“七夕”情人节，硬是让一些别有用心的人给这神圣的节日弄变了味，泛滥的红玫瑰与变味的巧克力，让近于疯狂的情人节有了些许暧昧，延伸的含义多起来。

婚俗

男大当婚，女大当嫁，这是老理儿。用大连的老话儿说，男的结婚叫『将媳妇』，女的结婚叫『出门子』。

男大当婚，女大当嫁，这是老理儿。用大连的老话儿说，男的结婚叫“将媳妇”，女的结婚叫“出门子”。在这之前的相亲或恋爱都叫找对象或处对象。这对象的称呼要伴随大半生，结婚后对别人讲，也说“俺对象”如何如何，没有“老公”一说，但有“老婆”的称呼。“老公”后再加一“公”字，两个“公”，即老公公，那是女人老公的爹爹。直到老了才互叫“老伴儿”，或者在“老”后面加上姓，一些民间的老太太对自己老头的爱称为“老不死的”。

▼找对象

找对象那是个本事。不一定你长得好看，或者有钱，就能找到好对象。经常听街坊邻居议论：找对象这事挺邪乎的，你看着真不般配，可他们却是王八瞅绿豆——对眼了；你看着是天生的一对，可他们却总是鸡猴不对头；你看着那小子丑得不如猪八戒，准得打一辈子光棍，可人家却找了个天仙！应了大连那句老话，“好汉无好妻，懒汉找了个娇滴滴”。咳……缘分呐！除此外还能怎么解释？只好自我安慰：好男人长得不怎么样，英俊的男人人品不怎么样，不怎么英俊但是人品好的男人没有钱，既英俊人品又好的男人不顾家，那些比较英俊人品比较好有点钱还顾家的男人通常早就结婚了。言外之意她还是鲜花插在牛粪上。这也有多种说法：民工说牛粪一定是有本地户口；媒体说是鲜花想炒作自己；艺术家说也是一种行为艺术；广告商说是牛粪终于找到了最佳形象代言人；大学毕业生说是现在鲜花太多，能有个地方插着就不错了；剩女说，现在牛都不拉屎了，想插没地方了。要是用大连话说，那是“鱼找鱼，虾找虾，泥里狗子（大连话：泥鳅）找沙里趴”。总的来说，找不到对象的是因为挑花了眼。在旧时，男人打光棍的有，却不见女人剩在家，无论你有多么丑，就像市场上那些衣服，无论你看着有多不顺眼，但总有人买，极少剩下。

网上有把找对象喻为做项目：征婚—公开招标；相亲—邀请招标；自由恋爱—议标；提亲—投标；介绍人—招标代理；见面—看现场；女方—业主；岳父岳母—资格审查；男方家长—施工单位；男方—项目经理；彩礼—保证金；恋爱—公示；婚前同居—非法串标；婚前约定—合同谈判；办结婚证—签订合同；办婚宴酒—开工典礼；蜜月期—施工期；不育—设计或质量缺陷；生孩子—工程完工；找情人—违法分包；分居—停工整改；离婚—中途退场；白头偕老—达到设计使

用年限。细想想，还真是这么回事。

其实，大连地区找对象，基本上也是循着这些规矩，只是年代不同，追求的目标和标准也不同。就说这三十年，变化也很大。小伙找对象的标准没有变，健康漂亮就是好媳妇，再加上有文化、有修养那就更美了。姑娘找对象的标准有变化，在改革开放前的硬件是两证必居其一，一个是军官证，一个是工作证，前置条件是根红苗壮。那时当兵的最值钱，穿“四个兜”军服的军官尤其抢手。军人在部队里继续干，可以提干；复员回家可以安排工作，“四个兜”的军官那叫转业，到地方上可以直接当干部，那是比“铁饭碗”还高级的“胶皮饭碗”，掉在地上不但摔不碎，还能自己蹦个高儿，随手就能捡到。没有军官证，有工作证也行，就是要求男人要有一份稳定的工作，至少是个正经人，不是社会盲流，工资不高可以慢慢长，没有工作可不行。对工作证的单位性质也是有要求的，首选是国营，其次是地方国营，最次的是大集体，实质还是对未来工作稳定性的预期。在改革开放前的农村，农人家要是成分不好那可就倒血霉了，姑娘家问题还不大，只要是人好仍是贫下中农们的抢手货，而小伙子就惨了，即使不打光棍，也只能找痴呆傻或残疾人。因为在制度设计上就是要让地富反坏右的后代断子绝孙，省得对他们伺机变天，再让根红苗壮的贫下中农遭二茬苦，受二茬罪。我的一位家住瓦房店农村的表哥就是个牺牲品，小伙子人长得挺帅且精明，就是出身富农，三十五岁还没娶上媳妇。大队书记几次托人说媒，要把他傻女儿嫁给她，最后他还是哭着就范了。还好，生了俩孩子没都傻，那个女儿又精又灵的。还有一出身地主的亲戚，家有四个儿子，当时凑付娶的媳妇，现在三个儿子都换老婆了，当然都有各自的特殊原因，但是基本条件不般配是主要原因。老大的媳妇没换，是因为他娶了个落魄的教授女儿，当时是臭老九，现在吃香了。

改革开放后，这两证变了，一个是学位证，另一个是工作证，工作证后面得加括号：公务员或者事业单位。房证当然是前置条件了。上个世纪的八九十年代，大学生特别吃香，即使出身农村的也抢手，刚到单位报到，就有好心人来介绍对象，家里当然是城市的。工作证后面加括号是十多年前的事了，因为当时大连的那么多工厂都倒闭了，国营职工也得下岗。我给我的外甥介绍对象，人家一听说是工厂的，就不搭茬了，都伤我的自尊了。现在找对象标准简化了，似乎更关注“钱”的问题。处对象，不问你做什么工作，有什么文凭，只要一问你开什么车，住在哪个小区，就知道你是不是有钱的主儿了。你要是说坐公交车，住集体宿舍，那要等猴年马月你才能入流？作为一个不是富二代，也没有家庭负担的中等条件的男人，如果不想裸婚，在大连娶个大专以上学历、长相还可以的中等条件大连老婆，按照“2011年中国十大城市娶老婆成本”的计算方法，据说得106.6万。以男方家庭30万元的家产，年收入5万元计，须不吃不喝15年。其他那十大城市娶老婆成本，最高的是深圳，208.2万元；北京是202.8万元；上海是200.82万元；杭州是178万元；广州是128万元；天津是108.6万元；相比之下，大连还不算太贵，排在第七位。成都那地儿出美女，娶老婆成本才55.4万元。

现在的女人不但值钱，而且全是优点，据说：妖的叫美女，刁的叫才女，木的叫淑女，蔫的叫温柔，凶的叫直爽，傻的叫阳光，狠的叫冷艳，土的叫端庄，洋的叫气质，怪的叫个性，匪的叫干练，疯的叫有味道，嫩的叫靓丽，老的叫风韵犹存。相比之下男人这辈子挺难的：帅点吧，太抢手，不帅吧，拿不出手；活泼点吧，说你太油，不出声吧，说你太闷；穿西装吧，说你太严肃，穿随便一点吧，说你乡巴佬；会挣钱吧，怕你包二奶，不挣钱吧，又怕孩子断奶；结婚吧，怕自己后悔，不结婚吧，怕她后悔；要个孩子吧，怕出来没钱养，不要孩子吧，怕老了没人养。

▼办喜事

办喜事一般都是指婚庆典礼。大连人好面子，办喜事这是最重要的面子事，别的事可以马马虎虎，唯有这事断然不能马虎。

登记不算办喜事，但必须择良日。大连流行的做法，一是当天农历和公历日期都是“双数”，寓意好事成双，儿女双全。二是取5月18日的谐音“我要发”，代表大吉大利，这是跟南方人学的，以前没这毛病。登记后，虽是法律上承认的婚姻，但是民间不承认，那必须是举办婚礼后才算数。确定婚礼的日子也有说道。在农村，男方在迎娶前一个月将结婚日子通知女方，叫做“送日子”。男方将给女方的彩布、衣物送往女家，叫做“送嫁妆”，并请一儿女双全的有福之妇女为姑娘裁衣，叫做“开剪”。城里人订婚礼的日子的原则也是双日，6月6日或农历六月初六最好，“六六大顺”。单日逢九也不错，“九”同“久”，天长地久，寓意很好，但最好要重九。现在的单数7也可以，寓意“起”，升的意思，当官的喜欢这个数。农村有的地区现在还流行找大仙给看日子。

登记后，小两口双双到男方家吃一顿喜庆饭。婆婆应在这个时候给媳妇红包和首饰，红包以前是101元，寓意百里挑一，以表接纳之意。后来的标准越来越高，竟然达到5位数，10001元，万里挑一肯定比百里挑一强。接着是准备物品，一般情况下，新房的床罩和窗帘由女方准备，女方还要准备一至两床被子，在农村是四铺四盖，摆在那儿好看，这一辈子的铺盖问题也算都解决了。男方家除了要准备日常用的被褥外，还必须准备一个铺床的炕被。家用电器等

婚礼扎堆儿

大件也主要由男方买，但女方至少要买一件，一般都买洗衣机。现在城市里女方把这事整大了，经常是男方准备房子，女方负责装修，外加家用电器。婚礼用品，大都少不了鸽子、鲜花和气球等，花为百合和玫瑰，气球必须是红色的，数字也都与“9”有关，9 越多越好，如999。讲究的男方还要请乐队和歌手，但给婆婆的胸花必须由新娘准备，到新房后亲手给婆婆戴上。最后，双方都要各自为自己选一位伴郎伴娘。伴郎和伴娘的个子不能比新郎和新娘高，但也不能太矮，长相最好比新郎和新娘逊色，以免喧宾夺主，令新人见异思迁，但也不能长得太丑，给新人掉价。

大连的婚宴档次也越来越高。过去在一般饭店办个婚宴就不错了，现在必须是星级饭店。比如五星级酒店，婚宴价格最低起价是每桌 3880 元，最高价格为每桌 5280 元，此外每桌加收 10% 到 15% 的服务费，酒水如果自带，按人头计算每人收取 30 元开瓶费。如果按照酒店酒水的包价标准计算，每位 45 元到 68 元之间不等。如此计算，选择一家五星级酒店操办一场 20 桌、每桌 10 人的中等规模婚礼，婚宴消费每桌平均 5000 元，全场费用需要 10 万元左右。四星级酒店婚宴价格最低起价是每桌 1999 元，最高价格为每桌 3888 元，此外每桌同样加收一定比例的服务费，部分酒店酒水可以享受 8 折优惠。如此计算，选择一家四星级酒店操办一场 20 桌、每桌 10 人的中等规模婚礼，全场费用需要 7 万元左右。在三星级酒店和一些普通饭店，一场 200 人、20 桌的婚宴，消费总价格分别在 5 万元以上和 4 万元以上。现在在大连市内想找一桌包含酒水在内每桌 2000 元以下的婚宴，非常困难。不过收上来的彩礼钱也能对冲掉一大部分，但怎么也得花掉几万元。

大连的城市里结婚程序相对简单。一般情况是新郎手持鲜花带车队到新娘家迎娶，见面后把鲜花送到新娘怀里，然后与新娘一起吃送行饺子。按农村旧俗，新娘的父母是不能参加女儿婚礼的，城市里就得参加，虽然女儿的爸爸心情不好，还要强作欢颜在婚礼上讲几句，当一把领导嘛！ 送行时，新娘尽管心花怒放，但也应面露悲戚，表现出恋恋不舍的样子。离开女方家后的第一站是陪家人去看新房。新娘从娘家出发要带两个用红布包裹的结婚喜盆，一个盆里放镜子、梳子等化妆品；另一个盆里装用白面蒸的鲤鱼等，寓意生活年年有余。这些东西拿到新房后，要打开包皮摆在婚床上。新娘迈进新房门，首先要对早已端坐在那里的公、婆亲切地喊声“爸！妈！”这叫改口，不能白叫，婆婆答应后，要随手送给媳妇一个红包——改口费，一般是 1001 元，也有送 990 或 660 元，多少根据自家的经济状况而定。接着开始钉门帘，由新娘没结婚的弟弟或哥哥钉，没有亲兄弟，表兄弟也凑合。钉门帘的工具是一个用红纸包的秤砣，寓意是新人铁了心钉在一起，过一辈子。这个可能与“王八吃秤砣——铁心了”那句歇后语有关。然后，新郎要抱着娘家提前准备好的一个漂亮的小男孩，与新娘双双坐在婚床上，谓之“压床”，意在希望早生贵子。婆婆那天就得充大款了，所有这些仪式，如压床的小孩或钉门帘的未来舅舅，都要送一个红包。简短的新房仪式进行完后，全家人驱车奔向举行结婚庆典的酒店，到酒店的时间一定不能超过 12 点，否则就不吉利了，这是一个大原则。不像南方结婚可以在晚上举行婚礼，那是二婚。结婚庆典繁简不一，一通鞭炮鼓乐后，别忘了有四个重要仪式：第一个是三拜，一拜天地，愿夫妻关系地久天长；二拜高堂，感谢父母养育之恩；三是夫妻对拜，小两口从此心心相印，恩恩爱爱。第二个仪式是喝交杯酒，交杯酒要喝干，不可留底，寓意夫妻诚心相待。第三个喝完交杯酒后，小两口要互赠戒指，并亲手为对方戴上，表明从此拴住了对方的心。最后一个仪式是新人共同为每个参加婚礼的亲友敬酒点烟。新郎家除了中午大摆婚宴外，一般还要于晚上再摆几桌，专门招待帮助张罗婚礼的人。吃完晚饭后便是闹洞房。城市里闹洞房不分长幼和辈分，人人皆可尽兴，但也要有个度，新娘不得在闹洞房时翻脸发怒。

大连农村的婚俗就复杂了，而且现在还有回归回旧之势。结婚一般都愿坐马车，新娘由娘家的婶嫂等女性陪同，怀里抱的两个用红布包裹的结婚喜盆，如前所述，其实城里人这个习俗是跟农村人学的。到新郎家门口要下轿，但新娘的第一脚要踩到一个铺红布的凳子，红布下面有一把斧子，寓意“踩福”。进院子里，过去要在庭院中设有供奉天地

小市民玩大写真

牌位的桌子，新人在天地桌前对牌位跪拜，称为"拜天地"。一拜天地，二拜公婆，夫妻对拜。拜完天地进入洞房，之前，要跨过一个火盆，里面还真燃有火炭，寓意将来的日子红红火火；还要跨过一副马鞍，以示全家老老小小平平安安。进入洞房之后，便是要“坐福”，实际上是“坐斧”，即将一把新斧子置于被褥之下，新娘子坐在上面，寓意坐享幸福。小孩子们在一旁会把花生、大枣、栗子等干果撒在炕上，大枣加栗子表示早生贵子，花生则是希望新娘子日后生男又生女，生女又生男，多多益善。洞房中还有一项重要的内容，就是喝交杯酒，还要吃面条，象征着长寿；有的吃饺子，饺子还要半生不熟的象征着早生贵子；还有的吃用豆、肉、米做的饭，象征着家庭兴旺、家族兴旺。午间酒宴，以女家客人为尊，有俗语说“娘家客不好侍候”，就是源于此，有时娘家的带头人，如舅舅等故意整出些事来好让新郎家难堪，其实就是想来个下马威，以示娘家人不好惹，以后好好待新娘子。新郎与其父母要出面寒暄，新郎要敬酒谢亲，新郎新娘依桌向来宾敬酒拜席。饭后，新娘要为新郎家至亲“装烟”、点烟（火），亲友须回赠“装烟钱”。晚间，新郎的平辈男女要闹洞房，调皮的小叔子辈分还可以在夜里去窗下的墙根“听声”，但听完后第二天必须爆料，不爆料在人格上就有点那个了。反正是在农村你小子结婚了不能吃独的，大家要与你分享新婚快乐，当然了，这些都体现在嘴上（动真的万不可），新郎官儿也乐得这样，显示自己有人缘儿。婚后9天，有"回九"之俗，新婚夫妇携带酒、糖、鱼、粉条四彩礼物去娘家回拜，称为"占九"。

这些习俗说来挺有趣，可惜没实践过。这事也不好再复制一把，只好作为一种美好记忆长存心中吧。

世故

世故说起来像是挺深奥的，其实也就是说些邻里街坊的老理儿。

世故说起来像是挺深奥的，其实也就是说些邻里街坊的老理儿，说得玄乎些就是伦理，或者一种潜规则，是指市井中人们自觉遵守的各种道德准则或民俗约定。

本来是有法理的，但民间的琐事犯不上对簿公堂用法典。在大连的市井生活中，一般不叫伦理什么的，那是书面语言，老百姓通常叫理儿，是大家都认同的公理。邻里之间，同事之间，亲戚朋友之间，家庭成员之间，都共同遵守这些理儿，有矛盾了，要找人评理，要以理服人，按理办事。有悖常理的人叫“各路”，再严重一些叫“混账”或“浑球儿”，属于市井无赖一级的，即使公安不抓法院不判，也是不待人见的。理与法常有矛盾，经常是合理不合法，或合法不合理。比如在过去的大连民间只要男女举行婚礼了，就可以同居，即使没到民政部门登记大家也认同，这就是合情却不合法；而登记了没举行婚礼就住到一起了，大家就要说长道短，甚至上纲上线到伤风败俗上，这就是合法不合理。在平常的生活中，理儿比法律更广泛适用，要是到了诉诸法律这个地步，那就得打官司讲法理了，就是“破脸了”，矛盾的性质也转化了，不是敌我矛盾也是敌对势力什么的。

世故与伦理是民间市井常规，虽然没有成文的规定，但是大家都要自觉遵守，不能违背，不能打破，不能差辈。在民间的伦理当中，除了天地就是父母最大，父子之间的伦理，老子可以骂儿子，怎么骂都有理，打也没关系，这是正道。但儿子绝不能反过来骂老子，那就是小犯上了，有悖伦理。在美国，打骂儿女都是违犯法律，要受到法律的惩处，这在影视作品中有，在熟悉的同事中也有活生生的事例，但在人之常情上是无法接受的。

在大连的旧市井中，尤其是农村，还有一些不成文的恶俗老理儿。比如男人可以打老婆，不悖常理，甚至都打成俗语了，如“下雨天打老婆——闲着也是闲着”，把打老婆当成活儿干了；“木匠打老婆——有分寸”，把打老婆弄成技术活儿了；“老婆三天不打，上房揭瓦，”把打老婆当成习惯了，可见打老婆之风由来已久。打老婆肯定是侵犯人权，违犯法理，这是多么恶劣的行径，但受伦理上的“男尊女卑”影响，人们对此却是司空见惯，不以为然，像狗咬人一样平常。要是倒过来，老婆把男人打了，那就成了“人咬狗”之类的号外新闻。

在大连的传统文化上，人们往往很看重有关男女关系上的作风问题，是伦理中的敏感问题。比如，老公公与儿媳妇，大伯哥与弟媳妇，那要板着脸说话，绝对是一本正经，假正经也得装，之间有如一道不可逾越的鸿沟，不可越雷池半步。所以才有俗语说：大伯哥背弟媳妇过河——出力不讨好，比猪八戒背媳妇还糟糕。而对于小叔子与嫂子，姐夫与小姨子的关系，好像就格外宽容，可以打情骂俏，出点格也没关系。我在农村就见过一小叔子因言语不敬冒犯了一群大嫂辈分上的老娘们，结果被这些起哄的老娘们活活地给扒掉了裤子挂在苹果树上。可这在当地一点不算什么丢人的事，被当做笑料一谈而过。在农村闹洞房时，就特别讲究这种伦理，必须是小叔子辈分才可以乱闹，怎么闹都不能恼，但没听说大伯哥闹弟媳的洞房，那属乱伦。我在原单位曾被一群小媳妇称为大伯哥，就得板住脸装正经。有一次，一同事加老乡的老婆，也就是称我为大伯哥的弟媳妇要临产了去医院，从宿舍到电车站还有一段距离，不能背，也不能抱，怎么办？我也算是急中生智，就在窗外顺手找到了一块洗衣板，与她丈夫一起用一只手托着，一只手抬着送到电车站。这“大伯哥用洗衣板抬弟媳妇”就成了一典故。

在处理家庭纠纷或财产等重大问题，市井中的伦理也很管用。比如过去农村最常见的哥弟兄们分家，要找个主持公道的中间人，按照公平公正等原则，把财产归属说清楚，达成共识后，再写一份儿“约”，就是协定书的意思，当事人在“约”上按上手印就好使了，比红头文件好使。这个“约”如同房照一样，被纸包纸裹的放进家里的箱子底，甚至可以传世。打官司可以翻供，却没听说谁家不守“约”。不守约的人，以后没有人肯与你办事，是极没信用的人。一些重大的如房子土地转让，也是按照这个程序，找几个人写个约就好用，再签上字就好使，根本不用到公证处去公证，那个公证钱让他们白白赚去了，实在是可惜。可见伦理的基础也是建在诚信之上。老百姓之间借钱借东西，很少打借条，打条那会影响关系。

现在人们对伦理方面的教育改为“五讲四美三热爱”，或为文明教育，对于那些有悖伦理的事似乎宽容了，比如男女关系问题，过去叫“搞破鞋”“耍流氓”，现在很难听到这类恶毒的词汇，至多是“艳门”或“不雅”，事还是那些事。比如在路边那些“车震族”，在阳台上的“天体男”，这些事都是“法院不判，警察不抓”的不文明之事，法理无奈，还应靠那些民间老理儿来雅正为好。

新潮

大连这地儿爱跟新潮，尤其是小市民生怕人家说你『老杆』，也就是老土之意。

大连这地儿爱跟新潮，尤其是小市民生怕人家说你“老杆”，也就是老土之意。进入微电子时代，最新潮的事莫过于玩电子。以前以为电子的东西是绝对的高科技，是IT精英们玩的，市井百姓看的。现在可好，竟神不知鬼不觉地让微电子附身了，被那些看不见摸不着的“电子”操纵着，奴役着，耍弄着，绑架着……孩子们看电视打游戏，没有了户外的扎堆儿玩耍；大人们上班刷卡报到，工作大部分时间盯电子屏幕，铃声响了赶紧接听，交费不及时被暂停服务，包里那一堆卡不定哪个欠费或出问题了。越来越多的高速发展的电子产品无时无刻不改变着人们的生活和思维方式，它们让生活加速、方便快捷、越来越有趣，但也如“电子海洛因”，成了我们生活中甩不掉的依赖。电子产品对生活的改变几乎是“革命性”的。有了MP3和电视电脑，听歌看戏不用去剧院；有了电子邮件，传统的手写信件已经像大熊猫一样濒临灭绝；有了电子书，也许有一天我们再也见不到纸质书的踪影；流行的电子游戏机，让打球不用去运动场，变成了在家挥挥胳膊就能做到的事……

▼手机

手机问世也就二十多年，但是普及程度却是前所未有，现在已经成为身边一个形影不离的伙伴了。每天出门，第一个要紧的事是看看带没带手机，钱包可以不带，手机却万万不可离开。十多年前，手机刚兴起那会儿叫大哥大，拿那玩意儿的绝对是有钱的主儿，那年头儿大连街上谁家有固定电话的都很了不起，更何况这移动电话，没有个万儿八千的想都别想。要知道，那时的1万元能买一间屋子。现在可好，不管有钱没钱，大款还是穷人，官员还是白丁，几乎是人手一部，而且是越来越精致，功能也越来越多，成了人们须臾不能离开的东西。如果手机一整天都没有响，你会觉得很不习惯。在大街上，公交车上，办公室里，饭桌上，随便什么场所，看到最多的常态是人与手机对话。尤其是年轻人，一天到晚捧着手机在不停地浏览微博、发微信，有时还自己对着手机又说又笑又哭又闹。

公共场所的手机更是铺天盖地，几乎所有的商店和通信营业大厅都有手机专柜，那些广告更是令人眼花缭乱的，什么平板时尚，4.2寸完美比例，多点触控超大屏，经典视觉，动感劲爆；不多日又换词了，智能新时尚，16G内存扩展，上网炒股、游戏、电影、商务，手机比电脑酷。现在还出品了老年人专用手机，超大按键，超大字体，超大音量，超大宽屏，就不信老人会不喜欢手机？

这是一个手机横行时代，有了手机简直可以万事不求人了。家里的废品多了，就按照小广告上的电话号码打过去，不一会儿就来一收破烂的，临走时又留下一个名片，上面主要的信息是手机号。下水道堵了，或者家里的什么坏了，按上面的做法如此一番，保证随叫随到，但是钱必须到位。有了手机，初次约会就不用像特务接头那样规定接头的方式。有了手机，走到哪里都不用担心失踪，遇到危险可随时呼救。有了手机，公事私事都方便，尤其是与情人交流约会那是太方便了。当年写一封情书，得到邮局里买上八分钱邮票贴实了，再投到邮筒里，就在那担心地等待，怕情书丢了被人给偷看了，怕情人收不到情书，还有很多怕……现在竟然被手机短信在一分钟内就全部搞定，而且立即就会有回应。

手机使用方便，泄露个人信息也方便。不说那些犯事了被监视的人，因为有了手机而GPS准确定位监控，平常的商业活动也因手机的方便而麻烦了。如刚买完房子就有若干家装修公司跟上来了，刚买完车就有人要给你办理保险或退车辆购置税，刚考上高中就有各种培训辅导班跟上你，刚到证券营业部开户就有私募公司帮你荐股……每天的垃圾短信要是不及时清理，会把你的手机给内存给弄瘫了。

手机里的事最大。不管多大领导开什么重要的会，只要手机响了，肯定是优先接听，因为知道他手机号码的不是内人就是情人。要是小人物那更得诚惶诚恐地接听，以为又有什么好事了，原来却是个打错电话的酒鬼。那些交际广的领导或老板，你跟他谈多么重要的事情，都得忍受中间被手机打断的干扰。这年头，手机铃声不停的人，应当引起注意，除了业务繁忙之外，也不排除有什么勾当。正当的事情大多是可以通过座机交流的，隐私是不会在别人能听到的办公电话里说，而背着大家躲在一个角落里说事，能有什么好事？但也要体谅那些总也没有手机业务的“大能人”，空有手机没人叫，偶有铃声响起，那激动的神情好像是市长请他吃饭似的，遗憾的多是些推销业务的小姐或卖商品的垃圾短信，要不就是老婆让他买菜回家做饭什么的，一下子就像被盐渍的黄瓜一样蔫了下来。

这年头，别看脸上都贴了个手机在大呼小叫或窃窃私语，有时不用听具体内容，也能知道是什么人打来的。在办公室的走廊接听电话，那肯定是私事，最好躲远些，免得尴尬。至于什么事，你看神情便可大致知道对方是什么角色，比如满脸堆笑地点头称是，好像在电话里也能让对方看出表情来，那对方可能是领导或能管着他的有用之人；如果一脸严肃且边讲边用手比划，那可能是同事或下属，他能指使的人；如果神情沮丧在喋喋不休地诉说，那对方可能是亲属或没办成事的生意伙伴什么的；如果温情脉脉地低声私语，那肯定是相好的。在饭局上或打牌中，也可从声音判断对方的身份：如果接听电话声音由大渐小的，对方可能是领导或长辈，声音由小渐大的对方可能是部下或晚辈，一听就发燥的可能是对方拨错号或推销广告，连说带骂的对方可能是朋友或同学，笑得不停歇的可能是异性同学，半天哼一下可能是老婆在训话，悄悄避开众人的对方可能是情人！现在婚外恋泛滥成灾，手机提供了太多的方便条件。

手机不但在功能上体现使用价值，在形象上往往像服装一样体现出一个人的格调与档次。大致在2000年以前，那是手机越小档次越高。2010年以前，大连的体面人士都特别青睐“三星世界风双模双待”手机。那是身份的象征，比较讲究的局、处级干部、企业大老板几乎是人手一部，在公共场合好像没有这种手机就没面子，有了这种当时最高档的手机，开会或吃饭时往桌子上一放，那派头好比当年的“大哥大”一样神气。2010年后“苹果4”取代了“苹果3”，成为最牛的高档手机，但是用“苹果”机的就不独属于大领导和大老板的专利，年轻靓女和帅哥好像更有资格用“苹果”，而且物尽其用，倒是那些有权有钱的老头子用“苹果”有些糟蹋了，他们的多好的手机也就是用来接打电话，其他功能都是摆设作脸面了。在一饭局上，一中年小伙子一把握住我的手开玩笑说：“我终于找到知音了，原来你和我一样，还用苹果3，真乃iPhone老前辈！”我真不忍扫他的兴，又不得不实话实说：我这是孩子淘汰的手机我捡来用。显然我用的手机有些不合时宜，要是年轻人那就理所当然了。年轻小女子喜欢用大屏幕直板机，照相和听音乐的功能要好些。商务人士喜欢用智能机，能上网炒股票。农民工兄弟喜欢用山寨机，在公共场所把音量开得很大，手机铃声是时下最流行的歌曲。听手机铃声，大致能分辨出使用者的身份，在摩托罗拉流行时，是那种上“Hello……”的标准英语问候语铃声，是白领或商务人士；马林巴琴铃声，是自豪的苹果机特有的标志声，虽然在公共场合有一个铃声响，同时会有多个“苹果”使用者在看自己手机，虽然有些烦，但是他们还是坚持着不肯调换铃声；听到《月亮之上》的手机铃声，不能说人家是落伍者，而是曾经“拉风”过；在领导开会时下面突然响起高分贝铃声，人们会在心里嘀咕他没有教养。

手机等现代通信工具使人际关系发生了新变化。那些层出不穷的新潮电子产品，令爱好者们趋之若鹜，殊不知这些无形的网络把我们网在下面，像包裹鸡蛋或水果的那些泡沫网格一样被隔离与孤立。早些年，过年节打个电话问候，把串门走动的亲朋之情、邻里之谊这些老规矩给免了。近些年连电话都不打了，弄点好话儿，或从别人手机转来的短信，像批发一样，来个群发就搞定了。在饭局上，一桌子人酒过三巡菜过五味后便没话了，也不知是真有事还是装模作样，都拿出了手机或浏览网页，或发微信微博。在旅行的途中或机场车站，过去那种互相聊天的情形少了，大都在那低头忙乎手机了。也好，过去尴尬无聊时点上一支烟，现在把手机往脸上一贴，就很自然了。有些很不好意思说的话，在手机短信里就能很大胆直白地说出来。当你的手机上突然增加了一些陌生的短信问候，那人八成是面临“上挺”，要有求于你了。手机使人们的舌头变短，手指变长，经常有这种情形，同在一个屋子里，喊一嗓子就能听见的事，儿子却用短信同老子对话，老婆用短信告知老公吃饭，不料这短信有时会错发给千里之外的好友，那才令人捧腹。也许会有那么一天，人手一部手机，见面都不打招呼了。

▼刷卡

随着经济的发展，很多人手里的银行卡越来越多，真佩服那些钱包的设计者们，把一个只需有一个功能或者一个夹层的钱包，做成层层叠叠的夹层，上面可以插满花花绿绿的卡，真是琳琅满目：有借记卡、贷记卡、准贷记卡、金卡、普卡、商务卡、运动卡、美容卡……仿佛持卡多少成为身份的象征，刷卡已经成了这个电子时代的标志。

曾几何时，这以证为代表的纸器时代还没怎么过明白，就被卡取而代之了。看着眼下这些卡，不由得想起了过去的那些证，我们这一代人大半生都是与证打交道混过来了。别小看那些形形色色的证不过是一张特殊的纸，但它可是决定我们命运的“符”。从那个精子和卵子结合的那个时候起，你就得为证而忙活：什么准生证、出生证、身份证、学生证、学位证、毕业证、团员证、党员证、暂住证、结婚证、房产证、驾驶证、健康证、工作证、保险证、医保证、下岗证、上岗证、职务证、资格证、荣誉证、退休证、老人证、死亡证，这还不包括平时的洗澡证、乘车证什么的，要是把过去用过的粮证和各种购物证都加起来，这一生没弄个著作等身，却也是证件等身了。怪不得这些年“办证”的野广告像清不完的“牛皮癣”，到处都是，不光大连有，外地也有，就连雪域高原上的清净之地也长了“牛皮癣”。那时就盼，要是没有证的日子该有多好！

十多年前去美国，导游告诫我们，在纽约、华盛顿等这样的大城市里，晚上出门兜里要揣点美元现钞，以防遇到黑人向你要钱你没有，会发生意外。因为美国人是不随带现钞不用证，人家消费只刷卡，只有中国人的兜里有大把现钞，成为异国歹徒攻击的目标。那时觉得美国人很牛。这才几年，我们中国人就牛起来了，大连人更牛。那些消费达人的皮包里备有：一个厚厚的卡夹，里面塞满了银行、商场会所等多种会员卡、健身卡、美容卡，消费时只管“喜刷刷”！

我的一位同事，对卡情有独钟，尤其爱在我跟前显摆他那些VIP卡。我很不服气，也不是有意与他PK，但也想得到VIP卡。其实一点都不难，陪老婆到家旁边一家名人坊烫了一次头，存了1000元，就是那家美发店的VIP了；到移动公司去交费，稀里糊涂地听信移动小姐的劝言，结果每月话费超过200元，便是移动运营商的VIP了；经常坐飞机出差，大连机场给了我一张明珠卡，就成航空公司的VIP了；请朋友吃饭多去了那家饭店几次，又成为那家饭店的VIP了；老岳母八十岁大寿给老人家订了一份儿黑天鹅生日蛋糕，便成为好利来的VIP了；后来更容易了，在网上买了条裤子，便得到一张三明治店的VIP卡；再后来连消费都不用，只要留下手机号，就“被”VIP了。看房子被售楼处VIP了，而且还是全国的VIP，沈阳、武汉那地儿新楼开盘了，你的手机短信铃声也不时响起来；那次去商店看手机被强行留下电话号码，走了还不到一小时短信就来了：尊敬的VIP客户……

可是要真正享受这VIP却不太容易，其实人家就是给你一高帽子戴，并无实质性的贵宾享受，可是在无形之中却添活儿了：每天要接收十几条的短信广告，还要接听商家推销新产品的电话，有的“送服务”到门的热心商家常常会顺藤摸瓜突袭你的工作单位，没事时你还得接受问卷调查什么的。我就不明白，怎么什么好事都能弄变味，没有一件好事能好到底的。

开始持卡时那感觉有点到美国了，好用不好用不说，看着那些五颜六色、烫金烫银的精美电子卡，心里就有一种高贵感，这年头土老帽才用现金消费呢。刷卡时那感觉就更“大款”了，用现金一眼就能看出其厚度，用卡就都一样了，那些亿万富翁的卡也和咱这一样，谁也不知道我卡里有多少钱。尤其是那种借记卡更大方，不用担心卡里有多少钱，看好什么只管“喜刷刷”，那心仪之物就归你的名下啦！到超市购物把那会员卡一递上，就能打点折，打多少也不知道，反正是比不打折要强许多，重要的是那份儿优越感。

别高兴得太早，麻烦在后面。不出百天，催缴欠款的通知短信就来了，到银行一还款就傻眼了。好像还有点无独有偶，接着下来那些插在皮夹里的卡都来找麻烦了，那张最引为荣耀的金卡一会儿让你交年费，一会儿说你里面的资金不足，要停止服务。去银行想享受一下金卡的VIP待遇，人家让你取票排队，那持金卡的人坐得一溜两行，比普通客户还要多。商店里的那张VIP会员卡光积分好用，还没怎么地就又要求换卡了，至少又得交出10元钱工本费；加油卡里面没钱了，这油价三涨二涨的，计划一年的油钱半年就花光了，再续又得一个月工资了。最闹心的是那美容卡和健身卡，老婆说每次去美容店那里耳边都磨出茧子来，不买新产品你就别想得到好服务。那张管三年的健身卡还没用上几次，就不好用了。好不容易找到搬到别处的那家会所，人家已经改名换主了，你向会所提出退卡要求，还是那个老板，也不说不承认，就百般刁难，一拖再拖，甚至以“解释权归店方”为由来搪塞，二年拖下去，拖得你都不想再要了，省得生气上火得病，本来初衷是为了健身。

当我终于意识到越来越厚的钱夹快成了卡的垃圾场的时候，便进行了清理整顿，没想到，居然能掏出了十几张各种质地的卡，除了工资卡经常用外，好多卡都极少用或没用过，有的甚至还不知道是干什么用的。这时候对卡的感觉就有些恨意了，它们像小特务一样潜伏在我的钱包里，占用我的空间和信息，找我的麻烦，却不给我办事，要你们有何用？干脆撕掉算了。后来我明白了，真正的 VIP 是不用卡的，只有小市民才去玩卡。刷一次卡还装模作样地在小票上签一下字，好像是行使了一次重要权力，但万不可认为自己跟大老板一样，人家消费是在支票上签字的。

▼QQ

因为有了网络，现代人聚堆儿聊天已经不在市井里，而是在家里，在电脑上，在一个虚拟的又是现实的 QQ 里。过去那种纯粹的市井好像不太好找了，它换地儿，已经成为中老年人守望的最后一块麦田，或者是一种过去生活方式的回忆。可以说，QQ 群才是真正的现代市井，那里有群，有好友，有同学和亲戚朋友，在 QQ 的即时通讯平台上，像在生活中建立或经营关系网一样，拥有一个共性的小群体，如同一个大家庭中的兄弟姐妹一样相互沟通。在那里，市井百相、家长里短、儿女情长应有尽有，过去的市井里没有的，那里也可以有。说它虚拟，是因为那里的名字五花八门什么都有，不像是在人间里，而在电子世界里，甚至是从未谋面就成为至亲至密的网友；说它现实，是那里面确实有很多你的亲友、同学、朋友、战友或认识的人，而且对话聊天就好像坐在市井中的某一个地方，诉说身边琐事、家事国事天下事，欢心事、闹心事，事事可谈，只是动不了真格的。

在网络深入生活每个角落的同时，群的应运而生具有市井意义。你可以根据自己的爱好选择自己感兴趣的群，有讲究生活的烘焙群，有凝聚同学情谊的同学群，有热爱音乐的爱乐群，更有单身俱乐部的交友群等等，那真是物以类聚，人以群分。你要是热爱登山，那就选野外生存的露营群，如果你是摄影的爱好者，那你就选一个发烧友的群。还有“车主群”“徒步群”“紫砂群”……甚至还有“挖野菜群”等等。在那里你可以感受不同的人生，也可以隔空对群里的任何一人发话。

入群时，群主都会向群内在线的群友们高喊，有新人来了！颇有杨子荣进入威虎山之感。于是，群内的好友们个个都会像老匪惯匪般地发起问话，有些网话近于行帮黑话，你若对答如流，或者说出个一二，那你就是个“流子”而不是“空子”，你要是一问三不知，那就是个菜鸟了，没人爱搭理你。当然了，还有调侃式的问话：美女，能不能报上三围？也有不客气的豪女对新来的男性要求，能否上个图片看看是否够靓。

近年来网上又时兴“走群”，听起来有点像“走婚”的感觉。其实，就是在一个群里太熟悉，有些腻了，就在网上不同的群间“游走”，寻找一些新鲜的生活感受，认识一些新人。当年网友的“见光死”已经成为历史，如今的“走群”使网友不必固守某个群，但是陌生人之间的相处也变得自然和宽容，熟人之间往往很累，把业余时间交给陌生人也是种放松。

在这里你可以高调，高调的人是活跃群内气氛最好的热群好友，让大家每时每刻都有话说。你也可以低调，低调到隐身，只看不说，甚至在线的标识都可隐匿起来。这样的人，在群里被称为是潜水。这种占有资源不奉献的人，很令人讨厌，所以会有人高喊：潜水的猪都出来吧。但是，藏久了，如在生产队干活儿出工不出力，群主就会把你踢出群，这时就由不得你，要不要你是群主说了算。

群里还有特定的语言，曾有一个“快乐虎山”的群，这里的群友们全是属虎的。相同的年龄，相近的经历，大家有种自然的亲近感。这个群里有个特别的词叫“三同”。比如有人上线，就会有人喊，谁谁谁，你的三同来了。所谓“三同”就是略有点暧昧关系的群友，就是那种同吃同住同爱的别称。听起来还真觉得有点意思。

在群里你可以取个好听的名字或耸人听闻的怪名，有人叫老狼、沙漠、蔷薇、思雨等等，也有狠人直接就叫重口味、爱色、罂粟、伟哥等等，好像人间有什么词语，这里就有什么名。但无论是叫什么，没有人去问你的真姓名。不过从名字上看，也能看出各自己的爱好和取向。

入群最希望的就是群聚会。在聚会中你可以认识到很多朋友，大家畅所欲言，不问出处。你以另一个名字出现在众人面前，总有种冲动问自己：我是谁？群里聚会都是AA制，这种无大负担的聚会形式很文明，花自己的钱，找自己的乐，尽情自娱自乐。有人会把这样的聚会延伸到自己的业务上，找到可发展为合作伙伴的网友，也有找到自己的“三同”。群里有个口号叫“能促成一对是一对”。呵呵呵，促成了多少对，恐怕连群主也不知道。当然也有叙同学情的，有个大连市第七中学的“同学真好”群，在两年的时间里，召集了全学年二百多人的初高中同学，在某酒店召开了一个大型聚会，当阔别三十年的同学们欢聚一堂时，那同学情，老对儿情，初恋情……

如火焰一样炽热，像惜别重逢老友一般相拥在一起。

聚会上，还是当年那些人，那时的三句半，那时的小合唱，一下子就把大家带回那个当年。当年的校花也再次穿上了舞蹈鞋，跳起了经典曲目“白毛女”，那旋律让人感到三十年的岁月蹉跎与沧桑。由于同学们都是先从网上联络起来的，同班的不同班的，相识的不相识的，只要是同学，就是好友。同学们相互打听，谁谁来没来？哦，原来是你啊，你怎么一点也没变啊？三十年啊，如果没有这样的群，怎么可能让一个学年的二百多位同学相聚在一起呢？

有很多网友是拼音打字，所以，许多谐音就直接敲上来了，音与义完全扭把着，也是有意形成的一种风格，自己看着都想乐，这也是网上聊天的一大乐趣。

比群更高级一点的是空间和微博，在那里，你可以上传照片，写点心情文字发到网上供全国人民去评说。这也是时下大学生们和白领们的一个展示平台。时下，想结识一位朋友，一般都会去他的空间和微博上看看。你发个心情：“思密达，欧爸我回来了。”在这里你一定要明白，这欧爸是韩语哥哥的意思。于是有人就跟帖：有没有拍个黄瓜拉个皮啊？这样的互动没有群里亲切，但它的传播是广泛的。高调的人可以在这里晒个爹，炫个富什么的。认识的不认识的都在这里调侃。

有一调侃校园食堂的帖子很搞笑。大学校园里的食堂菜被学生们称为是我国第九大菜系，广泛分布于全国各地，主要特色以不放肉、不放油而闻名全国。这种只有在过去的市井里可听到的语言，已然风行于网络市井。

网络把有形的市井搬到一个更加广阔的虚拟空间里。在这里你可以很个性或很随性地选择好友，选择空间，QQ 群中为好友互动，微博范围广，大到明星，小到小老百姓都可参加。只不过，大明星们的点击率高些，小老百姓低些。而大明星们是网站请来开博的，小老百姓是自愿的。在大连，开微博的多为玩手机一族，这也是年轻人的最爱。玩群的多为中年人。这个年龄无论有钱与否，但肯定是有闲的人群，多数是随孩子们的离去而空巢在家了，平日里除了上班以外，没有太多的活动，就是靠群里的好友们打发时间了。

旧习

我不动声色，那相士却精于察言观色，摇动三寸不烂之舌，振振有词……

算命和看风水一类神学巫术伴随着我们已有数千年。从传统文化讲，有一些可列入“非遗”，从迷信的角度看，属于陈规陋习。虽然“文革”破“四旧”，一度销声匿迹，随着形势的逐渐宽松，这些旧习似乎又沉渣泛起，在上个世纪八九十年代，街上开始流行算命、卜卦、看相，那些在“文革”中隐藏起来的算命先生，可能算出机会来了，便都跑到大街上、旅游景点等人多的地方重操旧业。什么生辰八字、婚姻爱情、未来运程，增财方法，似乎所有的人生预测都无所不能。更有那些想以此赚钱的精明人，也开始现学现卖，弄点民间的五行八卦或奇门秘术，或者买些有关方面的书籍，如四柱类的《渊海子平》《三命通会》《穷通宝鉴》《子平真诠》《命理探源》，易术类的《周易集解》《周易折中》《周易注疏》《周易述》《周易尚氏学》等，不用精通，只掌握其中的皮毛，便可卖弄一阵子，挣口饭吃没问题。要是下些功夫精通了，那就成了后起之秀的大仙级的，不过还得借助一些神灵才能玄乎其玄，形成一定的知名度。大仙的知名度非常重要，只要你算得准，不管你在何处,大有“酒好不怕巷子深”的效应。从迟暮老人、痴情恋人到考试在即的学生，还有机关干部、公司职员、商人、闲人、恋中人各色人等，当其面临重大抉择或谋事不成，无法正确面对挫折和磨难，又不能找到情绪疏解和心理安慰的途径时，便容易信奉“天命”……

记忆中的算命先生

▼算命

我不太信算命的，但对算命先生那些伎俩却很感兴趣，没事时经常到卦摊上看他们是怎样算命的，尤其想弄明白，他们怎么就能说准且说得让人心服。后来我发现了其中的奥秘：一是说得玄乎些，让你听不大懂，却要心生敬畏；二是察言观色，尽量让你多说，以获取更多你的相关信息，再运用心理学来研判你的基本状况，能够把你说准；三是说得模棱两可，说一些似是而非的话，怎么听都对。比如他说你“娘在父先亡”这句话，如果是娘活着，爹死了，那他说对了；如果是爹活着，那也同样适用，人家说得是娘在爹之前先亡的。当然了，还有一些弄不明白的巫术和小伎俩。那可能算是绝活儿，要是轻易让你给破了，那人家还怎么混？

那日办事路过中山广场，看到一些招徕生意的相士们在纠缠路人。他们摇唇鼓舌、唾星四溅的游说，真是神气活现，惟妙惟肖，上下五千年，大有说破天机惊煞人、不留钞票誓不休之势。这类事我见得多了，于是，专拣僻静人少的路走，以避麻烦。好像清静了不少，正想暗自得意，不知从何处突然冒出一白脸黑衣年轻人，抢过我的手看了一眼便惊诧不止。我惊魂稍定，正待发作，看他那青筋暴凸的细手和瘦弱的身材并无力气，料他黄口孺子也不是我的对手，便耐着性子想看看他“周郎小儿有何本事”。他神秘兮兮地告诉我说，他在此观察多时多人，唯独我仪表不凡，有大官人之相，近有升迁之机，大约在六七月。咋听这话还真令人怦然心动。如果说我能发一笔大财，那肯定是谎言。而混机关的提升倒是很现实，也很有诱惑力，他也许知道六七月正值机关改革，值此“三定方案”之际，说些官场升迁之类话很有杀伤力。

我不动声色，那相士却精于察言观色，摇动三寸不烂之舌，振振有词，什么天庭饱满，富贵之相，形容敦厚，聪明过人，有张良、萧何之才，但一直未得施展，不能久居他人之下……赞誉惋惜之词不绝于耳，果然动听。但仔细思忖，这话既无针对性又无实质性，实用范围太广。人生不得意者十有八九，中国人古往今来只有天子居众人之上，余者上面皆有君临，居人之下者比比皆是。有谁会承认自己是庸人，怀才不遇的心态多有之。但是也不能因为没坐豪华轿车出门办事，身边无跟班或“小密”相随就断定是平庸无为，或者是久居人下不得意。其实他是在搞火力侦察，用心观察分析他说的每一句话在我脸上的反应。于是，我说了句“感谢鼓励，今后努力”的话就想走脱。

那相士急了，急忙说做官为民，各有其道，迷途错路需要高人指点。你身边有小人别着，而且别着你不止三五个月，小人不去，时运不来。一听说有小人当道，便若有所悟：生活中的诸多失意，仕途上的种种障碍，人与人之间不可避的利益冲突和矛盾怨结，大多可归罪于小人。余秋雨先生说小人是一团驱之不散又不见痕迹的腐浊之气，是一堆飘忽不定的声音和眉眼。他们组成了道口路边上密密层层的许多暗角，即便是智慧的光亮、勇士的血性也对这些霉苔斑斑的角落无可奈何。既然如此，想那相士也奈何不得。再细看那相士恰如小人一般无二，便想不理睬他，毅然走脱。

那相士还真有一股邪劲，紧追我不舍，抢先横在路上，来个图穷匕首见。只见他一改嘴脸，先前的升迁富贵之说立刻变成什么眼圈有暗影笼罩，眉宇间晦气凝重，甚至百日之内将有血光之灾，你信不信？我当然不信了。如果你还是无动于衷，肯定还会有更多的灾难像一盆盆污水一样劈头盖脸向你泼来，好言奉承可以不必介意，但恶语相咒却极不舒服，心里犯硌硬，如同吃了肉馅包子后听说里面有苍蝇（不论真有假有）什么时想起什么时就恶心。不由你信不信，为了净心，图个吉利，破财免灾，掏钱吧！我终于没有脱俗免“宰”，“被算了一命”，但却明白了相士们原来不用先知先觉知天命，倒是需要一副铁嘴钢牙，说得你得意忘形时，自然要赏钱的，否则就让你心烦意乱，惊恐不安，终了还是要掏钱的。想不掏钱就得有更好的心理素质，任凭他说什么你都不犯硌硬，即使苍蝇也要闭眼吞下。

现在城里的算命先生很少有在大街上摆摊的，一是城管不让，二是没有人信。但是算命仍有市场，平民百姓对此还是感兴趣，好像没有别的指望，在算命里或许能抓到一棵稻草。简单的可以根据出生年月日和生辰八字，对照《易经》可做一些常规的人生预测。还可以上网，网上算命的事更花花，连你的桃花运都能算出来。要有了人生大事，比如孩子高考、婚恋、做生意、投资等，信命的还是要找“大仙”当面给算一下。这些大仙一般都隐藏在农村，好像普兰店那地儿挺多的，旅顺也有。那天听同事讲，同事的朋友的儿子想买车，订金都交了，心里还觉得不踏实，又去旅顺找“大仙”算了一下，说她儿子在32岁时开车会刮碰别人车，引起纠纷。这六年后的事情“大仙”说得那么肯定，且有鼻子有眼，吓得她赶紧把订金退了，车也不买了。“大仙”还能左右建筑风水。大连一有名的房地产开发商去世了，后来家里相继有人故去。这家后来的掌门人找“大仙”给算了一下，说是故去的主人属马，他在世时在一个城市广场上修建了很多马，就是这些马把人拉走了。就这一句话，那个城市广场的所有马都消失得无影无踪了。算命这事肯定是迷信，没有任何科学依据，可是有时确实被“大仙”算得神灵活现的，也有确实有没算准的。于是，信徒们和百姓都会说，信则灵，不信则不灵。信不信由你。

其实，如今的人们也知道算命的把戏，弄些小迷信活动往往是为了图个吉利或者有个好的心理暗示。如前几年高考流行穿红衣服，后来又时兴穿耐克服装，也就是冲着那个代表“对号”的大商标去的。今年高考又流行紫裤衩，按大连的方言就是“紫腚行”，即指定行。

▼风水

有网络戏言：有空学风水去，死后占个好墓也算弥补了生前买不起好房的遗憾。其实这也不是戏言，在大连市新华书店一楼畅销书区，《易经》等相关书籍品种繁多，形成了一个专区，围绕《易经》展开的书籍大约有近百个品种。关于楼盘风水、装修吉宅的书籍，又单独形成了一个专柜。展台周围长时间站着一些翻阅的读者，神情专注。书店能公开出售这类书，说明风水是一门学问。翻看一些较权威的书，对风水的说法是：古代人们选择建筑地点时，对气候、地质、地貌、生态、景观等各建筑环境因素的综合评判，以及建筑营造中的布局、某些技术的运用和种种禁忌的总概括，简单地说是人们对生前居住环境和身后墓葬环境的选择和处理。在古代，风水术盛行于全国各地，成了左右人们衣食住行的一个很重要的因素。在现代的结婚、装修、生子……越来越多的生活场景里，你会发现自己被各种风水说法包围。中国社会正处在转型期，人们整天都要面对很大的压力和挑战，意志力薄弱的人可能很容易就相信那些虚无缥缈的东西，尤其是那些文化水平不高的人，面对被包装出来的所谓“风水文化”，更容易产生自我安慰和自我期待的心理。

在民间，风水更多地包裹着一些神秘的玄说，甚至带有迷信色彩，好像也只有这样才更有市场。大菜市那里卖风水吉祥物的店铺占了几乎半层楼。那些店主总是口若悬河地向顾客讲解他的“宝物”，讲着讲着就把一位旁听的顾客讲动了心，“抱”了一个大大的树脂发财猪回家。旁边还有一个超大号的发财猪，胖胖的差不多有一米长，憨憨的样子十分招人喜爱。店主继续吆喝，说不少年轻人喜欢买发财猪，放在家里可以聚敛财气。现在物价这么高，这宝贝能让你财源滚滚……最有趣的是，这个发财猪还有多功能，它是一个超大的储蓄罐，“我的一个老客户说，里面能放一万多枚硬币。”一位中年顾客又被说动了心，经过讨价还价，掏了380元买下了它。热情的店主还打电话叫来一辆送货的手推车，嘱咐他把货送到顾客的车上。临行前还不断叮嘱顾客：“保养老简单了，打鞋油就行！”那里除了传统的四大吉祥兽（龙、凤、龟、麒麟）、貔貅、金蟾等“宝物”，风水用品开始中西合璧。比如发财猪、招财猫，甚至连“宝葫芦”也与西方的万圣节南瓜挂了钩，貌似南瓜却是葫芦，长长的葫芦藤扶摇直上，足有半米长，店主吉祥话不断，“这是瓜瓜生财、节节高升，也可以叫福禄吉祥……”

城市里讲究风水，主要在住宅上，由于建筑设计是开发商说了算，也只能大概做些选择，比如坐北朝南，左青龙

（河），右白虎（路），这种理想的布局几乎没有。那就在房屋的装修上做文章，或许这个自己能说了算。如今家装设计师最怵的已经不再是挑剔细节、追求完美的雇主，而是拿着罗盘、揣着鲁班尺的风水师。设计师们要是不自学点风水和民俗学，那你就别在这行混了。现在笃信风水的人越来越多，房主在看过设计图后，还要找风水师再看一次，装修好了的房屋也要重新拆墙、改门、挪水管。比如家里的马桶是直接对着正门的，那是“大忌”，必须改变方向。我的邻居家装修，设计师在一进门的位置设计了一个绿植区，旨在通过这样的绿植区来从视觉上拓展空间。费力把事的做好了后，却被房主一个朋友否定了，他说开门要见红。最终又不得不凿掉绿植区，做了一个红色的玄关。再比如，在卧室的床头不能悬挂书架，不能对着镜子，床应该怎样放，也都有讲究，一些不着边际的说道也越来越多。

农村讲究风水，一是阳宅，二是阴宅。阴宅本身就带有迷信色彩，除了祖坟已没有闲地，“风水宝地”早就占满了，因而也没有选择和讲究了。这住宅可苦了农民，几辈子都没富起来，也没有当官的，要是再有个天灾大病的，就怨房子的风水不好。我老家修房子时，后面那家就说我们家的西墙与他家不利，硬是向里缩进了一米才息事。墙是挪了，照妖镜也挂上了，可那家的日子还是照旧。在农宅一排房子中，高度必须一致，这样说也不准确，是你家的房子不能比别人家的高，低了当然欢迎。要是高了，就冲了风水，压了人家，那就要打架，弄不好都还出人命的。不要以为“文革”破了“四旧”，这些陈规陋习就杜绝了，近些年好像反弹得很厉害，就看那些越来越滋润的风水先生，就知道它在人们的生活中有多重要。

风水有讲究，但要看是谁，帝王将相那是怎么讲究怎么有理，甚至他们就构成了一种风水要素或范例。对于蜗居斗室的打工族，实在没有讲究的必要了，都到了地平线上了哪里还有风水！过于讲究就是跟自己过不去，心存太多的幻想那就等来世吧。

找乐

仔细捉摸这乐儿的真谛，并不是因为拥有得多，而是因为计较得少，乐儿就是：有希望，有事干，有人爱，自己也乐在其中。

TAXI

好玩是动物的天性，也是人的天性，玩的本质就是找乐儿。倘若人要没有这个天性，或者是这一天性被扼杀了，那就好比一个著名的人与猪关系之推论：

人 = 吃饭 + 睡觉 + 上班 + 玩

猪 = 吃饭 + 睡觉

代入：人 = 猪 + 上班 + 玩，恒等式变换即：

人 − 玩 = 猪 + 上班

结论：不懂玩的人或没有玩乐的人等于会上班的猪。这虽然有些玩笑的成分，但也有几分道理。

头些年的大连，感觉到处是上班族匆忙的身影。这没几年的工夫，城市里又到处晃动着闲下来的老人。其实也不算老，要是在农村，六七十岁仍然可以劳动，可在城里可就没有用武之地了。他们倒是想在自家楼前后的花坛或绿地上弄上一块菜地侍弄，弄一个自行车修理铺或一个地摊儿练一练，不成啊。那没事就玩吧，找乐去！仔细捉摸这乐儿的真谛，并不是因为拥有得多，而是因为计较得少，乐儿就是 有希望，有事干，有人爱，自己也乐在其中。

▼幸福感

幸福就是一种感觉，有幸福不一定有幸福感，俗话常说的“身在福中不知福”的人就没有幸福感，而知足常乐的人幸福感就很强。幸福感是在满足中形成，在比较中强化。对于普通百姓而言，往往一些小事就很容易满足。比如你饥肠辘辘顶着风雪走在大街上，看到街角出现一家热气腾腾的包子铺时，你就觉得非常温暖。现在住 100 多平方米的大房子没觉得太幸福，当年住集体宿舍时，单位给我一间教室间成的简易房子，那幸福感比现在强烈得多。大学毕业刚参加工作那几年，月工资挣 56 元，馋了就和狐朋狗友到天津街找一小馆，拣一付干净座头，切上二斤猪头肉，拍上几根黄瓜，再要一盘香肠，炒上一大盘花生米，二角钱一大碗生啤酒，肥吃海喝一顿，也就十来元钱。现在的十元钱，在大连仅能买 4 个苹果，20 个鸡蛋，6 个西红柿，一斤瓜子，一碗打卤面。那时就觉得自己挺有钱的，很幸福，有富翁的感觉。而现在请客到大连一些像样的酒店，点菜时就觉得自己像个乞丐，看中的体面菜都觉得是天价，虽然工资挣得比那时多 100 倍。你说怪不怪！

幸福感很简单，没有专家们说得那么复杂，弄那么多的指标，什么家庭和睦状况、人际关系状况、未来生活和社会发展信心、灾害防范状况、居住状况、治安状况、教育状况、环境卫生状况、社会保障制度、就业状况、医疗保健条件、社会道德风气、经济收入状况、交通状况。据中国社科院城市与竞争力研究中心 2011 年发布的一项报告，在被调查的 294 个城市中，石家庄市居民幸福感排名第一，而在全球经济竞争力排名第三的大连，幸福感排名第 146 位。大连人幸福感咋这么差？而同类城市的杭州和成都，却在中国城市竞争力研究会、香港大学当代中国研究所共同发布的“2011 中国城市分类优势排行榜”中，获得“最具幸福感城市”和“十佳优质生活城市”。中国城市竞争力研究会认为，城市幸福感是指城市市民主体对所在城市的认同感、归属感、安定感、满足感，以及外界的向往度、赞誉度。其特征是，市民普遍感到宜居宜业，地域文化独特、空间舒适美丽等等。从 2007 年开始，中国最具幸福感城市已经连续评选五届，成都几乎每次都榜上有名，体现了近年来成都在自然环境、生活质量、文化娱乐、建设成就各个方面所取得的全国认同。在生活感受上，成都“四美”的美景、美食、美酒、美女，在全国乃至世界流传。大连的城市生活质量感觉挺高的，可是看排名还得努力提高才行。2012 年的《中国城市生活质量报告》显示，大连在全国参评的三十五城市中排名第十八，低于宁波、青岛和厦门。

大连人过去的幸福感是很强的。接待外地人，人家一听说你的 GDP 和财政收入那么高，就面有敬佩之意，觉得大连人确实能干。全国卫生城、文明城、宜居城什么的，能找出十多个在全国获得桂冠的称号，作为特别有主人翁意识的大连人怎么能不自豪？这就像出门一样，穿得体体面面的，人家尊敬你，你就觉得比别人强，就有幸福感。可是大

知足常乐

多数普通老百姓对那些经济指标、社会指标、环境指标没有感觉，总觉得那是官员们的事，是记者们的事，是代表他们那个阶层的，与自己的生活和幸福感关联不大。还不如老板和领导多发点奖金幸福，没有自己上海里钓到一条小鱼幸福，没有自己孩子在学校考了个好成绩幸福，甚至没有“打滚子”或下象棋赢了的那种幸福感。老百姓的幸福很大程度来源于对这座城市的归属感。过去外地人说大连的城市好、环境美，大连人听了很受用，很有幸福感，现在听外地人说这话，就觉得他是来买房子的，大连的好地角好房子都让这些外地人买走了，买了还不住，我们这些坐地户想住还没钱，都被搬迁到城边上住。过去看那些拖家带口的东北人来大连那么喜欢海，到海边拣点被海浪冲上来的海带片都那么满足，就为自己是大连人感到幸福，现在人家买了房子还拥有一片海滩，而就在那个海边长大的大连人却不让去了，连旅顺一些偏僻的海滩都有主了，你没房子就不能去那里的海滩玩，硬要去就得掏钱，你说他能有幸福感吗？

▼打滚子

打扑克是大连街上最普及、最广泛的群众性娱乐活动。打扑克不像打麻将或下棋那样，要有专门的“玩具”，只要两三副能装在衣兜里的扑克牌，就能在公园里、马路边等随便找个地方玩，省钱省事有趣。讲究的到茶馆，花上50元，再要上一壶茶，从开门打到关门。除了小年轻的不太喜爱这种娱乐活动外，绝大多数的中老年人都痴迷于打扑克。午休时间、饭局子前后、旅行途中……只要有可能，弄点什么东西一垫，就四个人捉对“打”它个面红耳赤，什么“吃饭了”、“打酱油”、买菜什么的统统都忘到脑门后了。

大连人普遍喜爱的扑克游戏不是流行全国的“斗地主”，可称为市玩的主要有两种。一种是“手把一”，是“打娘娘”的升级版，不同的是四人或六人分成两帮，两副牌或三副牌合在一起，手中剩下最后一张牌时必须声明“手把一”，由此而得名。基本规则是胜为“皇帝”败为“娘娘”，“娘娘”要给“皇帝”“上贡”，也就缴出手中最大的牌。出牌简单，但讲究配合，老年人玩此游戏居多。打到激烈时，经常就为配合不好，对方说了一个“臭”字，两个老头儿就能打起来，打完了再和好，继续打牌。

另一种是“打滚子”，也就是“打升级”的改良版，至少是三副牌或四副牌合在一起，三张完全相同的牌为“滚子”，打四副牌的这种情形为“炸弹”，都享有最大的权威。大连人“打滚子”是越滚越大，已经超出其本身的意义，不仅妙趣横生，而且直面人生，不但有娱乐性，还有普及性、经济性、社会性、网络性，再带点文化性也不算牵强。普及性不用说了，好玩的大连人几乎没有不会“打滚子”的。经济性是打滚子可带来巨大

就这点爱好

的扑克牌需求，扑克牌摆在大超市和便民店的货架子上，也是大连各种饭店、茶馆必备的一道“菜品”。社会性的标志是大连电视台专门有一个频道，叫“步步为赢”，直播“打滚子”比赛并带讲解。网络性就是像玩游戏一样，下载一个专门软件，在任何时间上网，都有一大堆牌友挂在那里，只要你想玩，就能找到对门和对手，然后就玩起来，赢一场加十分，输一场减十分，输光了可以在网上花钱买分数。在网上打滚子，也有一些潜规则或暗语什么的，如对门出一张A,你家有两张A,轮到你出牌时，要故作思考状拖延时间，让对门知道你家有两张A，那么对门就可以“狗仗人势”地放出K或顶出10来。在网上打滚子就是方便，随时都可以玩，只是没有现场氛围，也看不到对方是什么样子，是男是女，怎么说也没有现场玩纸牌过瘾。

“打滚子”的人每每较起真来，不分出伯仲，决出雌雄，是不肯罢休的。然而，赢家自然是赢了，输家的嘴上也从未输过，这胜负问题也如老人家说过的阶级斗争，“需要一个相当长的时间才能解决”，所以就越打越来劲。说来也怪，在别的事情上都是谦谦君子，唯有打扑克与下象棋，从未有人谦虚过。

“打滚子”伊始是“打对子”（亦称“打棒子”），是把两副扑克合在一起玩。这由过去号称“54号文件”（54张牌）升为“108号文件”（108张牌），也算是游戏制度改革。改革的意义打破了一个“大王”（或“司令”）独裁的局面，引入了竞争机制，并出台了一些限制“王权”的法规。比如再小的对子，也让不成对的“大王”奈何不得。这在玩法上多了技巧，而不是靠抓好牌定乾坤，因而就有了活力和竞争力。后来发展为三副牌合在一起玩，“滚子”（三张完全一样的牌）成了王牌，是“打滚子”的核心技术与魅力，很多战术都以此展开。这一改革由“二王”争雄演替为“三权”鼎立，“王权”被进一步削弱，团结协作的技术进一步强化。关键是把定“主”的权力下放到“混儿”（庄家打到几，那个几就是混儿），且可依法废（改）立，运行的原则是先来后到，多者说算。还有“喝血”之约，胜者王侯败者贼，输家要给赢家“上血”（可能大连人对“血”情有独钟，把上贡叫“上血”)，按得分数定上缴数量，一般下限为80分，上限150分，不足或超限的，每10分为一个“血”，扣一张大王二个血，长两级，扣小王顺降一个档次。只有“暴动”才可免贡，就是上贡者抓到三张大王或三张小王，不但免贡，而且可以立“主”定乾坤。还有抑强扶弱的“冒血”(把底牌抓冒了)，“干巴锅”(底牌中没有要的主，混儿不算)等政策。若再带上“吃苍蝇”(出错牌就算输)，就更加风声鹤唳，草木皆兵了。

如此这般，“打滚子”虽为一种心智游戏，却被蒙上了复杂的争斗色彩，说是勾心斗角也可。名曰打牌消遣放松，若真进入角色，就不由得你不劳神费心，甚至生气上火，小作些斗心眼勾当。你若真不在乎输赢乱出牌，对手则如拳王遇到倒地汉一样全无兴趣。只有格外看重输赢的双方交战起来才硝烟弥漫，趣味盎然。联想打麻将使“麻君子”上瘾，多是因为输钱或赢钱，不管是输或赢，都对下一次充满期望，时间就在期望中悄悄地溜走，以致“麻君子”通宵达旦竟浑然不觉。而“打滚子”并无赌注，却似乎有一种魔力，令好战者们如“麻君子”一样如痴如醉，乐此不疲，有时还真如赢房子赢地似的动心。常有这等情形：说某人某方面不足尚可不加置否，但若说其打牌如何“臭”时，被说者便如针扎屁股般敏感，必定强烈反击。那些汲汲营营于功名的仕途爱好者、争强好胜者及工薪族的好闲者，往往对此类斗智之事情有独钟。其中更深层次的征服欲，是一种妙不可言的胜利者才能享有的幸福感，登山运动员要把某座山踩在脚下也不过是寻找如此一种感觉。斗智是人的一种天性，不管出于什么目的，也无须讲意义如何，只要赢了，不管是暂时性的“吃贡”或“喝血”，还是让对方俯首称臣，那感觉不一定次于泰森击倒对手或马小春力挫小林光一。纵然是载入史册上的胜利意义巨大，但未亲临其境，至多是隔岸观火，并无太多的激动。而眼下的胜利尽管不足挂齿，但毕竟是挂帅亲征，是一种智慧的自我实现。

“打滚子”赢者过瘾，输者有气也生“瘾”。对方赢了就那么走了倒可忍，孰不可忍的是赢了以后那得意忘形的附加动作或刺激性语言。比如，明明是赢了还故作谦虚地说“让了”什么的，要么就不客气地说输者“没咬头儿”；或者故作不露声色，唱着“树上有只爱情鸟”一路扬长而去。而输家只好作叹牌没抓好或运气不佳，但绝不是技术不行，并反唇相讥：那好牌绑个饼子狗也能打赢云云。作想那胜家此时怎样做都是得体的，输家即使脸上强挤出大度的笑也比哭难看。特别看重面子的大连人此时会觉得输钱输房子算个啥！

“打滚子”的技术含量高，重要的不在于你有一手好牌，而在于你打好手中的每一张牌。牌局如人生，开局、中局、残局，局局如新，不确定性极大，所以游戏魅力并不仅限于一种输赢结果，其博弈过程更是跌宕起伏，妙趣横生，人生百态从中也能窥其一二。从抓牌开始，看似平常，内心却如冰下激流。抓到自己手里的每一张牌都充满希望，像过日子一样，大牌当然好，小牌也无妨，也可能是未来的“主”，“小对子”算计能成“滚子苗”。抓着一张“大王”，心里一阵窃喜，捡钱般的惬意。抓到两张“王”，便有了小鹿般扑腾心跳，宛如自己真要做王了。如果是很关键时刻，比如要给对方上很多贡，那种再来一张“王”的期盼，真是望眼欲穿，当算为人生一大急。一旦如愿以偿，就像中了巨额彩票一样，摇身一变，由乞丐到富翁，由奴隶到皇帝，即刻便君临天下，不可一世了。因为那有些颤的嗓音可以随意“立主”了，说谁是谁，大家愿不愿意都得乖乖听令，分明是“圣旨”了。要是按照“步步为赢”的规则，对方吃你多少贡还要返出多少贡，还乡团回来了！而此刻对方则立刻陷入灭顶之灾，就像被“双规”了的贪官，正在做着“吃贡”的美梦，却在一夜间变成了阶下囚，吃了多少还得吐出去多少。心理素质好者处变不惊，应对有谋，启动应急预案，比如在副牌上做些文章，弄些“滚子”搞点突然袭击，出奇制胜。实在无回天之力，就“旱路不通走水路”，以消灭分为战略重点，实施“平传”战略，就是让对方拣不够分重打。

观阵“打滚子”，有如“白发渔樵江渚上，惯看秋月春风”，寓言哲理不乏其中，这就有了文化的味道。胜者气壮如牛或虎虎生风高唱“大风歌”，败者忍声吞气低吟“三十年河东，三十年河西”。牌局变幻扑朔迷离，“塞翁失马，因祸得福故技”能得以重演；“螳螂捕蝉，黄雀在后”之险象迭生不穷。变化越多，吸引力越大，越有趣味。锋芒毕露者在牌阵上常常先发制人，比如使大牌先出阵，如程咬金先砍三斧子再作理会；有时也偶有些路人皆知的雕虫小技，比如有 K，则先出 5 分类小牌“钓鱼（A）”。深有城府者往往暗藏玄机，常有“杀手锏”、“拖刀计”，明修栈道，暗度陈仓，后发制人是其拿手好戏。平庸之辈打牌也是墨守成规走“牌道”，先出大牌不受埋怨不后悔，不会出牌就“掉主”，不越雷池半步，缺少灵活性和责任感。锐意创新者总愿别出心裁，成也萧何，败也萧何。通常是男人或年轻人打牌果断大度，敢作敢为，愿干些铤而走险事，比如一下子就开几个“板儿”。女人或较年长的打牌谨小慎微，优柔寡断，会过日子的美德偶有显露，比如出牌先拣小的出，大牌留最后，取胜时是绝对优势，自然要得意，“坐了飞机”则暗里叫苦不迭。领导者打牌也是居高临下，颐指气使，臭牌一定是下属或别人打的。好为人师者打牌总愿喋喋不休指教别人，自己常常输得一塌糊涂。高手打牌总有遗憾与懊悔，臭手打牌总是自以为是，自鸣得意。所有打牌者共同可贵的精神就是不服输。这就是打滚子的魅力所在。

▼下棋

大连人说下棋，是特指玩象棋，而其他的棋类，是什么棋都用全称，比如下围棋、下军棋、下国际象棋。而随便在地上画个棋盘子，用小石子或小木棍做简易棋子的游戏叫“走子”，是农民工在劳动间歇时经常玩的。围棋好像是有些档次的人玩的，过去是宫廷或大户人家的雅兴，是传统的琴棋书画中那个“棋”，在大连少有人能玩好围棋，主要是没那个时间和耐性，下一盘棋得几个小时。象棋则深得市井百姓们的喜爱。随便在普通市民家里或在小店铺里，找一盘象棋如扑克一样容易，会下象棋的人就更是多如牛毛。若不信你就马路边或公园里摆上棋盘，还没走上几步，就会有若干的“棋迷”或爱好者围上来观看支招儿，不管相识不相识。“观棋不语真君子”，这是棋界行规，可还是有这样的“非君子”棋迷，看了不一会儿就忍不住指手画脚地“点步”，喋喋不休地评论，不知他是高手还是痴迷，你要是客气一下，他倒不客气，也上来走几步，赢了便不知天高地厚，输了就默默走人了。

在街头上下棋（象棋）特别痛快。棋盘子不一定很讲究，但棋子必须得大，抓在手里有质感，走每一招棋都落地有声，尤其是“将军”，啪！那大木头棋子往棋盘上一砸，真是先声夺人，外加几分快感。输赢并不重要，那吆五喝六的感觉很享受。你要是沉思于紧张棋局中，说不准要被这一“将”一砸，吓得心惊肉跳，乱了分寸。街头上下棋多是野路子，没有章法，没有棋谱套数，随心所欲，走哪是哪，但必须是落地生根，不能悔棋。行棋以吃子为主，以斗嘴为乐，影视剧中那些经典台词，“文革”中那些陈词滥调，这时候都派上了用场。对弈双方棋局如何，你看那表情就知道了七八分。优势者东张西望，故意不瞅棋盘，或与周围看眼的打诨取乐，或者唱着很气人的那种乱七八糟的曲调；劣势者则全神贯注，眼睛都要掉到棋盘上，实在难受就厚着脸皮悔棋，要不就把棋子一推，再走一盘。棋友间下棋，输了不往脸上贴纸条，但必须自己把老将（或老帅）的正面扣过去，表示输了，好像老将也跟着你丢人，背着脸见不得人。这对于下棋人来说，是很大的刺激，要是不争气再被翻几个子，对方就会主动拿下一个“车”或“马”，表示让子了。你要是继续下，那就等于认同对方技高一筹；你要是不服，那就背上了沉重的思想负担，这棋也越下越“臭”了，输急了恨不能用大棋子朝对方的大鼻子“将”一下才解气，但一般在表面上还是要有些雅量，输棋不输棋德，最后只好饮恨而去，来日再来雪耻。

象棋技艺不高的人常被对方讥讽为“臭棋篓子”。这可能与装棋子的那个东西有关，过去装象棋是用藤条编织成的鱼篓子形状，也有用皮篓子装。这话挺狠的，不说你的棋艺臭，而说装棋的篓子臭，可见这棋臭得久了，把蒌子也给熏臭了。而往往越是“臭棋蒌子”的下棋越有瘾，那百折不挠的精神实在可嘉。

象棋如“农家乐”，在漫漫的农耕社会中，给枯燥而单调的农家生活劳动人民带来了莫大的快乐。我的象棋启蒙者是邻居家的老奶奶，老奶奶一家人棋艺水平虽然不高，但都是棋迷，能看出棋局里的道道儿与玄机。刚开始接触象棋很着迷，就连那些专用的动词术语，也令我感到新奇，什么拱卒、跳马、顺车（jū）、支仕、飞象，特别好玩。象棋盘上的64格子和32个棋子，蕴藏着无尽的计谋和风云变幻。我的小伙伴们没有不会下棋的，学校里的同学和老师也多有下棋好的，单位里的同事棋迷也很多，走到哪里都能看到下象棋的，这一辈子的业余爱好如果没有象棋是不可思议的。直至现在，我只要看到有棋局，不上前去瞅上两眼，心里就像少了什么。尤其是碰到有人在路边摆象棋残局，明知道那棋有诈，是注定不可能赢，最多也是个平，但也要蹲下来研究半天。有一回碰见一“瘸腿男”在金三角桥下摆象棋残局，许多人围在旁边研究。“红棋能赢。”“黑棋能赢。”围观者七嘴八舌地议论着。眼看那些应局的人只走了几步就输了，押的钱物也得按承诺兑现，变成了人家所有，心疼也没办法。我好像看明白了他们输棋的关键步，就有些不服。摆摊的早就看透了我的心思，就激我，别老在那瞎瞅，有本事押上，不就十元钱嘛！十元钱有什么了不起的，我见过这个残局好几回，也独自在家研究过，还与棋友切磋过，就顺手掏出钱押那,专注于棋局中。我半天想出了一招棋，人家好像没思考就应了一步，好像你走的每一步棋都在他的料定之中，便有点胆怯了。走了几步后，都没有进展，旁边围观者着急了，这个支一招儿，那个又帮你走一步，连吵带闹加起哄，我的头立时觉得老大，眼看要和的棋，竟莫名其妙地输了！那瘸子毫不客气地把钱收走了，旁边的一个人接着说，输了就走人，就把我取而代之，并且把手表押上去了继续玩。不一会儿有人嚷嚷说警察来了，那摆摊的和围观的人立即作鸟兽散。我后来才打听知,那是以“瘸腿男”为核心的一个专门利用摆残局骗钱的诈骗团伙，行骗长达10余年。

当时我也只认倒霉，其实还是棋不如人。后来想起那几个瞎起哄的就窝火。棋友说，你就权当为残疾人事业义捐一次，不服的话，把我赢了算本事。于是我又和棋友摆搏杀在楚河汉界中。

▼钓鱼

地球是个水球，有水就有鱼，有鱼就有垂钓者。千百年来，垂钓吸引了无数的人，上自君臣，下至布衣，在水边一坐，身份地位全部消失了，社会差异造成的心态失衡也消失了，进入一种妙不可言的境地。大连的海岸线长，垂钓者就格外多，不过在海边钓鱼不像河边那么悠闲，海水不像水库那么平静，也就不具备条件坐在那里静静地垂钓。如果你硬要摆出一副垂钓的样子，那也只能是姜太公钓鱼——愿者上钩。套用一句过时的网络语，该是“哥钓的不是鱼，是寂寞。”

钓鱼确实能排解寂寞。据说垂钓最吸引人但又最不为人所察觉的，是它所产生的心理功能，具有消除心脾燥热，达到阴阳平和之功效。钓者，钓的是悠然的心情。休闲之时，来到蓝天碧海之滨，渔竿一甩，万念俱消，凝神注目，钓不着鱼也乐。钓得久时，好像就有了特异功能，顺着渔线深入海底，看到那些礁石缝隙中自由游动的鱼儿，瞅着那诱饵就是不为所动，或不睬你，好像早识破了你的阴谋诡计。当渔竿晃动，铃声阵阵，那真是“世间交响乐，最美钓铃声”，鱼儿终于上钩了！鱼儿咬钩时那激动之情要胜过一切，与之周旋拼搏时，给人以莫大的愉悦，使人豪情满怀，令人洒脱超然，哪怕是一条小鱼，也有巨大的成就感。怪不得有人总结人生有九乐，如山水之乐、健康之乐、交友之乐、收藏之乐、制作之乐、希望之乐、搏斗之乐、进步之乐，获鱼之乐也列于其中。可见钓鱼不仅是一项运动或者说是一门艺术，更多的是一种乐趣。眼下，汽车销售竞

钓者如禅，心静镜明

争激烈，大连不少 4S 店的促销手段竟是赠送渔具，可见钓鱼已经成为不少市民，尤其是有车一族生活中的一部分。大连街上卖渔具的好像都是心宽体胖，他们要在名或姓上注以“胖”字,比如“胖郭”渔具店，“胖三”渔具店。

海里鱼儿越来越少，钓鱼爱好者却越来越多。据统计，2004 年大连钓鱼爱好者就有 20 万人之多，而此后每年都在大量增加。钓鱼越来越被市民接受，释放压力享受自然是很重要的原因，不管是大老板还是高级白领，在钓鱼过程中都能获得最质朴、最原生态的快乐，真正意义上的深度释放，把他们从酒桌拉回生活。市井百姓那就更不用说了，穷乐之中还有渔猎所获，钓几条鱼儿虽不大，却新鲜原生态，回到家都不用收拾，让老伴给炖上一锅鱼汤，再整上二两酒，优哉乐哉。

现在的大连人有钱，钓鱼越来越讲究，成本也越来越高。讲究些的渔具，一把好甩杆都得上千元，三把杆再加上那些专用的附属设备，没有五千元是武装不起来的。如果再加上买“味子”（作诱饵的海蛆或海蚯蚓）和租船的费用，也是一笔不小的数目。钓鱼爱好者没有用竹竿自己制作钓竿的，估计把我当年钓鱼用的那些东西拿来，大连现代博物馆肯定能收藏，可惜都连锈带烂的拿不成个了。过去钓鱼没有现在钓鱼那么复杂，成本也没那么高，那是真正的市井百姓之乐。到当时的土杂商店（现在有了专门的渔具商店），买上两根直且匀称的长竹竿，再买一些尼龙线、铅坠子、鱼钩什么的，就能制成很好用的渔竿。那时候的鱼也多，记得一次在旅顺的蛇岛海边钓鱼，这边在钓钩上摘鱼，那边在水下的鱼钩就被咬上了，在快要涨潮的一会儿，就钓到十几条大黑鱼。一位钓鱼的高手，用一根小竹竿挂上鱼钩，也不挂诱饵，就戴着水镜伏在水面上，能钓出一条又一条的黑鱼或黄鱼。那些真正内行的钓鱼者，根本没有耐心去摆弄渔竿钓心情，就用一根绑上铅坠子的渔钱，渔线上绑上五六个鱼钩，然后像用链球那样抡圆了后甩进海里，收线时赶上好运气，照样能每个钩上都有鱼。

什么季节钓什么鱼，钓法也大不相同。钓刀鱼、鲅鱼只用渔线绑上鱼钩，随行进的船放到水里，那些大鱼就会凶狠地咬上在水中游动的鱼钩，这叫拖刀鱼或拖鲅鱼。还有“放大棒”，就是做一像船样的浮筏，上面插上小旗作记号，下面绑上渔线，每隔一米左右就绑一把鱼钩，二三百米长的渔线能绑上百把钩，是专门用来钓大棒鱼的。然后像放风筝那样随风放进海里，那才叫放长线钓大鱼，一直把线放光了，就在岸边充满希望地等候。约摸到时候了，就把线扯回来，最希望那线沉甸甸的，钩子上挂着银光闪闪的大棒鱼，运气好时一下子能钓到几十条大棒鱼。大连的 4 月到 5 月中旬适合钓黄鱼，主要到三山岛、二坨岛、小平岛、傅家庄一带，以及长海县诸岛。

6月到8月初适合钓鲈鱼，鲈鱼主要在急流礁边，比如棒棰岛、小傅家庄和星海公园岸边就比较适合钓。7月中旬到9月适合钓黄鲣鱼，适合在一些岛屿附近钓。10月之后适合钓深海鳕鱼，深海鳕鱼长年有，主要在沉船附近钓，不适合岸钓，适合船钓。

现在很多钓鱼爱好者都爱“摆谱”，玩休闲。也是的，海边上很少有鱼，哥钓的只能是寂寞，在寂寞中打发时光。钓鱼之乐的本质是获鱼之乐，这个基因可能在原始社会就形成了。现实中的人不是神人姜太公，长时间钓不着鱼就不可能有乐趣了。现在的“钓迷”在岸边钓不着鱼，便向海上转移了。到双休日或节假日的早晨，他们就相约在老虎滩渔港或者星海湾，5到10人就能租一条小船，每人100、200元不等，带上渔具和食物、水等，穿上救生衣就登船下海了。到下午或傍晚回来，就有了“洪湖水浪打浪”中唱得那样“晚上回来鱼满舱”那种丰收意境，不过鱼满舱是不可能的，随身携带的小鱼箱子满了倒是没问题。小市民钓的鱼自己舍不得吃，到市场上可以卖高价，因为是纯手工野生的，得把租船和买海蛆的钱赚回来。玩休闲的中产阶级，一般是把鱼分一些给亲戚朋友，剩下的就在家里来个野鱼宴。自己钓得鱼好像格外好吃，哪怕是炖一锅鱼汤也感觉鲜美得不得了！

大连的钓鱼爱好者都为男性，好像没见到女性，难道这也是男人的专利？可能与古代的男女社会分工有关，男耕女织嘛，渔猎之事确是男人的专利。爱时尚的女人喜欢的永远是下一件衣服，爱钓鱼的男人永远喜欢的是下一条鱼，无悔的钓迷们总是奔忙于海上，收获着鱼与快乐。快乐是能量，坐在海钓船上钓鱼那最多算是追求，不可能是享受。遇上风浪天，那船在波峰浪谷里折腾，体内的五脏六腑也随之折腾，风吹浪打，革命意志不坚强者早就告饶。可是一旦有大鱼咬钩，那高度兴奋劲会把晕船和恐怖全抛到脑门后。在海钓船上，钓友们愿意释放压力，同舟共济使钓友之间有着一种最质朴的情感和信任。面对着没有边际的茫茫大海，似乎你的烦恼和压力会被大海全部带走。大连越来越庞大的钓鱼人群中，有相当大一部分属于“改邪归正”者。他们在爱上钓鱼之前，几乎把所有业余时间都耗在了酒桌和麻将桌上，每天有着各种各样的应酬。为了躲避周末各种各样的应酬，就只有出海钓鱼了。因为只要你出海了，什么样的饭局都可以顺理成章地推掉了。

▼野趣

现在有些事真是倒过来了，农村人到城里打工挣钱，城里人到农村采摘，花钱出力，到农村享受野趣与农民到城里旅游观光一样值得炫耀。大连的野趣儿大致是这样：春天到山上或田野里挖野菜，春夏之交到农村去采摘大樱桃；夏天上山采蘑菇，下山涧水塘里洗澡；

秋天到果园里摘水果，上山采野果；冬天到北部山区登山，吃杀猪菜。山野之趣味，主要在于新鲜，一是光景新鲜，山水田园，无处不是画，无景不精彩。二是空气新鲜，吸惯了城里的污染空气，到农村去呼吸充满氧气、负离子空气都觉得是奢侈，那空气吸一口都觉得沉甸甸的噎人，哪里有什么二氧化硫、粉尘？就算清风扬起尘土，那也不是 PM2.5。即使弄个灰头土脸的也不算脏，用那山泉水一洗，心里顿时都跟着干净起来。三是吃得新鲜，什么蔬菜野菜水果干果，就是一个新鲜，原汁原味的感觉，让身心回归大自然。若能充分享受一把山野之趣，不夸张地讲，那感觉就像死过去一把又重新活过来了。

到大自然中去最公平，就像在上帝面前，什么高官、大款、平民百姓，都一样，在春风和煦的山野中，高贵者说他是在沐浴阳光，平民百姓就说他是在晒太阳，本质一样；高贵者说他是在吸氧充电净化心灵，平民百姓说他是在把气喘匀了好干活儿，呼吸的空气质量都是一样的。要是在一个山涧池潭中洗澡，大家都脱光了，那就更一样了。也有不一样的，就是高贵者接受不了大自然太多的恩赐，要擦上防晒霜，戴上墨镜、纱巾和遮阳帽，平民百姓可以接受更多，不用任何防护，甚至光着膀子拥抱大自然，身上晒得油光黑亮，什么蚊虫也不咬，什么皮肤病也不得。对于农民，在山上田野里那些平常的甚至是辛苦的劳作，却被所谓的高贵者们羡慕为享受野趣。那也好，体验一下就知道了。

又是一年春暖花开时，山野披绿，野趣盎然，使人见到那可人的绿草皮就想打滚，见到郁郁葱葱的树木就想往上爬。遍地的野菜琳琅满目，什么小荠菜、大叶芹、杏叶菜、山麻楂，每种野菜都是纯绿色的，几乎都含有维生素 B2、维生素 C 等多种营养成分，并且有的含量较高，也有的含有人体所必需的蛋白质、脂肪、糖类、维生素及钙、磷、铁等多种微量元素。大多数山野菜具有防病、治病及保健作用。比如婆婆丁和苦菜，用水焯过之后，可蘸酱吃，洗干净后切几刀，再拌上醋就成为一道美味的凉菜。邻居家的孩子得了腮腺炎，腮帮子肿得老高，去了几次医院也不见起色，用婆婆丁煮水，喝下去病状就好了许多。对老人来说，挖野菜是忆苦思甜、锻炼身体的好方式。从小家境贫困，食不果腹，靠野菜度日，现在对野菜有浓厚的感情。大连的北部山区，野菜资源相当丰富，像小孩拳（蕨菜）、杏叶菜、小根蒜……能叫上名的好吃野菜有几十种。在市郊的旅顺南路上，百合山庄附近水库南的阳面山上，盛产猫爪子、鼠耳、鸽子腿、苦丁菜、小荠菜、山麻楂等。而在北河口的南山和黄泥川附近的阴坡上，可以采挖到玉竹、黄精、蕨菜、野鸡翎、歪脖菜等，这些野菜有很多就是药材。在旅顺中路的西山水库，岔鞍村、鞍子岭这一线，野菜种类丰富且稳定。旅顺北路上的寿山公园附近，主要生产婆婆丁、苦菜等，但不稳定。值得注意的是，野菜也不都是那么好吃的，它既然有特殊的药用价值，有的也不可避免的有毒副作用，如果食之不当有的也会给人体造成损害。

大连比较普遍和流行的野趣享受，是到农村采摘大樱桃。大樱桃是名副其实的温带水果之王，春节期间的价格最高时超过两百元，味道和口感也是没说的。在大樱桃自然成熟的春夏之际，到樱桃园子里采摘品尝那晶莹剔透的“红灯”、“黄玉”、“梅枣”，真是一种享受！现在朋友请客，单位组织活动，区市县与市里联络感情，到大樱桃园里去搞一次采摘，最后连吃带拿的，回家全家享受之余，还能送些朋友，皆大欢喜。至于什么国际樱桃节的都没有这个实惠，但可扩大影响与知名度。

夏天最刺激的野趣是上山拣蘑菇。能长蘑菇的地方一般都是人迹罕至的深山老林，至少是一些丛林深草里，拣蘑菇得冒许多风险，如蛇虫叮咬、湿热侵袭等。但是，你只要发现林下那形态各异的美丽的蘑菇，你就像看到人参或灵芝一样激动不已，就会奋不顾身地冲上去。拣蘑菇归来，脱下那湿透了的衣服，一头钻进水塘里，舒服得就像上了天堂再也不想再回到人间。要是在山涧水潭里，你可以把全身埋进水里，只透出一个脑袋或一张嘴，就觉得自己也是一只河马或一只大鳄。

秋天的野趣自不待说，到山野里收获什么都有趣。而最本质的是成熟与好吃，那些在大超市和农贸市场能见到的水果，在山野挂满了枝头；还有大白菜、萝卜、地瓜等，被一辆辆农用车运到城市的大街小巷里叫卖。时间长了，百姓们品出了味道，苹果是瓦房店的好吃，香瓜是普兰店的好吃，地瓜是瓦房店永宁、阎店一带的好吃，小米是瓦房店赵屯的好吃……小贩子们也学精了，从大菜市批发来的农产品，也大声叫卖：“本地生产的”“瓦房店产的水果”……把山野风味带到了市井。其实山野中真正的美味是小公鸡，经过了春夏的自我积累，已经有二三斤重了，宰杀后不用任何烹调，就扔到大铁锅里清炖，那香气都能飘出几里地。老帽山上的山羊，那绝对是极品。秋冬之际，朔风渐起，约上几名驴友到那里去美美喝上一顿羊汤，真是美味加大补，好像比参汤的价值还要高。第二天再去登老帽山，那小腿飘轻，如腾云驾雾般地把千米高的大山踩到脚下。

▼杂耍

所谓杂耍，是民间艺人玩的一些小“绝活”，自娱自乐，不一定能上得了台面，但市井百姓却喜闻乐见。现在沉迷于电脑、网络和电视的年轻人，是无法知晓他们的老辈人年轻时的业余生活是如何打发的，想象中一定是特别枯燥无味，其实乐着呢！一代人有一个时代的乐趣。而老辈人也觉得，就那么大大小小的一屏幕，整天坐在那里瞅着有啥意思？现在的孩子们很少看到杂耍，所以不会理解这些杂耍给市井百姓们带来的无穷快乐。

在我的记忆中，最早看到的唱戏是“烧香”。就是家里请回来了宗谱，须“开光”，也就是搞个仪式，请来了一个会唱戏的，手里拿个带铃铛的大手鼓，对着宗谱又说又跳又唱的，像跳大神差不多，看着很有趣。记得鲁迅写过一篇《社戏》，他这种经历在我们这里也是常见的。不过那时我们看的是“驴皮影”，叫唱喜影，红白喜事、老人庆寿时就请影班来演出。演出报酬给钱给粮都行，大伙凑付几斗粮食就能请人演出一场戏。当时的皮影戏舞台找个地儿就成，用竹竿做支架，用竹篦子支棚顶，然后用青布盖顶并围左右后三面，前面放张长条桌子堵住台口，将一块大白布做影窗子（影人舞台，也是屏幕），台的顶部有个烟筒，筒下吊几盏捻油灯，是影戏的光源。演出时，前排左侧第一人是拿影的（导演），中间是贴影的（耍影人的），右为司鼓的（锣、钹、鼓全打），后排是乐队。剧中的生、旦、净、末、丑等各种角色，都由他们几个人扮演。没有女演员，男唱女腔时就“掐嗓子”唱，也能发出女人的声音来，但肯定是不如梅兰芳了。我经常溜到后台去看，有那么多用驴皮制作的小影人，都是人的侧身像。它的双手和脖子上都用线连在一根铁线上，铁线的下头安根细高粱秸秆，表演者操纵这三根杆，就能使影人做出各种动作来。他们每场演出的时间都很长，我听不明白剧情，从来都坚持不下来，看着看着就睡了，醒来时看那些观众听迷了就给演员加钱，有时演到第二天早晨鸡叫为止。后来知道，那是瓦房店得利寺地区的义和班，艺人都是多面手，个个能“唱拉吹打拿”，在辽南名声颇高。

瓦房店市的复州城，那时是辽南的中心城市，杂耍就很多。除了复州皮影戏外，还有复州东北大鼓，我们那俗称“大鼓书”，一边敲鼓一边连说带唱的，那些“隋唐演义”“小八义、大八义”“穆桂英攻打天门阵”什么的古典故事，都是那个时候听来的。还有复州双管乐、复州高跷秧歌、复州鼓乐、东岗剪纸等，都能给平民百姓们带来快乐。那时最愿意看的就是辽南二人转，根本不知道还有东北二人转，赵本山是以后从电视上认识的。辽南二人转好看，能唱能舞，不像辽北二人转那样打情骂俏耍贫嘴弄乐儿。二人转有“南靠浪，北靠唱，西讲板头，东耍棒”的说法，这其中的“浪”即指“舞”，也是辽南二人转的主要特点，特别注重以戏曲基本功打底，并吸收民间舞蹈的元素，动中夹舞，以舞带情，形成了一套独特的表演风格。那些二人转演员，如唐宝善、牟淑君、田娜等要比现在星级大腕受爱戴，几乎是家喻户晓，他们就是我那时心中的“神”，虽然时隔五十多年，现在我仍能叫出他们的名字和演出的曲目。

现在大连街市上的杂耍多了。没有官方组织,没有功利目的,只为一个“乐”字。在劳动公园长年活跃着一支民间乐队，乐手们自带二胡、笛子、琴等乐器，还有马扎子什么的，一凑合就演奏起那些熟悉的曲子，招来了一大帮闲人或爱好者围观。有好事者拿起麦克就认真地演唱起来，乐队也格外起劲地伴奏，引来阵阵喝彩。还有一“大连夕阳红铜管乐队”，玩的是西洋乐器，演奏世界名曲，尽展大连浪漫之都之风采。在夏秋的老虎滩广场上，有几个拉弦的挺专业，跟前放着一大摞曲谱，好像那些京剧选段没有不会拉的。还有一个拉高胡的，两人一配合，用脚打着鼓板，有板有眼的。还有扩音器，像个很专业的音响师在监控。只要板眼一起，乐曲飞扬，就有远近的京剧爱好者聚来亮几嗓子，每天晚上都能吸引一大帮看热闹的。大连的二胡达人老徐，能倒立拉二胡独奏曲，还真有些功夫，准备到星光大道去露一手。在奥林匹克广场，除了表演跳绳、踢毽外，最吸引人眼球的是街舞。那些小青年穿着肥大过膝的短裤，在演练过去只在欧美国家的街头上才能见到的街舞。近年来又出现了街球达人，过去耍足球是一绝，现在玩蓝球舞更精彩。这些娱乐杂耍玩得精彩，还能上电视台。据说有个叫吕一杰的凌云棍道达人，那双节棍玩得要比周杰伦好看得多，蝉联四届世界双节棍冠军。大连旅顺从牛棚子里走出来的农民歌手刘仁喜，对牛唱歌出了名，上了“溜光大道”，曾拿下《星光大道》2008年的月冠军，还上春晚演唱。春晚之后刘仁喜继续回家过起了农民生活，仍然有人请他去各种场合唱首歌捧个场，他说:“有人愿意听我唱，那我就给人家唱呗。都是朋友找我去帮忙，人家愿意给多少就给多少，不给也行，我就是图个乐呵。” 大连小伙安东把从小练就的技巧童子功，创新为技巧表演艺术，成功进入中国达人盛典。星海广场还有个叫韩喜的小伙,体重仅有45公斤，靠一副牙齿，竟能叼起双人自行车、单人自行车。他不但能用牙齿叼起自行车，还能拽动重达3吨的小型货车！大连还有一民间明星模仿队，专门模仿那些名人或明星大腕，都挺有才的。过去在体育场有个球迷角，挺吸引人的。现在中山公园里还有个谜语角，已活动7年了，每天聚集在这里有二三十人，有出谜语的，有猜谜语的，有灯谜，还有字谜，展现的方式就是用粉笔把谜语写到地上铺的方砖上，每天出品谜语五六十条，大家乐在其中。每到周日，中山公园里那些说不名的杂耍，宛如当年的北京天桥，热闹且快乐。

看来大连这民间还是藏龙卧虎之地，为快乐献身大有奇人。